Markus Baum

Eberhard Arnold

Markus Baum

Eberhard Arnold

Ein Leben im Geist der Bergpredigt

NEUFELD VERLAG

Dieses Buch ist auch als E-Book erhältlich:
ISBN 978-3-86256-716-4, Bestell-Nummer 590 035E

Die Deutsche Bibliothek verzeichnet diese Publikation in der Deutschen Nationalbibliografie; detaillierte bibliografische Daten sind im Internet über www.d-nb.de abrufbar

Lektorat: Lukas Baumann
Umschlaggestaltung: spoon design, Olaf Johannson
Umschlagbild, Bilder im Innenteil: Bruderhof-Gemeinschaften
Satz: Neufeld Media, Weißenburg in Bayern
Herstellung: GGP Media GmbH, Pößneck

ISBN 978-3-86256-035-6, Bestell-Nummer 590 035

Bearbeitete Neuauflage – eine frühere Ausgabe dieser Biografie erschien 1996 unter dem Titel *Stein des Anstoßes – Eberhard Arnold* im Brendow Verlag, Moers

www.neufeld-verlag.de / www.neufeld-verlag.ch

Folgen Sie dem Neufeld Verlag auf Facebook*
und in unserem Blog: www.neufeld-verlag.de/blog

Inhaltsverzeichnis

Vorwort von Jim Wallis

Seit den Lebzeiten Jesu haben kleine Gruppen ernsthafter Christen immer wieder versucht, der Ethik der Bergpredigt entsprechend zu leben. Von Franziskus über die Benediktiner bis zu den Täufern der radikalen Reformation war ein gemeinschaftliches Leben in der Nachfolge Jesu das angestrebte Ideal. Oft haben Christen gemeint, diese Ethik sei nur für ein zukünftiges Zeitalter bestimmt, andere jedoch haben darauf bestanden, dass Jesus von seinen Jüngern wollte, dass sie schon im Hier und Jetzt danach leben. Um einen solchen Christen geht es in diesem Buch.

Das Ziel des Buches ist es nicht, den Menschen Eberhard Arnold zu verherrlichen, ebenso wenig die Bewegung der Bruderhöfe, die er zu gründen half. Es geht vielmehr darum, Gottes Treue zu bezeugen und sein Wirken in der Geschichte. Aber es bleibt eine Tatsache, dass Gott nur durch Menschen in die menschliche Geschichte eingreifen kann. Arnolds Hingabe an Nachfolge, Gemeinschaft und Gewaltlosigkeit und sein Glaube an die unmittelbare Wirklichkeit von Gottes Reich sind noch immer Ermutigung als auch Herausforderung für alle, die Christus nachfolgen wollen. Und es ist ebenfalls eine Tatsache, dass die Bruderhof-Bewegung heute eine lebendige, pulsierende Glaubensgemeinschaft ist, von der wir als *Sojourners Community* in Laufe der Jahre viele Einsichten und viel Kraft gewonnen haben.

Ich bete dafür, dass der Bruderhof den Weg der Jesusnachfolge sowohl in Gemeinschaft als auch in der Welt weitergehen wird. Und während ich das mehr und mehr aktive Engagement des Bruderhofs beobachte, frage ich mich manchmal, was Eberhard Arnold dabei denken würde. Ich glaube, er würde sich freuen.

Jim Wallis, Sojourners Magazine
Washington, D. C., USA

Einführung

Eberhard Arnold ist eine der bemerkenswertesten Persönlichkeiten des 20. Jahrhunderts. Zeitgenosse und Gesprächspartner von Karl Barth und Martin Buber, Karl Heim und Paul Humburg, Leonhard Ragaz, Georg von Viebahn und Friedrich Wilhelm Foerster. Rühriger Publizist und Verleger. Innovativer Pädagoge, Entwickler einer erstaunlichen Erziehungsmethode. Chronist und Impulsgeber der Jugendbewegung. Vater einer dynamischen, in jeder Hinsicht merkwürdigen christlichen Lebensgemeinschaft. Wiederentdecker und Interpret einer jahrhundertealten geistlichen Tradition. Ein mittelmäßiger Dichter, aber ein scharfsinniger Denker. Eine buchstäblich herausragende Gestalt. Man erzählt sich, bei einem Besuch in Berlin in der Weimarer Zeit sei Eberhard Arnold wie ein Wundertier begafft worden. Ein moderner Franziskus – gleich mehrere seiner Zeitgenossen haben unabhängig voneinander diesen Vergleich gewählt. Wo und wann immer etwas von seiner Persönlichkeit aufleuchtet, ahnt man kraftsprühendes Leben.

Seltsam nur: dieser interessante Mann scheint sich zu verstecken. Seine Konturen verschwimmen hinter all den Schriften und Büchern, hinter den Tausenden von Briefen, die er geschrieben hat. Sein Bild löst sich völlig auf in der Bewegung, die sich heute noch auf ihn beruft. Er bleibt im Schatten hinter der blendenden Wahrheit, für die er eintrat. Er geht auf in der überwältigenden Wirklichkeit, zu der er sich ein Leben lang mit aller Konsequenz bekannt hat.

Wer war Eberhard Arnold? Wie wurde er, was er war? Wie war er? Denn zweifellos war auch er ein Mensch und kein glattgeschliffener Monolith. Was hat ihn gefreut, gequält, herausgefordert? Wo sind Brüche, Weichenstellungen in seinem Leben gewesen? Was ist die Summe seines Lebens? Was geht es uns heute an? Das sind die Fragen, die zur Entstehung dieses Buchs geführt haben. Die Antworten finden sich teils in, teils zwischen den Zeilen.

Man kann die Lebensgeschichte Eberhard Arnolds wie einen Roman lesen und wird eine äußerst spannende Dramaturgie darin entdecken, die auf den Dramaturgen und Regisseur dieses Lebens verweist. Man kann die Lebensspanne Eberhard Arnolds aber auch als einen Ausschnitt der Zeitgeschichte, der Kirchengeschichte, der Kulturgeschichte betrachten. Es war nicht gerade die langweiligste Periode des 20. Jahrhunderts.

Ich hatte das Vorrecht – so empfinde ich es bis heute –, dass ich in den späten 80er und frühen 90er Jahren die Bekanntschaft einiger beeindruckender Menschen machen konnte – Weggefährten Eberhard Arnolds aus den 20er und 30er Jahren, schon damals allesamt hochbetagt. All diese Zeitzeugen sind mittlerweile verstorben. Ich denke mit großer Hochachtung und Dankbarkeit an sie. Namentlich an Marianne Zimmermann und Edna Jory, Arnold Mason und Kathleen Hasenberg, Walter Hüssy, Irmgard Keiderling, Sophie Löber und Rudi Hildel – und an Emy-Margret Arnold-Zumpe, Eberhard Arnolds älteste Tochter.

Die Familie Arnold hat mir Einblick in viele persönliche Dokumente gewährt. Die Bruderhöfe in England und den USA haben mir alle erdenkliche Hilfe geleistet. Vor allem, indem sie mir die über Jahrzehnte hinweg hervorragend dokumentierten Schriften Eberhard Arnolds zugänglich gemacht haben. Insofern ist dieses Buch auch eine Würdigung der Männer und Frauen, die durch alle Wirren der Zeit hindurch auf drei Kontinenten das Bruderhof-Archiv gepflegt und damit einen unermesslichen Schatz an geschichtlichen Zeugnissen gehütet haben.

Markus Baum

I.

Die Zukunft ist offen. Für einen Menschen von Anfang 20 jedenfalls. Eberhard Arnold war 22, als er sich am 11. November 1905 an der Königlichen Martin-Luther-Universität in Halle an der Saale einschrieb – ein Student unter annähernd 2.000, theologische Fakultät, zweites Semester. Ein großgewachsener junger Mann mit ernstem Gesicht. Braune Augen, Kneifer, dunkle Haare, Scheitel rechts, Oberlippenbart. Ein Mensch mit Grundsätzen und Disziplin. Man wird es ihm bei der Immatrikulation kaum angemerkt haben, dass er eigentlich gegen seine innere Überzeugung Theologie studierte (er hatte sich dem Willen des Vaters gefügt) und sich über seinen weiteren Weg ganz und gar nicht gewiss war. Jedenfalls nicht im Herbst 1905. Er war sich auch seiner selbst nicht ganz sicher: Ehre im Sinn von Ehrsucht und Stolz und das Leiden daran sind wiederkehrende Motive in den persönlichen Gedichten der frühen Studentenzeit.

Gewiss war sich stud. theol. Eberhard Arnold allerdings seines Glaubens, einer persönlichen, fast kindlichen Beziehung zu Jesus Christus. Von ihm erwartete er eine klare Berufung. Die Berufung erfolgte dann auch. Sie kam nicht über Nacht. Sie kam nicht als blendende Vision. Sie kam schrittweise. Aber das reicht ja schon.

Herkunft

Eberhard Arnold wurde am 26. Juli 1883 auf den Hufen bei Königsberg geboren. Sein voller Name lautet Eberhard Arthur Julius Arnold. Die Mutter Elisabeth Arnold geborene Voigt hatte vor ihm bereits zwei Kinder zur Welt gebracht. Sie kam aus einer Gelehrtendynastie; ihr Vater war Professor für Kirchengeschichte und Dogmatik an der Königsberger Universität, Großvater und Großonkel mütterlicherseits waren ebenfalls Theologieprofessoren und einflussreiche Männer in der Preußischen Union der evangelischen Kirche gewesen.

Nicht weniger spannend liest sich der Stammbaum des Vaters. Carl Franklin Arnold war Doktor der Theologie und Philosophie und arbeitete zur Zeit der Geburt von Eberhard als Gymnasiallehrer in Königsberg. Er selbst war der Sohn eines amerikanisch-deutschen Missionarsehepaars und war als Pflegekind in der Bremer Patrizierfamilie Gildemeister aufgewachsen. Eberhard Arnolds Großvater väterlicherseits Franklin Luther Arnold war in den USA Pastor einer evangelisch-reformierten Kirche. Seine Frau hatte er in Afrika bei einem Missionseinsatz kennengelernt: Maria Arnold geborene Ramsauer. In ihrer ursprünglich Schweizer Familie lassen sich über mehrere Generationen Erzieher, Juristen und Theologen nachweisen, und Eberhard Arnolds Urgroßvater Johannes Ramsauer war engster Mitarbeiter des Schweizer Pädagogen Heinrich Pestalozzi. Kurzum: Eberhard Arnold wurde in eine stolze, bürgerliche, traditionsbewusste, buchstäblich geistreiche Familie hineingeboren. Sein Bruder Hermann war drei Jahre älter als er; mehr verband ihn mit seiner Schwester Clara, die 17 Monate älter war. Zwei weitere Geschwister gesellten sich in den folgenden Jahren dazu: Elisabeth („Betty"; * 1885) und Hannah (* 1888).

1888 wurde Carl Franklin Arnold als Professor für Kirchengeschichte an die Universität Breslau berufen. Und damit verschob sich der Lebenskreis Eberhard Arnolds von Ostpreußen nach Schlesien. Er war ein fröhliches Kind („sonnig und harmonisch", schreibt seine Schwester Clara), in der Schule träumerisch und nicht besonders aufmerksam, mit einem ausgeprägten Sinn für Gerechtigkeit und einer Antenne für die Ausstrahlung, oder soll man sagen das Wesen der Menschen, auch bei nur flüchtiger Begegnung. Solche Beobachtungen teilte er lieber mit den Schwestern als mit seinen gleichaltrigen Kameraden.

Einfluss der Eltern

Wer von den Eltern größeren Einfluss auf den Jungen hatte, ist schwer zu entscheiden – jedenfalls war die Qualität der Beziehung sehr unterschiedlich. Der Vater lebte in erster Linie seiner Wissenschaft. Das war zu dieser Zeit vor allem die Geschichte der gallischen Kirche unter Caesarius von Arelate und später dann die Geschichte der Salzburger Protestanten und ihrer Vertreibung unter Erzbischof Firmian im 18. Jahrhundert. Carl Franklin Arnold pflegte sich in sein Studierzimmer zurückzuziehen und verließ es meist nur zu den Mahlzeiten. Wenn er Gesellschaft hatte, dann vor allem mit anderen Dozenten oder älteren Studenten, mit denen er leidenschaftlich disputieren konnte. Morgens las er der versammelten Familie die Losungen der Herrnhuter Brüdergemeine vor. Abends beglückte er die Kinder, die zum

Teil noch nicht einmal zur Schule gingen, mit dem „Zauberlehrling“ und anderen Versdichtungen des von ihm hochgeschätzten Geheimrats von Goethe. Selbst mit dem „Götz von Berlichingen“. Weder die Losungen noch Goethe scheinen auf die Kinderschar einen besonders nachhaltigen Eindruck gemacht zu haben – die Kleinen waren vermutlich schlicht überfordert. Erst recht mutete der Vater später den Heranwachsenden hochgeistige Diskussionen zu – über die Kulturgeschichte des 18. Jahrhunderts, über den deutschen Idealismus Fichtes, Schellings und Schleiermachers, über die geistige Größe Carlyles und Macauleys. Carl Franklin Arnolds Begeisterung für die deutschen Nationalphilosophen entsprach sein scharfes Urteil über die Gegenwart des ausgehenden 19. Jahrhunderts: „Unsere Zeit ist im Sinne einer höheren Geistigkeit überaus langweilig, unsere Politik seit Bismarcks Abgang überaus töricht, ja grundverkehrt.“ Höchst selten, dass sich der Vater einmal gelöst und fröhlich gab (er konnte durchaus fröhlich sein, erlaubte es sich aber meist nur bei Familienfesten. Erstaunlicherweise ließ er den Kindern die Beschäftigung mit den wildromantischen Abenteuerromanen von Karl May unbeanstandet durchgehen (Eberhard Arnold brachte es zu einer gewissen Meisterschaft darin, Karl-May-Bände in den Sonntagsgottesdienst zu schmuggeln). Für unbekümmertes, kindliches Herumalbern hatte er kein Verständnis. „Interesselosigkeit“ attestierte er seinen Sprösslingen, wenn er sie einmal bei nichtigem Gerede erwischte.

Die Mutter war praktischer veranlagt. Sie hatte hohe Achtung vor der Bildung ihres Mannes, stellte aber gelegentlich die Nützlichkeit der endlosen Forscherei in Frage oder hätte jedenfalls gerne mehr von ihrem Gatten gehabt („Du hättest Mönch werden sollen“). Elisabeth Arnold geb. Voigt war umtriebig und ständig aktiv (ihr zweiter Sohn eiferte ihr darin nach), außerdem gesellig und gastfrei. Carl Franklin Arnold gewährte ihr – nicht ganz freiwillig – das uneingeschränkte Regiment über den Haushalt. Das erforderte einiges an Organisation – bei insgesamt neun Personen: den Eltern, fünf Kindern und zwei Dienstmädchen. Sie hielt ihre Kinder zu Gründlichkeit und Sorgfalt an. Entspannung gönnte sie sich allenfalls spätabends bei der Lektüre von Zeitungen und Journalen, die damals natürlich noch nicht mit Fotos, sondern mit Stichen und Gravuren illustriert waren. Im Umgang mit Menschen war sie sehr direkt, konnte manchmal sogar hart wirken, war aber im Gegenteil herzlich und zugänglich. Offensichtlich hatte sie auch eine ironische Ader (ganz im Gegensatz zu ihrem Mann). Sie war hochgewachsen, blond und blauäugig. Eberhard Arnold hat ihren eigentümlich zwingenden Blick beschrieben, vermutlich ohne zu ahnen, dass viele Menschen an ihm etwas ganz ähnliches bemerkten. Elisabeth Arnold war bei aller Strenge stets mit ihren Kindern solidarisch und ließ es nie auf einen Bruch ankommen. Carl Franklin Arnold dagegen suchte schon früh die intellektuelle Auseinandersetzung und war bereit, sie um seiner Auffassung von der Wahrheit willen recht weit zu treiben. Jedenfalls durchliefen Eberhard Arnold und seine Geschwister eine anstrengende, aber unterm Strich erfolgreiche Persönlichkeitsschule.

Eine Frage wurde im Haushalt der Arnolds nicht offiziell behandelt, und das war die Sache mit den Standesunterschieden. Bis zu seinem zwölften Lebensjahr hatte Eberhard Arnold recht wenig Berührung mit Leuten aus der „einfachen Bevölkerung". In der Schule begegnete er fast ausschließlich Jungen aus ebenfalls standesbewussten bürgerlichen Familien. Erstaunt und erregt entdeckte er daher, dass manche Leute viel unkomplizierter und einfacher lebten als er und trotzdem fröhlich und herzlich und echt sein konnten. Er schleppte einen jugendlichen Landstreicher ins vornehme Patrizierhaus seiner Eltern. Er tauschte bei einem Urlaubsaufenthalt in den Bergen seinen Hut gegen die schmuddelige Mütze eines alternden Weltenbummlers und fing sich damit außer den Vorwürfen seiner Eltern auch noch Läuse ein. Er war mit den ausweichenden Auskünften der Eltern nicht immer zufrieden und widersprach gelegentlich: warum sollte jemand, der arm ist, deshalb auch zwangsweise schlecht oder lasterhaft sein? Umgekehrt musste er am Breslauer Johannesgymnasium feststellen, dass Reichtum und ein geachtetes Elternhaus noch lange keine Garantie für Anstand und ein vorbildliches Leben sind. Ein stehlender Fabrikantensohn, flegelnde und boshafte Offiziers- und Beamtenkinder: Im Weltbild des Heranwachsenden kam einiges ins Wanken.

Jugendliche Eskapaden

Die Mitgliedschaft in einer (verbotenen) Schülerverbindung namens „Suevia" blieb eine kurze Episode. Die Tapferkeitsrituale, die Stockgefechte (den Mensuren der schlagenden Studentenverbindungen nachempfunden), das Gerede von ritterlichem Geist, die Biertrinkerei konnten ihn nur anfangs begeistern. Vom Vater in betrunkenem Zustand erwischt und deshalb schwer beschämt, mit einer drastischen Schulstrafe belegt, setzte er sich zusammen mit einem Freund entschlossen von dieser Art von Vergnügen ab.

Unbefriedigende Konfirmation

Den Konfirmandenunterricht haben Eberhard Arnold und seine Schwester Clara mit großen Erwartungen verknüpft und waren dann eher enttäuscht, dass die kirchliche Unterweisung ähnlich langweilig und bemüht fromm ausfiel wie der Religionsunterricht im Gymnasium. Die Konfirmation selbst war auch keine Offenbarung. Carl Franklin Arnold hatte seiner Familie eine vergleichsweise bescheidene Feier verordnet. Eine Patentante aus Berlin kam zu Besuch; den kurzen Weg von der Kirche nach Hause legte man ausnahmsweise per Droschke zurück. Nachmittags stießen ein paar Freunde der beiden Geschwister zur Gesellschaft. Es gab harmlose Spiele im Salon und zum Ausklang mehrstimmige Volkslieder. Nachdem alles vorbei war, muss Eberhard noch einmal das Gespräch mit seinem Vater gesucht haben. Sinngemäß fragte er ihn, ob und wie die Konfirmation, die Vergewisserung des Glaubens, persönlich erfahrbar werden könne. Carl Franklin Arnold musste ihm eine befriedigende Antwort schuldig bleiben. Er hatte zwar im Haushalt der Gildemeisters in Bremen eine innige und fröhliche Frömmigkeit erlebt; die Pflegeeltern und ihre Verwandten standen in der Tradition des Biblizisten Samuel Collenbusch und des pietistischen Bremer Pastors Gottfried Menken. Den Respekt vor diesen Vorbildern hatte er übernommen; z. B. mutete er Frau und Kindern endlose Lesungen aus alten Predigten von Menken zu; aber ihre selbstverständliche und unbeschwerte Art zu glauben war ihm fremd geblieben. Er empfand stets eine tiefe Ehrfurcht vor dem heiligen Gott und seinen Geboten und fühlte sich verpflichtet, mit dem größten Ernst um persönliche Heiligung und sittliche Besserung zu kämpfen. Stundenlang konnte er über Psalmtexte meditieren oder im Gebet mit Gott um die tiefsten Menschheitsfragen ringen. Dazu schloss er sich in seinem Arbeitszimmer ein. Wenn er nach Stunden die Studierstube verließ, erlebten ihn die Kinder oft zerknirscht und bedrückt. Kraft oder gar Freude fand er im Gebet offenbar nicht.

Seinem Sohn konnte er auch nichts anderes sagen: er versprach sich Gewissheit der Vergebung oder gar des ewigen Heils nur durch diesen harten und mühsamen Weg, durch ständiges Ringen und Beten.

Schärfer als jemals vorher ist Eberhard Arnold anlässlich seiner Konfirmation die soziale Kluft zwischen den gebildeten, wohlhabenden Ständen und den einfachen Leuten aus der Arbeiterschicht bewusst geworden. Auslöser war die Kleiderordnung. So wie sie zur Kirche gezogen waren – er im neuen schwarzen Anzug, Clara im weißen Kleid –, konnten sich das buchstäblich nur gut betuchte Familien leisten. Ärmere Kinder hatten keine extra Gesellschaftsgarderobe. Er fand das ungerecht und zog für sich daraus die Konsequenz, dass er sich mit Standesunterschieden nicht abfinden wollte. Der Entschluss blieb vorerst ohne praktische Folgen, außer für die Dienstmädchen im elterlichen Haushalt: Er behandelte sie von da an freundlicher und nahm ihnen die eine oder andere Handreichung ab.

Zerstreuungen

Für die Schule tat er weiterhin wenig (er glaubte, es werde ihm – wie im materiellen Bereich ja auch – alles zufallen). Seine Interessen richtete er nun auf den Sport: Fußball, Turnen, Rudern auf der – und Schwimmen in der Oder. In der Freizeit bummelte er ganz gerne über die Schweidnitzer Straße, Breslaus Einkaufs- und Flaniermeile. Außerdem hatte er eine Dauerkarte fürs Pferderennen (die Begeisterung für rassige und schnelle Pferde bewahrte er sich sein Leben lang).

Entscheidende Wochen

Eberhard Arnolds älterer Bruder Hermann hatte inzwischen sein Studium angetreten. Clara war mittlerweile 17, Eberhards 16. Geburtstag stand bevor. Die Ferien sollten die beiden nicht mehr, wie bisher stets, mit der Familie verbringen. Das hätte sich schlecht mit der Schule vereinbaren lassen, denn die Sommerferien dauerten bis zum 7. August, die vorlesungsfreie Zeit an der Universität begann aber erst Anfang August. Stattdessen arrangierte die Mutter einen Ferienaufenthalt bei ihrer Cousine Lisbeth und deren Mann. Ernst Ferdinand Klein war Pfarrer in Lichtenrade bei Berlin. Er hatte früher ein Pfarramt in einem schlesischen Weberdorf innegehabt, hatte sich dort weit über das übliche Maß hinaus für die Interessen der Heimarbeiter stark gemacht und hatte ihre Ausbeutung durch die Tuchfabrikanten öffentlich angeprangert. Das Konsistorium der schlesischen evangelischen Kirche hatte ihn daraufhin in eine andere Kirchenprovinz versetzt. Dem streitbaren Pfarrer war die Bewunderung des 16-jährigen Eberhard sicher.

Eberhard Arnold als 19jähriger im Familienkreis (stehend von links: Clara, Carl Franklin Arnold, Betty, sitzend von links: Hermann, Elisabeth Arnold, Hannah, Eberhard)

Just im Sommer 1899 hatte sich Ernst-Ferdinand Klein mit seiner kompromisslosen Wahrheitsliebe auch an der neuen Wirkungsstätte Feinde geschaffen. Er hatte durchgesetzt, dass der Kantor wegen unsittlicher Handlungen an einigen Mädchen der Dorfschule entlassen wurde. Der Kantor war nun zwar weg, aber dafür boykottierte ein großer Teil der Dorfbevölkerung die Gottesdienste. Eberhard und Clara Arnold fanden einen festungsmäßig verrammelten Pfarrhof vor. Gelegentlich gingen Scheiben zu Bruch; Drohbotschaften flogen durchs Fenster.

Durch die Umstände stieg der Onkel noch in Eberhard Arnolds Achtung. Der hatte sich von einem Erwachsenen noch nie so gut verstanden gefühlt. Und noch etwas beeindruckte ihn. Er schreibt später, an seinem Onkel habe er zum ersten Mal ein lebensfrohes und mutiges

Christentum gesehen, eine Liebe zu Jesus und zu den Armen, wie sie ihm vorher noch nicht begegnet sei.

Eine Episode verfolgte der Gymnasiast nur als stummer und staunender Zeuge: Ein Heilsarmeesoldat war zum Essen eingeladen. Ernst-Ferdinand Klein begrüßte ihn herzlich, nannte ihn „Bruder" und hörte sich sehr aufmerksam und bewusst den Bericht über die „Seelenrettungsarbeit" in den dunklen Winkeln Berlins an. Eberhard Arnold war nach eigener Aussage tief beeindruckt – einerseits vom Respekt des Onkels vor dem einfachen Salutisten, noch mehr aber von der Hingabe und Selbstverleugnung, die er diesem Mann abspürte.

Ebenfalls im Lauf dieser vier Wochen entdeckte er das Neue Testament. Die Evangelien vor allem. Es war ihm peinlich, wenn hereinplatzende Verwandte ihn beim Bibellesen überraschten. Noch nicht einmal mit dem Onkel wollte und konnte er über die aufgebrochenen Fragen reden. Erst beim Abschied rückte er heraus mit seiner Befürchtung, zuhause gebe es niemanden, der ihm Jesus besser erklären könnte. Ernst-Ferdinand Klein versuchte diese Sorge zu zerstreuen.

Anfang August zurück in Breslau, wurden die Geschwister getrennt bei befreundeten Familien einquartiert. Die Eltern waren mit den jüngsten Töchtern, Betty und Hannah, an die Nordsee gereist. Eberhard kam in der Familie eines älteren Professors unter. Auch dieser war bekennender Christ, allerdings sehr nüchtern, musterhaft und unbeweglich und damit nicht der ersehnte Gesprächspartner. Dafür entdeckte der Gymnasiast im Schreibtisch seines Stübchens das Buch „Nachfolge Christi" von Thomas von Kempen. Das Werk war damals schon rund 500 Jahre alt. Eberhard Arnold erkannte darin einen Schlüssel zu den Evangelien und einen Leitfaden für ein Leben in den Spuren Jesu: „‚Wer mir nachfolgt, wandelt nicht in Finsternis', spricht der Herr. Mit diesen Worten ermahnt uns Christus, seinem Leben und seinen Sitten zu folgen, wenn wir wahrhaft erleuchtet und von aller Blindheit des Herzens befreit werden wollen. Darum muss dies unsre höchste Sorge sein, uns in das Leben Jesu Christi zu versenken …"[1]

1 Thomas a Kempis, „Von der Nachfolge Christi", Erstes Buch.

Hingabe

Eberhard Arnold hat in den folgenden Wochen fast jede freie Minute zum Lesen und Nachdenken genutzt. Er berichtet später, Jesu Bild sei ihm in blendender Reinheit erschienen. Ihm nachzufolgen sei dringendste Forderung geworden – ein innerer Ruf, der alles andere übertönt habe. Die Eltern, Anfang September zurückgekehrt, bekamen zunächst kaum etwas mit von dem Drama, das sich da im Innern ihres Sohnes abspielte. Er war in sich gekehrt, auffällig war allenfalls, dass er die Jugendstunden eines jungen Pastors besuchte.

Äußerlich änderte sich an seiner Haltung kaum etwas – bis zum 2. Oktober 1899. Da fasste er beim Spazierengehen auf der Hauptstraße unvermittelt einen Entschluss, bog auf die Promenade ab und steuerte die Dienstwohnung des Pastors an. Der war anscheinend nicht überrascht und hörte sich einen Schwall von Fragen und Einwänden an. Unter anderem diese: „Warum höre ich bei Ihnen so wenig vom Heiligen Geist? Ich verlange nach der Wirkung des Geistes Christi." – Worauf der Pastor gelassen erwiderte, das sei ja einzig und allein die Wirkung des Heiligen Geistes, dass der „junge Freund" auf einmal zu ihm gekommen sei. Das leuchtete ein. Mit ein paar behutsamen Ratschlägen wurde Eberhard Arnold entlassen. Er ging rasch nach Hause, schloss sich in den Salon ein, schlug in seiner Taschenbibel das dritte Kapitel des Johannesevangeliums auf und las es laut. Das heißt: Er buchstabierte für sich persönlich die Bedeutung des Begriffs „wiedergeboren" (Joh 3,3ff), bekannte seinen Glauben an Jesus, den Sohn Gottes (Joh 3,16), und er fasste mit den Worten von Joh 3,21 den Entschluss, mit allen bösen Werken zu brechen und künftig „die Wahrheit zu tun". Außerdem erwog er bis in die Einzelheiten seiner Lebensführung hinein den Preis und die Veränderungen, die sein Schritt von ihm fordern würde.

Eine weitreichende Entscheidung, zumal für einen 16-Jährigen. Sie wurde belohnt: Als unsagbare Freude habe der Strom der Liebe Gottes sein Herz überflutet, schreibt er mehr als 30 Jahre später. – Als er schließlich den Salon verließ, bis ins Innerste erschüttert von seiner Erfahrung, fand er die Familie zum Abendbrot im Esszimmer versammelt. Mit belegter Stimme wandte er sich an seine Eltern und erzählte ihnen, was geschehen war und was das für ihn bedeute. Der Vater sagte gar nichts, verhielt sich zweifelnd-abwartend. Die Mutter fand einen begütigenden Satz, konnte die Erklärung ihres Sohnes aber nicht so recht einordnen. Die Geschwister schwiegen. Nach einer Pause – peinlich nur für die anderen, nicht für ihn – ging man zur Tagesordnung über.

Erste Konsequenzen

Zunächst einmal gab Eberhard Arnold die letzten Reste von herrschaftlich-großbürgerlichem Gehabe auf. Pferderennen und zielloses Herumschlendern waren passé. Sein schickes Elfenbeinstöckchen kam ihm nun albern vor. Der pubertären Prahlerei seiner Kameraden entzog er sich. Er verabschiedete sich in aller Form von den wohlgeformten marmornen Venusskulpturen im Stadtmuseum, mit deren Hilfe die Schüler gelegentlich ihre Phantasie angeheizt hatten. Mit mehr Mühe verkniff er sich all die kleinen Kniffe und Winkelzüge, mit denen er sich bisher durch den Schulalltag gemogelt hatte. In den letzten Herbstwochen besuchte er reihum seine Lehrer, erzählte ihnen von seinem inneren Schritt und bat sie um Verzeihung für seinen Übermut und sein bisweilen respektloses Verhalten in der Vergangenheit. Die meisten nahmen seine Erklärung skeptisch auf. Ihre Anerkennung wuchs erst in den folgenden Monaten, als der bis dahin sehr mäßige Schüler mit unvermutetem Fleiß seine Leistungen verbesserte. – Den Klassenkameraden war Eberhard Arnolds Bekenntnis zum Teil gleichgültig, zum Teil ärgerlich, sofern sie ihn bisher eher als Anstifter zu Späßen oder Abenteuern bewundert hatten. Mit den Klassenbesten wurde er auch dann nicht warm, als er kurzzeitig zu ihnen aufschloss. Leistung um der Leistung willen war nicht seine Sache; auf Anerkennung gab er wenig.

Entfremdung vom Vater

Die üblichen Feste und Gesellschaften begann er zu meiden; Einladungen zu Geselligkeiten bei befreundeten Professorenfamilien lehnte er ab, weil sie ihm neuerdings hohl und wertlos erschienen. Darüber kam es zu ernsten Auseinandersetzungen mit seinen Eltern, insbesondere mit dem Vater („Unbescheidenheit eines unreifen Jungen!"). In seinem Eifer stellte der 16-Jährige Bedingungen: ja, er würde hingehen, wenn er die Gesellschaft in offener Rede auf den Irrtum ihres Lebens aufmerksam machen könne.

Selbst am Silvesterabend, als die Familie mit einigen Studenten beim Punsch zusammensaß und auf das Jahr 1900 anstieß, teilte Eberhard von seiner Begegnung mit Jesus mit und forderte Verwandte und Gäste auf, die Stunde wahrzunehmen und ebenfalls solche Erfahrungen zu suchen. Sein Vater überspielte die einsetzende Betroffenheit, indem er wie alle Jahre den 103. Psalm rezitierte und überleitete zum Choral „Nun lasst uns gehn und treten mit Singen und mit Beten zum Herrn, der unserm Leben bis hierher Kraft gegeben".

In der elterlichen Wohnung in Breslau, 1902

Die Entfremdung zwischen Vater und Sohn nahm noch zu, als Eberhard Arnold die halbjährlichen Empfänge seiner Eltern in Frage stellte. Er kritisierte den ungeheuren Aufwand („200 Reichsmark für Essen und Trinken!") und wies darauf hin, dass die geladenen Gäste alle selber wohlhabend und satt seien. Er erinnerte seinen Vater an die Arbeiterfamilien in den östlichen Stadtvierteln Breslaus und an das Jesuswort „*Wenn du ein Gastmahl machen willst, (...) so geh auf die Straße und lade die Allerärmsten ein, die dich niemals laden können*"

(Lk 14,12ff). Carl Franklin Arnold belegte ihn für diese, wie er meinte, Anmaßung mit Stubenarrest. Die Serie der Missverständnisse setzte sich fort, und beide litten darunter.

Missionarischer Eifer

Anschluss an andere junge Christen fand Eberhard Arnold mittelbar durch den Pastor, der ihm die entscheidenden Schritte gewiesen hatte. Dieser richtete einen Bibelgesprächskreis für Schüler der oberen Klassen ein. Anfangs waren es außer Eberhard nur zwei Primaner von einem anderen Gymnasium. Man studierte gemeinsam das Markusevangelium. Der Pastor ermutigte die Jungs, auch ihre Kameraden einzuladen. Eberhard Arnold konnte zunächst zwei Freunde aus den „Suevia"-Tagen interessieren. Nach einiger Zeit waren mehr als zehn der Klassenkameraden angesteckt von seiner glühenden Begeisterung für Jesus. Sie sammelten sich in den Pausen unter den Walnussbäumen, oder sie besuchten ihn alleine oder in Grüppchen zuhause und hörten sich an, was er über bedingungslose Nachfolge Jesu erzählte oder über die Freude und die Kraft, die Jesus verleihen kann. Clara Arnold berichtet, sie und die anderen Geschwister hätten Eberhard zuweilen im Salon angetroffen, im tiefernsten Gespräch mit einem oder mehreren anderen Jungen. Offenbar hat er einigen von ihnen zu einem ähnlichen Durchbruch verhelfen können, wie er ihn selbst erlebt hatte.

Parallel dazu wuchs der Bibelkreis zeitweilig auf ca. 50 Teilnehmer an. Als der Jugendpastor nach Stettin versetzt wurde, ging die Leitung des Kreises an Eberhard Arnold über. Der missionarische Eifer und das starke Verantwortungsgefühl den suchenden Kameraden gegenüber kostete ihn viel Zeit und Energie, und das hat, wen wundert es, seine Leistungskurve am Gymnasium wieder gedrückt.

Heilsarmee

Seit der Begegnung mit einem Heilsarmeesoldaten in Ernst-Ferdinand Kleins Lichtenrader Pfarrhaus hat sich Eberhard Arnold von der Arbeit der Heilsarmee angezogen gefühlt. Die Verbindung von Leib- und Seelsorge („Suppe, Seife, Seeelenheil"), die Tatsache, dass die Salutisten unerschrocken auch in die elendesten Wohnquartiere und die verrufensten Spelunken gingen, das entsprach gleichermaßen seinem sozialen Gewissen und seiner Begeisterung für Jesus. Abgesehen vom Schülerbibelkreis besuchte er immer wieder das Versammlungslokal der Heilsarmee, ein Kellerzimmer in einem baufälligen Haus in der Stockgasse – nicht gerade die feinste Adresse in Breslau. Die sogenannten Soldaten (und Soldatinnen) kamen zumeist selbst aus einfachen Verhältnissen, waren in der Regel schlecht ernährt und blass und beherrschten ein erstaunliches Repertoire marschmäßig angelegter Heilslieder. Eberhard Arnold fühlte sich in dieser Gesellschaft wohl. Mit achtzehn begann er, gelegentlich in der Stockgasse zu predigen. Mit 20 konnte man ihn mit dem „Kriegsruf" (einer Heilsarmee-Zeitschrift) in der Hand erleben, wie er wildfremde Leute auf der Straße, in Betrieben und Geschäften ansprach und sie aufforderte, ihr Leben Jesus hinzugeben.

Einem Breslauer Heilsarmeekapitän verdankte er eine wichtige Lektion. Er traf ihn im Gespräch mit einem verkommenen Menschen an und konnte sich hinterher nicht die Bemerkung verkneifen: „Welch furchtbares Gesicht!" Der Kapitän entgegnete ihm scharf: „Wie würden Sie aussehen, wenn Sie das alles durchgemacht hätten, was dieser Unglückliche hat erleiden müssen!" Einmal mehr wurde ihm durch diese Episode klar, dass er unverdient und ohne eigenes Zutun zu einer bevorzugten Schicht gehörte, und dass andererseits Elend nicht unbedingt selbstverschuldet ist. Folglich wurde er mit seinem Urteil über Menschen vorsichtiger. Er versuchte, armen oder belasteten Menschen vorbehaltlos und mit noch mehr Liebe zu begegnen. Manchmal mit Erfolg: Einmal half er eine Prügelei schlichten und brachte einen der betrunkenen Kampfhähne nach Hause. Erschüttert von dem Elend, das er dort sah, redete er dem Mann ins Gewissen und fragte, ob er nicht glaube, dass Jesus ihm helfen könne. Der hielt dagegen: erst einmal solle der junge Herr ihm helfen. Also stand der Schüler täglich eine Stunde früher auf als sonst und begleitete den Mann an den verlockenden Kneipen vorbei zur Arbeitsstelle und abends wieder zurück. Solange, bis der Mann sich in einer Heilsarmeeversammlung zur Nachfolge Jesu bekannte und wieder im Leben Tritt fasste.

In den letzten beiden Schuljahren fühlte sich Eberhard Arnold zeitweise so sehr eins mit den Zielen und der Arbeit der Heilsarmee, dass er am liebsten seine Schulausbildung abgebrochen und selbst die Uniform angezogen hätte. Seine Eltern verstanden das zu verhindern.

Ihre Haltung zu seinem Engagement war zwiespältig: sie hinderten ihn nicht, die Versammlungen zu besuchen, und nahmen seine Verpflichtungen im Bibelkreis hin. Sie schritten ein, als sie auf Plakaten an Litfaßsäulen lasen, dass ein „Missionar Eberhard Arnold" auf Einladung der Heilsarmee zu einer großen Versammlung sprechen werde. Es war weder üblich noch erlaubt, dass Schüler öffentlich auftreten und sprechen konnten. Carl Franklin Arnold war anfangs so entsetzt, dass er glaubte, seine Professur wegen des missratenen Sohnes niederlegen zu müssen.

Erstmals: die Täufer

Der Breslauer Bibelkreis geriet um das Jahr 1901 unter den Einfluss eines jungen ostpreußischen Adligen. Eberhard Arnold nennt ihn in seinen Jugenderinnerungen „von Gürten"[2]. Er war für unbedingte und klare Nachfolge Jesu, zwängte sich selbst und andere aber in ein enges Korsett von Gesetzen. Sein Auftreten war leidenschaftlich, aber auch bedrohlich und gebietend. An anderen Christen ließ er kein gutes Haar. Anfangs bewunderten die Teilnehmer des Bibelkreises den Mann fast vorbehaltlos und empfanden nur unklar, dass seine Haltung ihre eben erst gewonnene Freiheit im Glauben einzuengen drohte. Erst mit der Zeit entzogen sie sich seinem Einfluss. Bei aller Zwiespältigkeit – viele verdankten ihm durchaus wichtige und richtige Impulse. Eberhard Arnold zum Beispiel vertiefte sich auf seine Anregung hin in die Geschichte der frühen Kirche, außerdem sprach er seinen Vater auf die Täuferbewegung[3] des 16. Jahrhunderts an.

---

2 Möglicherweise steht „v. Gürten" für Ludwig von Gerdtell, und Eberhard Arnold hat den Namen bewusst verfremdet. Dann müsste die Episode ins Jahr 1902 datiert werden, und von Gerdtell hätte Eberhard Arnold den ersten Impuls zur Beschäftigung mit den Wiedertäufern gegeben. Die Beschreibung „von Gürtens" trifft jedenfalls in wesentlichen Zügen auf L. v. G. zu: strikter Anabaptismus, Geringschätzung der Reformatoren, Berufung auf das Urchristentum. – Viele Jahre später schrieb Arnold in einem Brief: „Mir ist deutlich geworden, dass unsere erste Breslauer Zeit viel Gewaltsames und Vergewaltigendes, Unfreies und menschlich ichbetontes Gerede in ihren Ausdrücken enthielt. Gerdtell hat das nicht erkannt."

3 Anders als Luther, Calvin und Zwingli haben einige Reformatoren die Kindertaufe als unbiblische und irreführende Praxis verworfen und stattdessen die „Glaubenstaufe" Erwachsener gefordert. Da bis dahin praktisch jedes Kind getauft worden war, mussten Menschen, die die Glaubenstaufe an sich vollziehen ließen, mit dem Vorwurf leben, zweimal oder „wieder" getauft zu sein. Die „Wiedertäufer" wurden sowohl von der katholischen als auch von den neugegründeten lutherischen und reformierten Kirchen radikal verfolgt. Dennoch konnten

Das war endlich mal ein Feld, auf dem er mit der Unterstützung seines Vaters rechnen konnte. Carl Franklin Arnold war etwas beunruhigt, dass sein Sohn sich ausgerechnet für eine in seinen Augen erfolglose Seitenlinie der Reformation interessierte. Trotzdem, er machte ihm seine wissenschaftliche Bibliothek zugänglich und stellte sich langen Gesprächen über die Täuferbewegung und Vergleichen mit dem Weg, den die Kirche Martin Luthers genommen hatte.

Durch seinen Vater ist Eberhard Arnold auf einen anerkannten Gelehrten aufmerksam gemacht worden, der über die Geschichte der mährischen Täuferbewegung Jakob Hutters geforscht hatte: den Grazer Geschichtsprofessor Johann Loserth. Eberhard Arnold hat Loserths zweiteiliges Buch über den „Anabaptismus in Tirol" in der Bibliothek des Vaters vorgefunden. Er erwähnt eine Diskussion mit dem Vater über Loserths Anerkennung der mährischen Wiedertäufer als „gute treue Menschen reiner Sitte und strenger Jesusliebe". Das Wissen und die Eindrücke, die Eberhard Arnold bei diesen Gesprächen und der entsprechenden Lektüre gewonnen hat, haben mit längeren Unterbrechungen, im Abstand von jeweils sechs bis sieben Jahren, entscheidend weitergewirkt (drei Jahrzehnte später hat er selbst wissenschaftlichen Austausch mit Prof. Loserth gepflegt). Im Augenblick sorgte die Entdeckung der täuferischen Geschichte lediglich dafür, dass dem jungen Mann Zweifel an der preußischen Staatskirche kamen, die seinem Vater so unendlich viel bedeutete. Damit wird ein paradoxer Zug an der Beziehung zwischen Eberhard und Carl Franklin Arnold erkennbar: Sie fanden und verstanden sich im gemeinsamen glühenden Interesse an der Geschichte der Christenheit, zugleich setzten sie sich in der Bewertung dieser Geschichte immer weiter voneinander ab.

Auszeit

Missionseifer, seelsorgliche Arbeit an den Kameraden und Altersgenossen, Redetalent, Heilsarmee hier und Bibelkreis da – das ging auf die Dauer spürbar auf Kosten der Schule. Clara Arnold schreibt, ihr Bruder habe der Schule Gleichgültigkeit und sogar passiven Widerstand entgegengebracht. Rein rechnerisch ergibt sich jedenfalls aus

---

sich Täufergemeinden vor allem in den Niederlanden (Mennoniten), in der Schweiz und in Mähren halten.

den bekannten Lebensdaten, dass Eberhard Arnold in den Jahren nach dem 16. Geburtstag ziemlich gebummelt hat. Die Eltern überzeugten ihn, dass er sich endlich auf das Abitur konzentrieren müsse (gleichwohl stand er auch später stets zu seinem missionarischen Engagement in den Jahren von 1900 bis 1904: „Ich kann nie bereuen, für Jesus an Seelen gearbeitet zu haben, und muss es festhalten, dass es Sein Auftrag war und Sein Geist, der mich dazu trieb …"). Die vertraute Umgebung, die vielen Verpflichtungen und Kontakte in Breslau konnten da nur hinderlich sein. Eberhard Arnold wurde im niederschlesischen Städtchen Jauer in Pension gegeben und erwarb dort am königlichen Gymnasium in den ersten Wochen des Jahres 1905 das Reifezeugnis. Er war nun 21 Jahre alt.

II.

Ohne Überzeugung

Wenn es nach Eberhard Arnolds Wunsch gegangen wäre – er hätte gerne Medizin studiert, träumte von einem selbstlosen Beruf im Dienst der Barmherzigkeit. Leib- und Seelsorge Hand in Hand: seit ein paar Jahren hatte er insgeheim solche Vorstellungen entwickelt und gepflegt. Den Eltern hatte er diese Gedanken nie offenbart; sie stellten inzwischen eigene Überlegungen an, und die gingen in eine andere Richtung.

So fiel der frisch dekorierte Abiturient aus allen Wolken, als ihm der Vater am Abend nach der Prüfung im versammelten Familienkreis eröffnete, er freue sich darauf, den eigenen Sohn an der theologischen Fakultät unter seinen Zuhörern zu sehen. Der suchte mühsam nach Argumenten, wandte ein, er fühle sich nicht zum Theologen berufen, er wisse es schon jetzt, dass er nie Pastor werden könne, aber als Mediziner werde er Tüchtiges leisten.

Carl Franklin Arnold wischte die Wünsche und Bedenken seines Sohnes vom Tisch. Er wollte wenigstens einen seiner Söhne an der Theologischen Fakultät sehen, nachdem Hermann, der Erstgeborene, bereits Jurist geworden war. Er verwies auf den großen Einfluss, den ihm der Dienst auf der Kanzel sichern werde, und auf die lange Kette von Theologen und Pastoren unter den Vorfahren. Und schließlich das vernichtende Argument: das Medizinstudium dauere lang und sei kostspielig, Eberhard habe bereits unnötig viel Zeit an der Schule verbummelt. Fazit: „Du studierst Theologie!" – Ende der Debatte.

Die DCSV

So fand sich Eberhard Arnold im Sommersemester 1905 als Theologiestudent an der Universität Breslau wieder. Glücklich war er nicht, dabei traf er unter den Kommilitonen genügend andere, die mit ihm die Liebe zu Jesus und den Willen zur bedingungslosen Nachfolge teilten. Sammelpunkt für die jungen bekennenden Christen an der Universität war die Breslauer Sektion der Deutschen Christlichen

Studenten-Vereinigung, abgekürzt DCSV[4]. Dort trafen sich Studenten verschiedener Fakultäten mehrmals wöchentlich zu Bibelstunden, besprachen alltägliche Erlebnisse, teilten Freuden und Sorgen. Eberhard Arnold fühlte sich wohl in diesem Kreis, brachte aber nicht das Feuer und Engagement auf wie zuletzt im Bibelkreis und in der Heilsarmee. Er war mit sich unzufrieden, fühlte sich innerlich leer, ärgerte sich über unnütze Debatten und Nichtigkeiten und verzweifelte fast an der Ungeduld, mit der es ihn zu den Armen und Verlorenen hinzog.

Bestätigt fühlte sich Eberhard Arnold durch einen Brief des greisen Heilsarmeegründers und -generals William Booth[5]. Zwischen Juni 1902 und November 1904 war Booth fünfmal zu evangelistischen Einsätzen (Heilsarmeejargon: „Feldzüge") in verschiedenen Städten Deutschlands gewesen. Wer ihn wo und wann auf den jugendlichen Eiferer mit der missionarischen und seelsorglichen Begabung aufmerksam gemacht hat, ist nicht mehr auszumachen. Im bewussten Brief jedenfalls hat Booth Eberhard Arnold aufgefordert, in den Dienst der Heilsarmee zu treten.

In einer Aussprache mit den Eltern spielte dieser Brief dann auch eine Rolle, aber er machte auf Carl Franklin und Elisabeth Arnold nicht denselben Eindruck wie auf ihren Sohn. Sie zeigten Verständnis für seine innere Zerrissenheit und seine Selbstzweifel und legten ihm nahe, er möge keine voreiligen Entschlüsse fassen, sondern erst einmal zur DCSV-Konferenz fahren und seine Situation dort mit Freunden beraten.

Die 15. Allgemeine Christliche Studentenkonferenz fand Anfang August 1905 in Wernigerode statt. Eberhard Arnold reiste hin zusammen mit Clara (die somit die Gründungsversammlung der „Deutschen Christlichen Vereinigung studierender Frauen – DCVSF"

---

4 Angeregt von der christlichen Studentenbewegung in den USA und auf die seit 1882 existierenden „Bibelkränzchen" an Universitäten und Schulen gestützt, hatten u. a. Graf Eduard von Pückler und Freiherr Waldemar von Starck jährliche christliche Studentenkonferenzen initiiert, aus denen heraus 1895 die DCSV entstand. Im selben Jahr wurde der Christliche Studenten-Weltbund gegründet.

5 William Booth war ursprünglich Methodistenprediger. 1861 übernahm er die Leitung der Ostlondoner Zeltmission und gab dieser Arbeit mit den Jahren eine effiziente, „militärische" Struktur, aus der 1878 die Heilsarmee hervorging. Booth war ein wortgewaltiger Prediger, erklärter Feind von Laster und Sünde und bis ins hohe Alter für Neuerungen offen.

erlebte – vier Jahre, nachdem sich die ersten deutschen Universitäten für Frauen geöffnet hatten). Anders als die Blankenburger Allianzkonferenzen, die bereits damals regelmäßig 1.500 und mehr Besucher anzogen, waren die DCSV-Konferenzen familiär und überschaubar: mal 180, mal 250 Teilnehmer aus allen Ecken Deutschlands. Eberhard und Clara tauchten ein in eine herzliche, offene Atmosphäre. Clara Arnold schreibt später von „begeisterter Jesusliebe", von „tiefer Einheit der Gesinnung". Hier hörten die Geschwister Ansprachen von General von Viebahn und erlebten den DCSV-Vorsitzenden und Mitgründer Graf Pückler. Hier hat sich Eberhard Arnolds Lebensweg erstmals mit dem von Karl Heim gekreuzt: Heim hielt in Wernigerode ein beeindruckendes Referat zum Thema „Bilden ungelöste Fragen ein Hindernis für das Glaubensleben?" Noch mehr Gesprächsstoff lieferte ein Gast aus Übersee: der Evangelist R. A. Torrey aus Chicago. Er sprach enthusiastisch über „Die persönliche Erfahrung von der Kraft des Heiligen Geistes" und von der Erfahrung der „Geistestaufe" und würzte sein Referat mit beeindruckenden, leider kaum nachprüfbaren Anekdoten aus dem Leben Dwight L. Moodys. Clara Arnold erwähnt Torrey nicht ausdrücklich, bezeugt aber mit vielen anderen Teilnehmern der Konferenz, man habe „die Gegenwart des Heiligen Geistes deutlich spüren" können. Eberhard Arnold hat Torreys Büchlein „Wie erlangen wir die Fülle der Kraft?" noch Jahre später sehr geschätzt und weiterempfohlen („Torrey ist in der Tat *sehr* gut").

All diese Eindrücke und der Zuspruch jüngerer und älterer DCSV-Genossen halfen Eberhard Arnold, die Unzufriedenheit zu vertreiben und das freudlose Dasein der vergangenen Monate zu beenden. Einige Wochen auf der Nordseeinsel Langeoog im Anschluss an die Konferenz taten das Übrige. Mit Billigung der Eltern setzte er sich von der Familie ab und konnte mit der Natur, mit sich und mit Gott allein sein. Am Ende war er noch immer nicht überzeugt von einer Berufung zum Theologiestudium, aber zumindest bereit, dem Wunsch der Eltern zu folgen und das Studium entschlossen voranzutreiben.

Halle

Halle an der Saale im November 1905: eine stolze, geschichtsbewusste Stadt. Eine blühende Stadt. Dreieinhalb Jahrzehnte Frieden und rasante wirtschaftliche Entwicklung und wilhelminische Architektur.

Besonders nach Norden hin hat sich die Stadt entwickelt: breite Straßen, schattige Alleen, großzügige Bürgerhäuser, helle Fassaden, Stucksimse und Kapitelle und mächtige Fensterfronten, wohin man sieht. Entlang der Großen Ulrichstraße haben sich noble Geschäfte angesiedelt. Handel und Gewerbe blühen; die Anzeigenseiten des „Hallischen Tagblattes" und anderer Zeitungen zeugen davon.

Auch kulturell ist das Angebot beachtlich. Um die Aufmerksamkeit der 2.000 Studenten in der Stadt werben etwa ein Dutzend studentische Verbindungen, darunter auch ein paar „christliche" Korporationen, gerade noch einmal so viele evangelische und katholische Jünglings- und Jungfrauenvereine, der Christliche Verein junger Männer, der Jugendbund für Entschiedenes Christentum, verschiedene Turn- und Brauchtumsvereine, politische Clubs und Vaterlandsvereinigungen. Und natürlich gibt es auch im Umfeld der Königlichen Universität Halle-Wittenberg eine DCSV-Gruppe. Dort taucht der Name Eberhard Arnold erstmals in einer Mitgliedsliste im November 1905 auf. Im Wintersemester 1905/06 studierte er also in der Saalestadt. Auf der Matrikelbescheinigung („Album Nr. 1132/05") hat er penibel mit eigener Hand als Anschrift vermerkt: „Albrechtstraße 13".

Albrechtstraße 13, dritte Etage: das war das Domizil von Heinrich Voigt, Elisabeth Arnolds jüngerem Bruder. Ein Gelehrter wie aus dem Bilderbuch: Doktor der Theologie, Gastmitglied der k. u. k. Wissenschaftsakademie in Prag, seit 1894 in Halle mit einer außerordentlichen Professur für Kirchengeschichte. Ein schnurriger Junggeselle, menschenscheu, lärmempfindlich und nervenschwach, aber mit einem innigen Glauben und mit goldenen Fingern. Klavier und Harmonium, Gluck, Mendelssohn und Schubert, Choräle der Reformationszeit und die „Hymns" der englischen Erweckungsbewegung halfen ihm über die Einsamkeit hinweg. Und nun sollte ihm der Neffe Gesellschaft leisten.

Eberhard Arnold wohnte hier in jeder Hinsicht günstig. Gleich um die Ecke in der Geiststraße lag das Vereinslokal des CVJM, wo sich seit Anfang 1906 die DCSV traf, immer donnerstagabends um halb neun. Über die Friedrichstraße waren es fünfzehn Minuten Fußmarsch bis zur Universität und zehn Minuten bis zum Stadtmissionshaus „Rosenthal" am Weidenplan, eine Querstraße hinterm Theater. Etwas unangenehmer war die Tatsache, dass die Wohnung des Onkels keine offene Tür hatte wie das elterliche Haus in Breslau. Heinrich Voigt war im Wintersemester 1905/6 von der Fakultät beurlaubt, schrieb an einem Buch über „Die ältesten Berichte über die Auferstehung Jesu Christi. Eine historisch-kritische Untersuchung" und hätte sich lebhaften Besuchsbetrieb wohl verbeten. Abends war es ihm ganz angenehm, dass der Neffe als Gesprächspartner und Spielpartner für Schach und Halma zur Verfügung stand. Eberhard Arnold musste dann wohl oder übel sein eigenes Programm opfern, und die Kommilitonen zogen ohne ihn los.

Erste studentische Arbeitskonferenz der DCSV unter Vorsitz von Eberhard Arnold (obere Reihe, 5. von links), 1907

Hinsichtlich des Studiums waren Nähe und Rat des Onkels Gold wert. Eberhard Arnold belegte neben den theologischen Fächern auch Vorlesungen in Philosophie. Das erwies sich später als entscheidend fürs wissenschaftliche Überleben. Bei den Professoren Uphues und Ebbinghaus hörte er Logik, Philosophiegeschichte und Psychologie. In seinem Stammfach Theologie profitierte er vor allem von dem Kirchengeschichtler Prof. Loofs und natürlich von Heinrich Voigt. Dogmatik und Systematische Theologie hörte er bei den einflussreichen Professoren Kähler und Lütgert. Außerdem darf man nicht vergessen, dass Eberhard Arnold auf Schritt und Tritt den wissenschaftlichen Spuren seines Vaters begegnete. In der Bibliothek der theologischen Fachschaft prangt der Name Carl Franklin Arnold heute noch auf einem halben Dutzend Buchrücken. Für den studierenden Sohn eine ständige Herausforderung und auch eine Hypothek: bewusst oder unbewusst haben ihn seine Lehrer wohl immer am Vater gemessen.

Unter den mehr als 300 Theologiestudenten der Fachschaft standen ihm zweifellos die Freunde aus der DCSV am nächsten. Da finden sich Namen wie Hermann Schafft und Friedrich Siegmund-Schultze, den Eberhard Arnold noch aus der Breslauer Schulzeit kannte – Leute, die auch später noch eine Rolle in seinem Leben spielen würden. Aber auch unter den anderen Studenten, die keinen ausgesprochen erwecklichen oder Gemeinschafts-Hintergrund hatten, pflegte er Bekanntschaften. Zu Paul Tillich beispielsweise: mit ihm zusammen hörte Eberhard Arnold dieses eine Semester lang Theologie, dann liefen die Wege auseinander, um sich erst nach vielen Jahren wieder zu kreuzen.

Das Schlesische Konvikt

Zu Beginn des Sommersemesters 1906 hatte das mönchische Leben im Haushalt Heinrich Voigts ein Ende. Die Eltern hatten bei den wenigen Besuchen in Breslau aus Eberhard Arnolds Berichten herausgehört, dass er sich nach jüngerer und lebhafter Gesellschaft sehnte. Die fand sich im Stift der Schlesischen Evangelischen Kirche, Wilhelmstraße 10. Das klotzige Gebäude grüßt Besucher und Passanten noch heute mit dem in Stein geschnittenen Satz aus Psalm 27: „Herr, weise mir deinen Weg, und leite mich auf ebener Bahn." Hier hatten einige schlesische Theologiestudenten Quartier, auch einige aus der DCSV. Manche fühlten sich von der Hausordnung eingeengt, empfanden die Atmosphäre als spießig. Für Eberhard Arnold dagegen war das Leben im Schlesischen Konvikt eine Art Befreiung. Inspektor des Konvikts war im übrigen Dr. Karl Heim.

Karl Heim, wiewohl auch nur etwa zehn Jahre älter als die jungen Studenten, war für viele eine Art Vaterfigur. Zumal für die DCSVer: sie fanden bei ihm ihre geistliche Linie, ihre Sprache. Noch 1898 war er selbst im Vorstand der Hallenser DCSV-Gruppe; von 1899 bis 1902 war er hauptamtlicher Reisesekretär der DCSV gewesen. Seine geistliche Autorität stand außer Frage. Im Konvikt ergaben sich reichlich Gelegenheiten zum Austausch; hier wurde der Grundstein für eine dauerhafte, wenn auch nicht allzu innige Freundschaft gelegt. Eberhard Arnold und Karl Heim haben sich in den folgenden Jahren manche Auseinandersetzung geliefert, haben über die notwendigen Folgen aus ein und denselben geistlichen Erkenntnissen gestritten, haben ganz unterschiedliche Wege eingeschlagen. Dennoch hat Karl Heim stets am Schicksal Eberhard Arnolds Anteil genommen, bis zu dessen Lebensende.

Wachsende Verantwortung in der DCSV

Mit Beginn des Semesters, am 26. April 1906, war Eberhard Arnold zum Vorsitzenden der Hallenser DCSV gewählt worden. „Die Ehre Jesu, unsres Königs, ist es, die wir vertreten wollen in der Studentenwelt", sagte er in seiner Antrittsrede; „Er ist allein der feste rettende Grund für die ankerlosen Wracks, die von den Meinungen und Strömungen der Gegenwart hin und her geworfen werden (...). – Ihn wollen wir hineinstellen mitten in die Welt, die Ihn verlacht und für abgetan erklärt. (...) Wir wollen kein Konventikel sein noch werden, sondern eine missionierende Macht für alle Kreise unserer Universitäten. (...) Jesus allein! ist die Devise unserer Vereinigung. Wir wissen, dass wir uns nicht mehr selbst gehören, sondern dass Er uns Gott erkauft hat mit seinem Blut!"

Seit seinem Eintritt hat sich die örtliche DCSV-Gruppe stetig und kräftig entwickelt. „Als ich nach Halle kam, war in der D.C.S.V. ein Durcheinander ohnegleichen", schrieb Eberhard Arnold später; „Gott gab Gnade, den Geist Jesu zur Herrschaft zu bringen und das Fremde und Unklare zurückzudrängen. Wunderbare, herrliche Dinge haben wir erlebt. Aber nicht ich war es, auch nicht sonst einer, sondern der Herr und Sein Geist". Seine Reife und sein Einsatz in der örtlichen DCSV sprach sich herum. Binnen kurzer Zeit wurde er auch in den nationalen DCSV-Vorstand berufen als „studentisches Mitglied". Er fand sich dort in einer Runde mit dem Grafen von Pückler, dem Methodistenprediger Theophil Mann, der zu der Zeit DCSV-Sekretär war, dem Wuppertaler Pastor Paul Humburg, dem baptistischen Reiseprediger Ludwig von Gerdtell und anderen.

Ludwig von Gerdtell kannte er schon aus der Zeit, als dieser gerade DCSV-Sekretär geworden war. Im Jahr 1902 hatte eine Vortragswoche Gerdtells in Breslau eine kleine Erweckung unter Gymnasiasten ausgelöst. Von Gerdtell, elf Jahre älter als Eberhard Arnold, war ein brillanter, kraftvoller Redner, von Haus aus Jurist, reiste aber mit populär aufgemachten geistlichen Vorträgen durchs Land. Er lehnte die Kindertaufe ab, geißelte die Staatskirche und scheute auch die offensive Auseinandersetzung mit der modernen Naturwissenschaft nicht. Er legte Wert auf gepflegte Umgangsformen, konnte aber unvermittelt sprachlich ausfällig und verletzend werden und machte gerne Pointen auf Kosten anderer. Das sicherte ihm über viele Jahre ein aufmerksames Publikum. Karl Heim bewunderte ihn: „Mit der Logik eines Advokaten wird die Wahrheit des Anspruchs Jesu bewiesen. Dazwischen Zeugnisse von fulminanter Kraft", so schrieb Heim 1906. Der Mann war so rigoros in seinem Reden, freilich auch so konsequent in seiner Lebensgestaltung – das konnte auf einen jungen Mann mit ganz ähnlicher geistiger Schärfe nicht ohne Eindruck bleiben. Und so finden wir Eberhard Arnold in der folgenden Zeit immer wieder in der nächsten Umgebung Ludwig von Gerdtells. Im DCSV-Vorstand schloß er sich öfters dessen Haltung an. Vom Sprachstil von Gerdtells, von der Argumentationsweise hat er sich manches angeeignet. Zeitweise nannte er ihn gar seinen „besten Freund". Wenn er Karl Heim bei aller Verbundenheit „zu weich und als Christ zu nachgiebig" fand, dann mag das daran liegen, dass er an Ludwig von Gerdtell zur selben Zeit Entschlossenheit und kompromisslose Härte um der Wahrheit willen sah. Aber eben: Wahrhaftigkeit ohne Liebe, Entschiedenheit bis zur Rechthaberei – so empfanden es andere. Ausgerechnet der scharfsinnige Student mit seinem feinen Gespür für Echtes und Unechtes soll das nicht bemerkt haben? Manches an dieser Beziehung bleibt rätselhaft.

Von Gerdtell sah seine Berufung in der „Arbeit unter den Gebildeten". Evangelium für die gebildete Oberschicht, für Reiche und Einflussreiche – Eberhard Arnold konnte sich persönlich vom Erfolg dieser Strategie überzeugen. Vor Weihnachten 1906 und dann noch einmal Anfang 1907 hielt Ludwig von Gerdtell in Halle zwei spektakuläre Vortragsreihen, von Karl Heim und Eberhard Arnold maßgeblich mit vorbereitet. Seine Themen waren zum Beispiel „Das Sühnopfer Christi" oder auch „Kann der moderne Mensch noch an die Auferstehung Jesu glauben?“ Unter Leuten aus dem gebildeten Bürgertum löste er damit eine regelrechte Erweckung aus. Die Hallischen Tageszeitungen merkten zwar nur kurz auf und gingen rasch zur Tagesordnung über: Die „russischen Wirren“, der Burenkrieg, Kaisers Geburtstag, die bevorstehende Reichstagswahl, die deutsche Flotte, und was man von den Sozialdemokraten zu erwarten habe. In den Gemeinschaften allerdings lieferten die Vorträge noch auf Monate Gesprächsstoff; die gedruckten Manuskripte wurden von Hand zu Hand gereicht. Es bildeten sich Bibelgesprächskreise und Gebetskreise in den Privathäusern prominenter Hallenser.

Bernhard Kühn und das Allianzblatt

Die Gemeinschaft an der Alten Promenade wurde zu einem Brennpunkt dieser Bewegung. Versammlungssaal war das umgebaute Atelier des Kunstmalers Sallwürk. Möglicherweise hat Eberhard Arnold diese Gemeinschaft gegründet oder zumindest mitgegründet, jedenfalls hat er dort nachweislich über mehrere Jahre verantwortlich mitgearbeitet.

Häufiger Gast in dieser Gemeinschaft war Bernhard Kühn, Sekretär des Evangelischen Allianzhauses in Bad Blankenburg. Kühn war ein einfacher Mann, äußerlich klein und verwachsen, alles andere als ein Intellektueller, aber mit einer enormen Ausstrahlung. Er redigierte das „Evangelische Allianzblatt“, das Sprachrohr des Allianzhauses. Die Auflage des „Allianzblattes“ war nicht riesig – 1907 etwa 4.000 Exemplare. Außerdem war das Blatt in jüngster Zeit umstritten, denn Kühn stammte aus der freien Brüderbewegung, ließ jedes Verständnis und Einfühlungsvermögen für die Landeskirche vermissen und teilte forsch Kritik nach allen Seiten aus. Trotz alledem, vielleicht auch gerade deswegen war das „Evangelische Allianzblatt“ eine erstrangige Kanzel und wurde überall im Land in Gemeinschaftskreisen und Pfarrhäusern aufmerksam gelesen.

Ob sich Eberhard Arnold selbst angeboten hat oder ob ihn jemand empfohlen hat, ist nicht von Belang. Bernhard Kühn öffnete ihm das „Allianzblatt“ und darf damit für sich in Anspruch nehmen, ein fruchtbares und vielseitiges publizistisches Talent geweckt zu haben.

Auf den ersten Blick

Am 4. März 1907 – einem Montag – hielt Eberhard Arnold eine Bibelarbeit im Haus der Frau Oberstabsarzt Else Baehr, einer energischen, umtriebigen Gemeinschaftschristin. Mit welchen Erwartungen ist er wohl dorthin gegangen? Vielleicht schon ein wenig in Abschiedsstimmung. Die Hallenser Zeit war fast abgelaufen; eine Woche später würde er sich exmatrikulieren; das nächste Semester wollte er wieder zuhause in Breslau studieren. Im April stand noch eine studentische Arbeitskonferenz der DCSV-Kreisleiter an, bei der er den Vorsitz führen sollte. Dann würde er die Zelte abbrechen. – An diesem Abend sprach er über einen Abschnitt aus dem zehnten Kapitel des Hebräerbriefs.

Emmy von Hollander, 1907

Es waren etwa 25 Besucher im Raum, darunter Karl Heim, das Ehepaar Sallwürk, eine Frau Generalmajor von Borke, ein Bergwerksdirektor Sievert und verschiedene andere Notabeln, die durch von Gerdtells Vorträge „erweckt" worden waren. Die Bibelarbeit des angehenden jungen Theologen war sehr eindringlich und persönlich. „Er sprach mit einer solchen Feuerkraft und Glut und Überzeugung, dass er nach der Versammlung ganz belagert war, und jeder ihn fragte, ob er Missionar werden wollte (…). – Ich hatte so etwas noch nie in meinem Leben gehört und erlebt", schrieb eine Augen- und Ohrenzeugin – eine Krankenpflegerin, die in einem Diakoniekrankenhaus in Salzwedel arbeitete und eigentlich nur auf Urlaub bei ihren Eltern in Halle war. Eberhard Arnold hatte sie schon bemerkt, als er den Salon betrat, und hatte sich bei dem Gedanken ertappt: „So muss meine Braut sein." Die junge Frau hieß Emmy von Hollander. Das erfuhr er aber erst einige Tage später.

Emmy Monika Else von Hollander war, als Eberhard Arnold sie erstmals traf, eine attraktive Erscheinung: mit selbstbewusster Haltung, mit blonden Naturlocken, die sich nur widerwillig – der Zeit und Konvention entsprechend – hochstecken ließen, und mit einem offenen, geraden Blick aus auffällig blauen Augen. Geboren am 25. Dezember 1884 in Riga, war sie in Jena und seit 1897 in Halle aufgewachsen. Geistliches Leben hatte sie fasziniert, seit sie durch eine Freundin in die Familie des Pastors Meinhof eingeführt worden war, der das Pfarramt an der Hallenser St. Laurentius-Kirche ausübte. Als Jugendliche beschäftigte sie sich mit Zinzendorf und der Geschichte der Herrnhuter Brüdergemeine. Sie vertiefte sich in alte und neuere geistliche Lieder; auch sie las mit Begeisterung Thomas von Kempens „Nachfolge Christi". Mit 17 war sie als Schwesternschülerin in die Diakonissenanstalt im Hallenser Stadtteil Giebichenstein eingetreten. Mit 19 arbeitete sie eine Zeitlang als Kinderpflegerin im Haushalt der Pastorenfamilie Freybe in Stappenbeck bei Salzwedel. 1905 war sie Probeschwester im Hallenser Diakonissenmutterhaus geworden, war aber schon zum Jahresende von Krankheit geschwächt und innerlich entmutigt wieder ausgetreten. Seit Februar 1906 hatte sie durch Vermittlung des Pastors Freybe im Johanniter-Krankenhaus in Salzwedel gearbeitet. Sie übte ihren Beruf gern und mit Hingabe aus. Allerdings war sie im Beruf und in der Familie früh und oft mit Leiden und Tod konfrontiert worden und sah sich dadurch gezwungen, über den manchmal rätselhaften Willen Gottes, über seine Barmherzigkeit und über die Begrenztheit des Lebens nachzudenken. „Was mich beunruhigte, war, dass ich etwas Trennendes zwischen Gott und mir empfand", berichtet sie über diese Zeit; „ich konnte es nicht begreifen, wie der reine und heilige Gott solch unheilige Menschen sich erwählt hat, und fand keine wirkliche Lösung dieser Frage."

So also war Emmy von Hollanders innere Verfassung, als sie den Salon der Frau Oberstabsarzt Baehr aufsuchte. Dazu kam eine Portion Neugier. Für vier Wochen auf Urlaub bei den Eltern in Halle, hatte sie ihre Geschwister begeistert von den Vorträgen Ludwig von Gerdtells vorgefunden. In Kaffeekränzchen und bei Gesellschaften hörte sie ganz offen darüber diskutieren, „ob das Sühnopfer Christi noch heute Kraft und Bedeutung habe". Die ganze Stadt schien einen anderen Geist zu atmen: „Wie sehnte ich mich danach, auch von diesem Geist erfasst zu werden." – Eberhard Arnold sah sie nach diesem einen Abend zunächst nicht wieder (er war für ein paar Tage in den Harz gefahren, um sich über seine Gefühle und über Gottes Willen hinsichtlich dieses Mädchens klar zu werden). Von seiner Ansprache immer noch aufgewühlt, suchte sie nach einigen Tagen (am 15. März) die Frau Oberstabsarzt auf und ließ sich von ihr den Weg zur „Ruhe in Gott und in Christus" erklären. Sie besuchte auch weitere Versammlungen.

Harmonie von Anfang an

Am Palmsonntag, es war der 24. März, begann eine Veranstaltungsreihe mit Bernhard Kühn. Emmy von Hollander versäumte keine der Nachmittags- und Abendveranstaltungen. Abends war Eberhard Arnold auch da. Man wechselte einige Worte. Ebenso am Montag. Am Dienstag begleitete er sie nach Hause. Von Liebe war noch nicht die Rede. Dafür tauschten sich die beiden über den Inhalt der Versammlungen aus, erzählten sich aus ihrem bisherigen Leben, was sie vom Leben mit Jesus erwarteten und was von der Zukunft. Sie verstanden sich sofort. Am Mittwochabend begleitete er sie zur Versammlung. Zu seiner Freude bezeugte sie dort öffentlich, sie habe sich in den vergangenen Tagen für ein Leben mit Jesus entschieden. Auf dem Heimweg erklärte er ihr, seiner Überzeugung nach habe Gott sie zusammengeführt. Er wolle am Karfreitag einen Besuch bei ihren Eltern machen.

Die Hollanders hatten damals eine Wohnung in einem neuerbauten Bürgerhaus in der Dessauer Straße 8a[6] am östlichen Stadtrand von Halle, nur ein paar Schritte von dem heute noch eindrucksvollen Was-

---

6 Heute Paracelsusstraße.

serturm entfernt. Schräg über die Straße lag und liegt der Nordfriedhof. Die Familie war nicht gerade wohlhabend, oder besser gesagt: nicht mehr. Emmys Vater Johann Heinrich von Hollander war der Sohn des letzten deutschen Bürgermeisters von Riga. Ihre Mutter Monika geb. Otto war die Tochter von Piers Otto, zuletzt Pastor der deutschen lutherischen Gertrudisgemeinde in Riga. Der Stammbaum der Hollanders und Ottos reicht bis ins 17. Jahrhundert zurück und wimmelt geradezu von Ratsherren, Patriziern und Deutschordensrittern. Aber davon konnte man sich nach der ersten russischen Revolution 1904/05 nichts mehr kaufen. – Johann Heinrich von Hollander war Rechtsgelehrter. Angesichts der Russifizierung unter Zar Alexander III. und um seinen Kindern eine deutsche Erziehung angedeihen zu lassen, war er mit der Familie 1890 nach Deutschland übersiedelt. Zuallererst musste er seine juristischen Examina wiederholen; das fraß einen großen Teil des Familienvermögens auf. Er hatte gehofft, sich in Jena habilitieren zu können, war dort aber beruflich nicht recht vorwärts gekommen. Eine entsprechende Chance bot sich erst 1896 an der Universität Halle. Dort hatten die Hollanders zunächst in Giebichenstein, dann im Vorort Ammendorf gewohnt. Und nun eben in der Dessauer Straße. Die Familie zählte sieben Personen: von sechs Geschwistern Emmys waren die zwei jüngsten früh gestorben. Im Haushalt der Eltern lebten die ältere Schwester Olga (* 1882), Else, die nur elf Monate jünger war als Emmy (* 1885), der Bruder Heinrich („Heinz", * 1887) und schließlich Monika (* 1888).

Werbung und Verlobung

Hier also machte Eberhard Arnold am 29. März 1907 – Karfreitagmorgen – seine Aufwartung. In schwarzem Anzug und Zylinder stellte er sich den Eltern seiner Auserwählten vor. Sie waren durchaus angetan. Von Verlobung sofort und auf der Stelle wollten sie zunächst nichts hören; sie gaben ihr Einverständnis zu der Verbindung nur unter dem Vorbehalt, dass auch Eberhards Eltern die Verlobung billigen würden. Immerhin akzeptierte Emmys Mutter einen Strauß weißer Rosen. Die Verlobung sollte so lange geheimgehalten werden, bis Eberhard den Nachweis erbracht habe, dass er eine Frau auch versorgen könne. Der Schwiegersohn in spe und die Tochter wurden für eine Weile taktvoll alleine gelassen. Er wiederholte ihr gegenüber seine Überzeugung, dass Gott sie zusammengeführt habe, und sagte dann: „Ich habe Sie vom ersten Augenblick, als ich Sie sah, lieb gewonnen!“ Sie, etwas blass vor Spannung, erwiderte: „Mir ist es ganz ebenso gegangen.“ Daraufhin tauschten sie einen ersten Kuss. Anschließend lasen sie gemeinsam den 34. Psalm („Ich will den Herrn allezeit loben … Die auf Ihn sehen, werden strahlen vor Freude“) und gaben im Gebet ihr Leben in die Hände Gottes „zum Dienst und zum Zeugnis für Ihn“. Dann kam die Familie wieder herein. Emmys Geschwister akzeptierten den zukünftigen Schwager sofort. Die nächsten eineinhalb Tage verbrachten sie zum Teil alleine, zum Teil mit den Geschwistern zusammen. Noch am Samstag reiste Eberhard Arnold mit der Bahn nach Breslau ab. Am Ostermorgen hielt seine Braut bereits einen ersten Brief in Händen, überschrieben: „Immer Phil. 4,4! Eph. 1,14b! Meine Emmy …“

III.

Briefe kreuzen sich

Kaum etwas ist so gut dokumentiert wie die Verlobungszeit Eberhard Arnolds und Emmy von Hollanders. Die beiden schrieben sich täglich, manchmal mehrmals (zum Ruhm der preußischen Post sei gesagt: die Briefe waren niemals länger als einen Tag unterwegs). In diesen Briefen geht es zwar immer auch um Freude und Leid zweier heftig verliebter junger Menschen. Aber zugleich und manchmal beherrschend geht es um Jesus und das Verhältnis zu ihm. Emmys Mutter meinte einmal, solche drolligen Brautbriefe hätte sie noch nie gelesen. Da stünde nur: „Jesus allein – Amen – Halleluja" usw.

Wenn je zwei Menschen ein Herz und eine Seele waren, dann diese beiden. Er schreibt ihr Gedichte. Sie muss ihm, auf seine dringende Bitte hin, eine Locke schicken. Und Fotos, immer wieder. Er schickt ihr Bücher, paketweise: Finney, Torrey, Catherine Booth, Graf Korff und viele andere. Sie will von ihm Nachrichten aus seiner Arbeit, Artikel, alles. Er schlägt vor, sie könnten sich ja gemeinsam biblische Bücher vornehmen und sich alles sagen, was ihnen dabei auffällt. Sie ist begeistert und fängt mit dem Matthäusevangelium an (binnen eines halben Jahres haben sie das Neue Testament durchgearbeitet). Er schreibt ihr von Fahrradausflügen an der Oder und von seinem Studienpensum. Sie mahnt ihn, sich mehr zu schonen. Er mahnt sie, sich mehr Schlaf und Ruhe zu gönnen. Sie beichtet ihm, dass sie geplappert habe. Ihm wird erst nach ein paar Monaten mit Schrecken bewusst, dass sich vermutlich noch zwei andere Mädchen Hoffnungen auf ihn gemacht haben (er hatte das gar nicht richtig registriert). Daraufhin bittet sie ihn, doch kompromittierende Situationen zu meiden und die Seelsorge an jungen Damen anderen zu überlassen, und damit ist es gut. Er reflektiert Begebenheiten aus seinem bisherigen Leben. Sie erzählt Erlebnisse aus dem ihren. Er hält sie auf dem Laufenden über alles, was in Breslau passiert. Sie berichtet ihm haarklein, was sich in der Familie, in der Gemeinschaft und in der Hallenser Christenheit abspielt. Und da gibt es jeweils viel und Verwickeltes zu berichten.

Tauffrage

Die Tauffrage ist Eberhard Arnold und seiner Emmy von außen aufgenötigt worden. Emmys Schwester Else hatte unter dem Einfluss einzelner Gemeinschaftsleute im Mai 1907 erklärt, sie wolle sich taufen lassen. Die Eltern von Hollander waren strikt dagegen und baten den theologisch bewanderten Schwiegersohn brieflich via Emmy, auf Else entsprechend einzuwirken. So sah er sich überhaupt erst gezwungen, nach biblischen Argumenten für und wider die Kinder- bzw. Gläubigentaufe zu suchen – bis dahin war das für ihn kein Problem gewesen. Nachdem die Frage einmal aufgekommen war, dauerte es knapp fünf Monate, bis Eberhard Arnold seinen endgültigen Standpunkt gefunden hatte. Emmy von Hollander kam im ständigen Austausch mit ihm, aber auf eigenen Gedankenwegen zur selben Überzeugung. Anhand des Briefwechsels kann man diesen Erkenntnisprozess Schritt für Schritt verfolgen.

Am 11. Mai 1907 hält Eberhard Arnold unter Berufung auf Römer 3,1–3,9 „die Kindertaufe nicht für ungültig, sondern von Jesus und Gott gewollt; will der einzelne ihren Heilswert besitzen, so muss er Herzensbeschneidung (Bekehrung) und Geistestaufe erleben."

Am 31. Mai schreibt er an die Eltern von Hollander, „dass wir der Kirche unendlich viel verdanken und den häufig behaupteten Widerspruch ihrer Taufpraxis zur Schrift für unerwiesen halten müssen."

Am 16. Juni an Emmy: „Ich habe diese Tage ernste Zweifel an meiner Tauftheorie mit starker Hinneigung zur Gläubigentaufe! Der Grund ist die schwierige Frage: Wie ist die von Jesus und den Aposteln gewollte und durchgeführte, streng abgeschlossne Gläubigengemeinde denkbar, wenn die Taufpraxis in meinem Sinne ausgedehnt werden sollte? Damit ist meine Position erschüttert, fast gestürmt. – Das ist alles noch unklar und vielleicht verkehrt."

Am 25. Juni berichtet Emmy ihm: „Über die Taufe habe ich noch keine ganz bestimmte Auffassung. Nur eins weiß ich: ich persönlich habe nichts von der Kindertaufe gehabt. Durch meine Bekehrung bin ich zu Gott gekommen, nicht durch die Taufe."

Am 29. Juni warnt er sie: „Ohne eine unantastbar feste, tief gegründete Überzeugung wäre es eine Sünde, eine folgenschwere Sünde!" – nämlich die Glaubenstaufe vollziehen zu lassen.

Am selben Tag berichtet Emmy in einem Brief vom ersten Taufgottesdienst der Gemeinschaft. Einige der Täuflinge seien ihrer Meinung nach „etwas stark erregt“ gewesen. „Wenn wir uns vielleicht taufen lassen, so wollen wir besonders bitten um einen heiligen Frieden vorher.“

30. Juni: Er stellt für sich eine Art Prinzipienkatalog auf:

„Ich tue unter allen Umständen den klar erkannten Gotteswillen. Ich tue nichts, was mir nicht allseitig begründete Überzeugung ist. Ich trete mit nichts hervor, was ich nicht klar als biblisch belegen kann. Aus meinen augenblicklichen Eindrücken ergibt sich für die nächste Zukunft: Ich durchforsche Neues Testament und Geschichte nach der Tauffrage, ganz objektiv. Bestätigt sich mein jetziger Eindruck, dass die Gläubigentaufe allein biblisch sein könnte, so lasse ich mich taufen, sobald ich es biblisch und geschichtlich ganz fest habe. Das praktische Fazit ist aber dies: Ich kann jetzt nicht getauft werden, ohne zu sündigen.“

Im selben Brief sorgt er sich darum, wie wohl seine Eltern einen entsprechenden Schritt auffassen würden.

2. Juli: „Die Taufe mit Wasser ist weder Geistestaufe noch Sterben und Auferstehen. Das gibt Enttäuschungen oder Täuschungen.“

Am 30. Juli berichtet Emmy von Hollander, der Hallenser Allianz drohe mittlerweile die Spaltung, „da die Tauffrage in den Mittelpunkt geschoben ist statt des Kreuzes und Gewissen damit beunruhigt worden sind“. Emmy kann das Vorgehen der Taufgesinnten auch nicht restlos gutheißen: „Es war nicht alles Wahrheit, so viel Heimlichkeit, ich kann darüber nicht hinweg.“

6. August: Eberhard Arnold quittiert die Entwicklung mit einem Zitat Ludwig von Gerdtells: Es sei furchtbar, dass die Taufpropaganda auch diesmal der Tod der Erweckung sei, wie so oft.

10. August: Emmy hat sich von einer Gemeinschaftsschwester anhören müssen, sie sei „noch eine Leiche, mit Jesus gestorben, aber da nicht getauft noch nicht begraben und auferstanden.“

Antwort am 11. August: „Hältst Du mich für eine Leiche? Ich nicht! Das ist bedauerlicher Unsinn!“

Indessen sucht er aber weiter nach endgültiger Klärung und berichtet am 3. September: „Über Galater 3,26.27 komme ich nicht hinweg. Ich sehe mich vor kolossalen Entscheidungen und werde einfach und bestimmt Gott gehorchen, sobald ich Gewissheit habe. Dem Lamme nach, wo es hingeht!“

4. September: „Diese Stunde des Gebets und der Hingabe hat mir eine ernste, folgenschwere Entscheidung gebracht, die unserm Leben eine scharf abgegrenzte, leidenschwere Richtung gibt. Du, meine mutige, treue Braut, bist natürlich der erste Mensch, dem ich mitteile, dass ich heute von Gott in Ruhe und nüchtern biblischer Gewissheit von der einzigen Berechtigung der Gläubigentaufe überzeugt bin.“

Wie kam es zu der Erkenntnis, wohin führt sie? „Von Gal. 3,26.27 ausgehend bin ich in fortwährendem Überlegen mit Jesus, in einfach wahrhaftigem Gebet klargeworden, dass die Schrift nur Eine Taufe kennt, die der Gläubiggewordenen. (…) Ich sehe mich somit als ungetauft an und erkläre damit den bestehenden Kirchensystemen den Krieg.“ Er möchte natürlich auf Emmys Stellungnahme warten und dann die Eltern und Schwiegereltern unterrichten, deutet an, dass er möglichst bald getauft werden und die Landeskirche verlassen will. Er werde sich noch vor dem Wintersemester erkundigen, ob er unter diesen Umständen das erste theologische Examen ablegen kann, und andernfalls sofort zur Philosophie umsatteln.

Zunächst nahm er Emmy das Versprechen ab, über seine Absichten vorerst zu schweigen. Nur ganz kurz dachte er an den Fall, dass sie wider Erwarten zu einem anderen Schluss kommen könnte: „… so brauche ich ja nicht erst zu sagen, dass unsere völlige Gemeinschaft davon in keiner Weise berührt wird …“ Nicht auszudenken, was in dem Fall tatsächlich passiert wäre. – Emmy erklärte wenige Tage später ihrerseits, sie könne „die Kindertaufe nicht als die Taufe ansehen, wie die Bibel sie kennt“, und müsse sich daher taufen lassen.

Theologisch suchte sich Eberhard Arnold gründlich abzusichern. „Gerade ich muss nachweisen: Es ist ruhige, klar begründete Überzeugung vom Willen Jesu und der Apostel“, schrieb er schon am 13. Juli. „Sonst sagt man rasch: Ach, erst Heilsarmee! Jetzt Baptismus! Eben immer Extreme! Das liegt in seinem Temperament! Nein, was ich tue, will ich mit ganzem Nachdruck tun.“ Das Ergebnis der Recherchen fiel zu seiner Überraschung eindeutig aus: fünf seiner Theologieprofessoren waren selbst der Ansicht, dass die Kindertaufe biblisch nicht zu belegen sei. Unabhängig davon: „Nicht die Bücher und Artikel kirchlicher und außerkirchlicher Theologen sind mir entscheidend, sondern die Worte des Geistes in der Schrift."

Innerer Bruch mit der Landeskirche

Dass eine Ablehnung der Kindertaufe zwangsläufig auch den Bruch mit der evangelischen Landeskirche bedeuten würde, sah Eberhard Arnold schon am 17. Juli deutlich voraus. Er machte sich die Entscheidung deshalb doppelt schwer: „Ich habe viel von der Kirche gehabt." Mit der Haltung zur Taufe klärte sich auch sein Verhältnis zur Kirche, wiederum Schritt für Schritt:

„Es ist doch eine herrliche Gelegenheit, in so einer Kirche zu reden, und noch mehr, es jeden Sonntag zu tun. Hier kann doch eine sehr gründliche Arbeit getan werden" (28. Juli).

„Die Taufe nicht glaubender Säuglinge ist mir als nicht aus dem Heiligen Geist stammend entlarvt" (4. September).

„Jesus wollte nie unbekehrte Massen getauft und formal christianisiert haben. Die historische Entstehung der Massenkirche bestätigt ihren Ursprung als nicht vom Heiligen Geist, der nur in wiedergeborenen Menschen wohnt" (9. September).

Schließlich sah er gar im „Lügensystem" der Landeskirche „den tückischsten Feind apostolischen Christentums"[7]. Wohlgemerkt – sein Argwohn galt der Institution, dem menschengemachten Gebäude, nicht generell den Vertretern und Angehörigen der Kirche: „Natürlich verkenne ich nicht die Ehrlichkeit und gesegnete Gotteskindschaft mancher Kirchenmänner …" Deshalb auch: „Ich würde gern den Austritt aus der Kirche vermeiden (…). Aber sooft ich mein Gewissen und die Schrift frage, lässt mir meine Erkenntnis keinen anderen Ausweg" (13. September). Für einen Moment liebäugelte er mit dem Gedanken, einer Baptistengemeinde beizutreten, „da ihr Bekenntnis, weniger ihr Leben, sehr meinem Ideal entspricht". Wenige Tage später nahm er davon schon wieder Abstand. Warum? Emmy hatte ihn darauf aufmerksam gemacht, dass die Baptistengemeinden die Glaubenstaufe kategorisch bei jedem Mitglied forderten. Dadurch wurden sie in sei-

---

7 Eberhard Arnold war mit solchen Schlüssen nicht allein; etwa zur selben Zeit fühlte sich sein DCSV-Mistreiter Franz Spemann genötigt, „den Talar auszuziehen", weil er in der „Kirche eine Umkehrung des Christentums" zu erkennen glaubte.

nen Augen zur „Sonderpartei". Seine Meinung: „Wir wollen nur eins betonen in Zeit und Ewigkeit: Jesus Christus! Jesus allein! Er als Herr und Gott in alle Konsequenzen hinein. Dazu gehört die Taufe, beim einzelnen aber nur bei entsprechender Erkenntnis."

Irritierte Eltern

In diesem Sinn schrieb er am 16. September „An die Eltern von Hollander: (…) Die Tauffrage ist auch bei mir akut geworden. (…) Gegen meine frühere Meinung habe ich die wissenschaftliche Überzeugung erlangt, dass das Urchristentum und Neue Testament nur die Taufe der Gläubiggewordenen kennt. Im Zusammenhang damit ist mir die systematische Unwahrhaftigkeit unserer großen Volkskirchen (…) so zwingend zu Bewusstsein gekommen, dass ich die Landeskirche verlassen muss. Mein Ideal ist (…) der Zusammenschluss aller wahren Christen zu dem ausschließlichen Zweck des Glaubensgehorsams gegen Jesus. Ich schließe mich daher keiner Denomination an und bleibe mit den vielen aufrichtigen und wahrhaft christlichen Persönlichkeiten in der Landeskirche wie in allen Freikirchen aufs engste verbunden." Er bat „um Nachsicht mit Emmy und mir, die wir wirklich nur schweren Herzens die Tradition durchbrechen, weil wir es müssen". Ähnlich, allerdings knapper und schlichter, schrieb Emmy von Hollander nach Hause.

Die Antwort der Eltern fiel „sehr lieb, aber schroff entschieden" aus. Johann Heinrich von Hollander erkannte die Gewissensbindung seiner Tochter und seines Schwiegersohnes grundsätzlich an, verband dieses Zugeständnis aber mit Auflagen. Wie schon von Emmys Schwester Else verlangte er auch von ihr selbst ein Jahr Warte- und Bedenkzeit bis zur Taufe. Härter noch: er forderte, sie müsse ihr Urteil ganz selbstständig bilden und dürfe deshalb in diesem einen Jahr nicht mit ihrem Verlobten zusammenkommen. Die Korrespondenz müsse auf je zwei Briefe wöchentlich eingeschränkt werden. – Von Eberhard Arnold verlangte er außerdem das erste theologische Examen, bevor die Verlobung öffentlich publik werden dürfe.

Elisabeth Arnold nahm die Ankündigung ihres Sohnes anfangs nicht sonderlich ernst. Carl Franklin Arnold war überhaupt erst nach einigen Tagen länger zu sprechen und war dann „über alles Erwarten lieb und geduldig", als ihm Eberhard Entschluss und Beweggründe eröffnete. Seine Bedenken betrafen vor allem das Studium: er hielt es für ausgeschlossen, dass sein Sohn als „Wiedertäufer“ zum Examen zugelassen würde.

Bei den Hollanders fühlte sich Eberhard Arnold mit der Zusage des Abschlusses im Wort. Die Einwände seines Vaters interpretierte er so, dass ihm das 1. Theologische Examen nicht verwehrt werden konnte, solange er nicht aus der Landeskirche austrat oder die Gläubigentaufe an sich vollziehen ließ. Er fand sich rasch damit ab, Taufe und Kirchenaustritt auf die Zeit nach dem Examen zu verschieben. Emmy wollte hinsichtlich des Zeitpunktes ihrer Taufe kein Versprechen abgeben. Hinsichtlich des eingeschränkten Briefwechsels willigten beide ein, für den Augenblick jedenfalls. Sie vermieden es, sich dem einjährigen Besuchsverbot ausdrücklich zu unterwerfen, wollten aber auch nicht direkt dagegen verstoßen. Immer unter dem Vorbehalt, dass „Gott es nicht deutlich anders zeigen würde.“

Trennung

„Der Weg des völligen Glaubensgehorsams muss auch für die Unsern das Beste sein, was wir ihnen geben können. Wir wollen umso mehr beten für die Unsern und liebevoller als je sein“, hatte Eberhard Arnold an Emmy von Hollander vor Ausbruch des Konflikts geschrieben. Wie schwer es beiden fallen würde, die Liebe zu den verständnislosen Eltern zu bewahren, sollte sich rasch herausstellen.

Emmy verbrachte das zweite Halbjahr 1907 überwiegend in einem Pfarrhaushalt in Brumby. Das Verhältnis zu den Pfarrleuten war gut, aber nicht besonders herzlich. Man gewährte ihr (und sie gewährte sich) kaum eine Stunde Pause. Ihre natürlich übersprudelnde Frömmigkeit war der Pfarrfrau manchmal peinlich; sie hatte das Gefühl, sich verstellen zu müssen. Dazu kam nun das unvermeidliche Rätseln, manchmal auch ansatzweise Empörung über die Haltung der Eltern, insbesondere des Vaters: Eberhard Arnold stellte bald fest, dass sein sonst so fröhliches „Amselchen“ nicht mehr singen konnte.

Ihm ging es im Grunde auch nicht viel besser: die Sehnsucht wuchs ins Unerträgliche. Mehrmals musste er in Briefen gestehen, dass er drauf und dran war, sich in den nächsten Zug zu setzen; mehrmals spielte er in Gedanken Treffpunkte und -Termine durch, um sich und ihr solche Überlegungen sofort wieder zu verbieten: „Für unser

Wiedersehen habe ich die freudigsten Hoffnungen. – Am 17. oder 24. kannst Du doch unmöglich nach Charlottenburg? Ich rede Dir gar nicht zu. Nach meiner Meinung solltest Du ein Jahr warten (…). Aber lass meine Meinung bitte in solchen Gewissensfragen nicht zu viel gelten …" Kommt dazu, dass er die Verfügung der Schwiegereltern vor seiner Familie verheimlicht hatte. Folge: schon bei harmlosen Neckereien der nichtsahnenden Mutter oder der Geschwister verlor er die Fassung, Türen knallten – „ich sehe furchtbar finster aus, wenn ich böse bin. Ich war glücklich, als Jesus und alle mir vergeben hatten". Kurzum: beide empfanden die Trennung als kaum erträgliche, sinnlose Folter. Die Eltern von Hollander waren aber auch nicht völlig herzlos und litten selbst unter der Entfremdung. Spätestens seit Mitte November hatten die Brautleute Grund, auf ein Wiedersehen zu Weihnachten zu hoffen. Die Zeit bis dahin war noch lang genug. Der Breslauer Hauptbahnhof sah jedenfalls am 22. Dezember 1907 nachmittags – „Ankunft 1.45" – zwei überaus glückliche Menschen, die sich viel zu sagen hatten. Von da an war der Bann gebrochen; die beiden trafen sich der Entfernung wegen selten genug, aber mit befreitem Gewissen. Die überstandenen „Kränkungen, Verletzungen und Taktlosigkeiten, Anfeindungen usw." verstanden sie im Nachhinein als „Stäubchen in der Sonne (…) – Unser Licht kann keiner absperren, weil es Oberlicht ist."

Prinzipienstreit im DCSV-Vorstand

Die zwangsweise Trennung war nicht der einzige Schatten, der sich über das zweite Halbjahr 1907 legte. Ungemach bahnte sich auch im DCSV-Vorstand an. „Es ist eine starke Strömung gegen von Gerdtell, Oestreicher, Still und mich im Entstehen wegen unserer Entschiedenheit", schrieb Eberhard Arnold Ende Juli an Emmy. Der Anlass: Ludwig von Gerdtell war am Rande der Weltbund-Konferenz der christlichen Studentenbünde in Japan mit DCSV-Sekretär Theophil Mann aneinandergeraten. Mann hatte bezweifelt, dass der 2. Petrusbrief zu Recht dem Neuen Testament zugerechnet wird. Von Gerdtell witterte Verrat an der sogenannten „Basis" der DCSV und wollte mit Hilfe seiner Freunde im Vorstand eine Erklärung einbringen, die jedes Vorstandsmitglied auf die Anerkennung der ganzen Heiligen Schrift ohne Wenn und Aber verpflichten sollte. – Die alljährliche Studentenkonferenz in Wernigerode verlief noch harmonisch und ermutigend. In der abschließenden Vorstandssitzung allerdings wurde die bewusste Erklärung mit einer Stimme Mehrheit verworfen. Am Rand der Blankenburger Allianzkonferenz Ende August kamen Eberhard Arnold und von Gerdtell überein, beim nächsten Vorstandstreffen die Sache noch einmal ultimativ zur Sprache zu bringen. Eberhard Arnold setzte eine Protesterklärung auf, dass „von einigen Vorstandsmitgliedern die absolute Autorität der Schrift angetastet worden" sei. „Wenn die Schrift nicht ist, was zwischen den beiden Deckeln steht, wenn der 2. Petrusbrief von einem Betrüger verfasst sein kann, wenn der Kritik von uns keine bestimmten Schranken gesetzt werden, so führt unser dann bloß noch formales Festhalten an der Basis zu einer Unaufrichtigkeit und Heuchelei, die den Geist Gottes von unserer Arbeit fortscheuchen muss."

„Haus Gnadenfülle", Allianzkonferenz Bad Blankenburg, Eberhard Arnold in der Bildmitte, Emmy sitzend, 1911

Dieses Papier trägt deutlich die Handschrift Eberhard Arnolds. Der Plan, widrigenfalls eine Art Gegenvorstand auszurufen und dem alten Vorstand das Vertretungsrecht abzusprechen, klingt indessen sehr nach der Streitlust von Gerdtells. Eberhard Arnold klagte denn auch, „dass die Brüder mich durchaus zum Vorsitzenden haben wollen, an Pücklers Stelle. Das bringt mich in große innere Schwierigkeiten". Emmy hat das abenteuerliche Vorhaben mit keiner Silbe kommentiert. – Die Palastrevolution fand dann doch nicht statt. Was passierte tatsächlich in der entscheidenden Sitzung des nationalen DCSV-Vorstandes am 23. Oktober? Zwar wurde die Protesterklärung behandelt, aber nur abgeschwächt angenommen. Ludwig von Gerdtell nutzte die Gelegenheit zu einem Abgang mit viel Donner und wenig Applaus, indem er alle andersdenkenden Vorstandsmitglieder für Heuchler erklärte, ihnen die Bruderschaft und der DCSV die Zusammenarbeit aufkündigte. Eberhard Arnold dagegen beklagte zwar die „Inkonsequenz, die zur Heuchelei führt", betrachtete aber alle Vorständler „weiter als Brüder". Aus dem nationalen DCSV-Vorstand zog er sich zurück; der DCSV blieb er trotzdem engstens verbunden. – An einem Nachhutgefecht im Gemeinschaftsblatt „Auf der Warte" zwischen Ludwig von Gerdtell und Graf Pückler beteiligte sich Eberhard Arnold nicht.

Anfänge der Pfingstbewegung

Parallel zu DCSV-Konflikt, Tauf- und Kirchenfrage taucht in den Brautbriefen zwischen Emmy von Hollander und Eberhard Arnold immer wieder die Frage nach Dauer und Zukunft der Erweckung auf, die in Halle und vielen anderen Städten und Landstrichen dieser Zeit zu spüren war. Eberhard Arnold glaubte, „eine immer reiner werdende Rückkehr zum Urchristentum" feststellen zu können: „Unsere Erweckung trägt den Stempel der Endzeit, der herrlichen Erwartung Seiner Ankunft (…) – Noch ist viel zu tun. Viel Gebundenheit, viel Unklarheit zu überwinden, die alleinige Autorität des Wortes im Geist durchzufechten und die Sünde als tot hinauszutun." Da kann es nicht erstaunen, dass er hellhörig war für Nachrichten über besonders auffällige Ereignisse in der Christenheit. In einem der ersten Briefe an Emmy, am 4. April 1907, gab er stichwortartig den Inhalt eines Berichts des Zeltevangelisten und Pastors Jonathan Paul wieder über seltsame Vorgänge bei einer Erweckung in Frederiksand bei Christiana (Oslo), „in der viele zur völligen Hingabe an Jesus gekommen sind und der Geist mit einer Kraft herniedergekommen ist wie an Pfingsten in der Apostelgeschichte, sodass auch dort heute Leute mit fremden Sprachen reden …" Er war begeistert, „wie ruhig, nüchtern und doch wunderbar der Geist Gottes in unseren Tagen wirkt!" Ein Vierteljahr später berichtete Emmy von Hollander über „vier Geschwister aus Norwegen", die nach eigener Aussage vom Heiligen Geist nach Halle geschickt worden seien und sich ohne Vorankündigung bei einer Gemeinschaftsschwester einquartiert hätten, „vielleicht acht Tage, vielleicht ein Jahr, je nachdem der Geist es ihnen zeigt". Sie war befremdet über die ungeordnete, unverständliche Art des Betens, aber auch bereit, die Sache gründlich zu prüfen. Nach der zweiten Begegnung schrieb sie: „Das Kreuz ist nicht der Mittelpunkt, weder gestern noch heute, sondern das Erfülltsein mit dem Geist, welches sie (so kommt es mir vor) erzwingen wollen." Eberhard Arnolds trockener Kommentar dazu: „Geistespredigt ohne Christusverkündigung ist die gefährlichste Schwärmerei. Der Geist ist nur dazu da, dass er Christus verherrlicht und von Ihm und Seinen Worten zeugt." Nach einer dritten Versammlung mit den Norwegern glaubte Emmy, die Bewegung sei womöglich doch göttlich. – Das Thema war in der Folge Gesprächsgegenstand am Rand der Blankenburger Allianzkonferenz und bei allen möglichen Gelegenheiten. Den positiven Bericht eines „äußerst nüchternen DCSV-Kollegen" über die „Großalmerodener (Pfingst)-Bewegung" schickte Eberhard Arnold ohne weiteren Kommentar an Emmy. Er legte großen Wert auf ihre Einschätzung, und die fiel zunächst vorsichtig positiv aus.

Als dann erkennbar wurde, dass die Pfingstbewegung mehr noch als die Tauffrage Unruhe und Streit in die Allianzbewegung brachte, hielt er es mit den leitenden Männern der Blankenburger Allianzbewegung: Ernst Modersohn, General von Viebahn, Bernhard Kühn und andere richteten am 19. Dezember 1907 in einer Erklärung des „Allianzblattes" ein Haltesignal auf. Zungenrede, Weissagung und andere neutestamentliche Geistesgaben sollten auf den Blankenburger Konferenzen nicht geübt werden – um der Einheit willen.

Es ist nicht bekannt, dass Eberhard Arnold später engere Fühlung mit pfingstkirchlichen Gemeinden oder Gemeinschaften gehabt hätte. Es gibt freilich auch keine Anhaltspunkte dafür, dass er die Pfingstbewegung pauschal verurteilt oder absichtlich gemieden hätte. Wie hätte er auch seine deutliche Prägung durch Torrey und Finney verleugnen können? In seinem Leben sind mit den Jahren eine ganze Reihe von Charismen wirksam geworden: Urteilskraft, prophetischer Weitblick, tätige Liebe.

CVJM und CVJF

Die ersten Monate des Jahres 1908 verlebten Eberhard Arnold und Emmy von Hollander verhältnismäßig einträchtig mit ihren Familien, er in Breslau, sie in Halle. Was ihm an freier Zeit neben dem Studium der Kirchen- und Philosophiegeschichte blieb, davon investierte er nur wenig und ungern in die DCSV und ebenfalls wenig, aber dafür mit großer innerer Anteilnahme in Dienste bei der Breslauer Heilsarmee. Sonntagnachmittags betreute er regelmäßig eine Gruppe von anfangs etwa 30 jungen Männern in Brockau. Der Breslauer CVJM hatte ihm die Verantwortung für diese Arbeit übertragen. Einige der jungen Leute entschlossen sich, in die Nachfolge Jesu zu treten. Im Mai gab Eberhard Arnold die Gruppe an andere Mitarbeiter ab. Eine regelrechte Mitgliedschaft im CVJM hat Eberhard Arnold für sich ausgeschlossen, „da ich einige Tatsachen der Verfassung und der Rednerbenutzung niemals mitverantworten könnte."

Derweilen engagierte sich Emmy in der „Jungfrauenvereinigung" der Stadtmission in Halle, die dem „Christlichen Verein Junger Frauen" CVJF angeschlossen war. Das ging nicht ohne Schwierigkeiten ab. Einzelne aus den Reihen der „taufgesinnten" Gemeinschaftsleute an der Alten Promenade zweifelten offen an der „Entschiedenheit" der Stadtmissionsleute und fürchteten, Emmy könnte Mädchen aus der einen in die andere Arbeit abwerben. Umgekehrt geriet sie bei der Stadtmission bald in die Kritik, weil sie ihre Taufüberzeugung nicht verleugnete. So blieb das Thema CVJM sowohl für Emmy von Hollander als auch für Eberhard Arnold nur ein Zwischenspiel. Gleichwohl haben beide auch in späteren Jahren enge und freundschaftliche Kontakte zur CVJM-Bewegung gepflegt.

Pläne

Über den vielschichtigen Ereignissen, Fragen und Verpflichtungen kann man leicht aus den Augen verlieren, dass Eberhard Arnold eigentlich noch Student war. Durch seine neugewonnene Taufüberzeugung sah er sich erst recht genötigt, das Studium mit Hochdruck voranzutreiben. Welchen Beruf er nach dem Examen ergreifen, was für eine Stellung er anstreben sollte, darüber machte nicht nur er selbst sich Gedanken:

- Bei der DCSV-Konferenz in Wernigerode hörte er fasziniert die Berichte der Ostasienfahrer aus dem Vorstand über Mission in China und überlegte: „Kann ich hinausgehen? – Wenn ich kann, so will ich.“
- Theophil Mann und andere fragten ihn, wann er für den Posten als DCSV-Sekretär frei sei.
- General von Viebahn redete ihm bei gleicher Gelegenheit zu, „zunächst der Studentenarbeit treu zu bleiben.“
- Am 6. September erwog er, „wenn Gott im Examen (Dr. theol oder phil) hilft, schon im nächsten Herbst von Gerdtells Bitte zur Mitarbeit“ zu folgen.
- Von Gerdtell drängte ihn in den folgenden Monaten wiederholt, sich dem baptistischen Missionskomitee anzuschließen.
- Im Januar 1908 erklärte er, sich bei der China-Allianzmission bewerben zu wollen, „sobald mich keine bestimmte Führung Gottes in Deutschland bindet.“
- Baron von Tiele-Winckler, ein gläubiger Millionär, Vorstandsmitglied des Blankenburger Allianzkomitees, bot ihm eine Hauslehrerstelle an „für freie Station und 1200 M. pro Jahr, freie Zeit zur Examenarbeit gern gewährt“. Aus Zeitmangel musste er abwinken.
- Der Baron beriet daraufhin mit Graf von der Recke-Volmarstein, ob man eine Stelle im CVJM oder im Weißen Kreuz schaffen könne. „Nicht Gottes Weg“, vermerkte Eberhard Arnold gegenüber Emmy.
- Ende März fragte der angehende Mediziner und Baptist Gotthelf Müller aus Leipzig „im Namen einiger Brüder“, ob er nicht die dringend nötige Nacharbeit zu von Gerdtells Vortragstätigkeit übernehmen könne. Das konnte sich Eberhard Arnold schon eher vorstellen.
- Die Hallenser DCSV überlegte seit Anfang Juli 1908 ernsthaft, Eberhard Arnold als „Lokalsekretär“ anzustellen. Das hätte alleine für den Lebensunterhalt nicht ausgereicht, aber zusammen mit einer weiteren Teilstelle im „Müllerschen Komitee“ schien es ihm denkbar, sofern er allein dem Hallenser Kreis und nicht dem nationalen DCSV-Vorstand verantwortlich sein würde.

– Sogar seine Eltern wollten seiner „Berufswahl als freier Gemeinschafts- oder Studentenarbeiter nicht in den Weg treten, sondern nur der Taufe“ (15.03.08).

All diese Überlegungen traten in den Hintergrund durch eine Wendung der Ereignisse, die sowohl Eberhard Arnold als auch Emmy von Hollander zu diesem Zeitpunkt wohl schon ausgeschlossen hatten.

Examen verweigert

Bis Anfang August 1908 rechnete jeder damit, dass Eberhard Arnold im Herbst das erste theologische Examen ablegen würde. Im März 1908 hatte er sich zum Examen angemeldet; am 6. April jubelte er über die Zulassung und das ihm zugewiesene Examensthema: „Die Abhandlung ist ganz großartig, eins der angenehmsten Themen, die ich hätte bekommen können (…). – Auch die Predigt hat einen schönen Text für jemand, der wie ich für die Aussaat im Reich Gottes leben will.“ Die Eltern überzeugte er, dass er die Examensarbeit nur auf dem Land ungestört und konzentriert vorantreiben könne. Ende Mai quartierte er sich in Bebra, „Haus Elim“, bei einer Familie Wiegand ein; es handelte sich um die Schwiegereltern seines früheren DCSV-Vorstandskollegen Albert Still. Die Umgebung tat ihm gut („Ich fühle mich wie erneuert in dieser vom Geist Gottes getragenen Atmosphäre“). Obendrein lebte Emmy gerade wieder in Halle bei den Eltern und war damit „viel, viel näher gerückt“. Die schriftliche Examensarbeit hatte er Mitte Juli abgeschlossen und bei der theologischen Fakultät der Universität Breslau eingereicht.

Komplikationen kamen von unerwarteter Seite. Anfang August erwähnte Clara Arnold bei einem Besuch des Breslauer Oberkonsistorialrates Genrich beiläufig die Taufabsichten ihres Bruders. Carl Franklin Arnold äußerte die Überzeugung, dass diese Taufe nie stattfinden werde. Genrich ließ erkennen, dass er – entgegen seiner Amtspflicht – von diesem Wissen keinen Gebrauch machen werde, denn die Zulassung zum Examen setze die Bereitschaft zum Eintritt in den kirchlichen Dienst voraus. Wie Eberhard Arnold in Bebra überhaupt von diesem Gespräch erfahren hat, ist nicht mehr auszumachen – er hat jedenfalls von dem Vorgang gehört. „Die Folge davon war, dass ich um der Wahrhaftigkeit willen meiner Eingabe an das Consistorium beifügen muss, dass ich nach dem Examen mit meiner Glaubenstaufe aus der Kirche austreten würde", berichtet er am 8. August an seine Verlobte, und zwei Wochen später: „Mein Zusatz über die Taufe war eine Forderung der Offenheit (...). Es wäre Heuchelei und feiges Verstecken gewesen, wenn ich unter solchen Umständen geschwiegen hätte. Ich kann dem Herrn nicht genug danken, dass er mich vor solchem ungraden Handeln bewahrt hat."

Über die Folgen dieses Schritts war er sich sehr wohl klar. „Am korrektesten wäre behördlich meine Zurückweisung", schrieb er am 21. August. Er reiste nach Breslau, um die Sache im direkten Gespräch mit dem Konsistorium zu klären. Am 12. September war es für ihn so gut wie sicher, am 22. September hatte der Generalsuperintendent der schlesischen Landeskirche es ihm mündlich bestätigt, am 2. Oktober war es amtlich: Die schlesische evangelische Landeskirche verweigerte Eberhard Arnold die Zulassung zum theologischen Examen.

War Eberhard Arnold „in Irrtum, Unrecht und Ruin"; hat er sich leichtsinnig und ohne Not sein „Examen und eine vernünftige Existenz unmöglich gemacht", wie die Eltern in der ersten Aufregung meinten? Hätte er fünf gerade sein lassen sollen? „Ich hasse alles Anschmiegen und alle Diplomatie", war einer seiner erklärten Grundsätze. Wie hätte er unbedingtes Gottvertrauen und Wahrhaftigkeit ohne Kompromisse predigen können, wenn er sich auf Schleichwege eingelassen oder aufs Taktieren verlegt hätte?

Emmy von Hollander, in diesen aufregenden Wochen zur Kur auf der Nordseeinsel Langeoog, hat seine Haltung stets entschieden unterstützt, auch um den Preis des Bruchs mit ihren eigenen Eltern. Inmitten der größten Turbulenzen begingen die beiden am 29. September 1908 über mehrere 100 Kilometer Entfernung ihre eineinhalbjährige Verlobung:

„Völliges Glück!
Völliger Ernst!
Völlige Liebe!
Völliges Vertrauen!"

IV.

Umsatteln

Eberhard Arnold hat den offiziellen Ablehnungsbescheid des Breslauer Konsistoriums nicht abgewartet. Er verließ Breslau am 2. Oktober, nahm zwei Wochen Aufenthalt in Lichtenrade bei seinem Onkel Ernst-Ferdinand Klein. Sein eigentliches Ziel war aber Halle. Die Hallenser DCSV war nur für einen Moment durch seine Taufpläne irritiert, hielt ihr Angebot aber aufrecht. Die Teilanstellung in der DCSV gab ihm wenigstens für den Augenblick eine Perspektive und erlaubte ihm, auch ohne Unterstützung der Eltern weiterzustudieren. Am 23. September hatte er seiner Verlobten mitteilen müssen: „Meine Eltern weigern sich, mir zu einem neuen Studium die Mittel zu gewähren." Einen Moment lang hat er wohl auch daran gedacht, ein völlig anderes Fachgebiet zu wählen: „Ob ich Medizin studiere?", sinnierte er im selben Brief. Davon war dann aber nicht mehr die Rede. Er kam auf das Nächstliegende zurück, auf die Philosophie, bisher sein Nebenfach.

Am 16. Oktober traf er in Halle ein und inserierte im „Generalanzeiger" wegen eines Zimmers. Übergangsweise kam er im Haus des Bergwerksdirektors Sievert unter. Mit Emmy, inzwischen aus der Kur zurückgekehrt, hatte er sich am Nachmittag verabredet. Es galt das Wiedersehen zu feiern, daneben gab es viel auszutauschen und zu besprechen. Vor allem wollten sie sich im Gebet auf die dringend nötige Aussprache mit den Eltern von Hollander vorbereiten.

Die Begegnung fand vermutlich noch am Abend desselben Tages statt. Dass es ein harmonisches Gespräch werden würde, hat wohl keiner der Beteiligten erwartet. Zu viele Vorwürfe standen im Raum. So hatte sich Emmys Schwester Else von Hollander am 2. August in Halle taufen lassen. Darüber war besonders die Mutter erbost. Sie hatte sich eine eigene Theorie zurechtgelegt, wonach Else von Emmy und Eberhard zur Taufe überredet worden sei. – Eberhard Arnold hatte seinem Schwiegervater am 23. September offen über die Schwierigkeiten mit dem theologischen Examen geschrieben („Es kann mich nur die Überzeugung trösten, dass [...] mir die Dr. Promotion von niemandem verwehrt werden kann"). Die Antwort war postwendend gekommen, „in der Form lieb, aber in den Forderungen hart". Im Grunde verlangte Johann Heinrich von Hollander nun die Aufhebung der Verlobung und eine erneute Trennung, bis der Schwiegersohn sein Wissen und Können in einem ordentlichen Examen nachgewiesen habe. Seit Emmys Rückkehr hatten die Eltern die Themen Verlobung und Examen peinlich vermieden.

Nun also die Aussprache. Sie endete denkbar schlecht. Ein sachliches Gespräch war nicht möglich. Johann Heinrich von Hollander redete sich in Rage, warf seinem Schwiegersohn unter anderem „Vertrauensbruch, Münster-Münzersche Zuchtlosigkeit, Unritterlichkeit" vor, nannte ihn „unzuverlässig und sittlich zweifelhaft" und hängte noch eine Reihe ehrverletzender Beleidigungen an. Eberhard Arnold bestand darauf, dass diese Worte und Vorwürfe zurückgenommen und seine Ehre vor seiner Braut wiederhergestellt werden müssten, sonst sei kein direktes und persönliches Gespräch mehr möglich, und verließ das Haus. Emmy erklärte, sie würde sich dem Kontaktverbot nicht unterwerfen, da sie ja schon eineinhalb Jahre mit Eberhard verlobt sei. Ihre Eltern meinten daraufhin, sie könne nicht unter einem Dach mit ihnen wohnen bleiben. Der Familienkrach schlug sofort auf Emmys Gesundheit durch, nur drei Wochen nach dem Ende ihrer Kur diagnostizierten die Ärzte eine beginnende Lungenentzündung und empfahlen einen Erholungsaufenthalt im Harz. Die Eltern winkten ab – ob aus Prinzip oder aus Geldmangel, sei dahingestellt. Am Ende landete sie durch Vermittlung Eberhards und durch „wunderbare Führung" in Berlin im Haushalt des Pastors Köhler. Zusammen mit Johannes Warns leitete Christoph Köhler damals die von der adligen Dame Toni von Blüchern gegründete Gemeinschaft in der Hohenstaufenstraße und die dortige „Allianzbibelschule" des Blankenburger Zweigs der Allianzbewegung[8].

Zwischen Eberhard Arnold und den Eltern von Hollander entstand ein seltsam unwirkliches Verhältnis: Er lebte in Halle, nur einige Straßenzüge entfernt; Postkarten zeugen von vielen fröhlichen Begegnungen und Gesprächen mit Emmys Geschwistern, aber das Haus in der Dessauer Straße mied er konsequent. Nichts zeigt den ernsten Bruch

---

8 Die „Allianzbibelschule", am 11. April 1905 in der Wohnung des Fräuleins von Blücher in Berlin gegründet, hieß ab 1911 nur noch „Bibelschule" und wurde 1919 nach Wiedenest verlegt, wo sie bis heute als Missionshaus und theologische Hochschule der Brüdergemeinden besteht.

im persönlichen Verhältnis zu den Schwiegereltern deutlicher als die Briefe, mit denen er den Kontakt zu ihnen aufrecht hielt: Liebevoll und verbindlich, aber knapp formuliert und immer wieder mit dem Angebot, die alte Herzlichkeit und Nähe wiederherzustellen, wenn nur die maßlosen Vorwürfe zurückgezogen würden.

Taufe

Nachdem keine Aussicht mehr bestand, das theologische Examen zu erlangen, sah Eberhard Arnold keinen Grund mehr, die Glaubenstaufe weiter aufzuschieben. Er bat den Leipziger Mediziner Dr. Gotthelf Müller, die Taufe zu vollziehen. Über einen geeigneten Platz hatte er sich ebenfalls seit Monaten Gedanken gemacht: einige Hinweise sprechen dafür, dass er diesen Platz im Hallenser Vorort Ammendorf gefunden hat an der Weißen Elster, einem Zufluss der Saale. Dort wurde die Taufe vermutlich am 25. Oktober 1908 vollzogen.

Bezeichnenderweise hat Eberhard Arnold seine Taufe im Nachhinein ganz selbstverständlich genommen und sprach von sich aus nur selten darüber. Die Glaubenstaufe war auch später nie ein Thema in seinen öffentlichen Vorträgen oder Artikeln. Ein Problem war die Taufe für ihn überhaupt nur in den wenigen Monaten im Sommer 1907. Andere hatten viel mehr Probleme damit und haben ihm deshalb ihrerseits entweder Schwierigkeiten bereitet oder vorhergesagt.

Bitter nahmen seine Eltern die Nachricht auf; bitter war für ihn, dass auch sie ihm daraufhin das Haus verboten haben. Elisabeth Arnold schrieb ihrem Sohn am 2. Dezember einen scharfen Brief, sprach von „Verkehrtheit“, von einem „verhängnisvollen Schritt“, warf ihm „törichte kurzsichtige Erkenntnis“ und „lieblose Rücksichtslosigkeit“ vor, sah ihn gar als Gefangenen der „Sektiererei mit all ihrem Blendwerk“, und schließlich prophezeite sie ihm bedauernd „ein sehr schweres, an Enttäuschungen volles Leben“. Carl Franklin Arnold erklärte nicht zum ersten Mal, er könne nicht Studenten lehren, wo sein Sohn das Gegenteil von dem täte, was er selbst lehren würde, und müsse deshalb seine Professur sofort niederlegen (was er dann aber doch nicht tat).

Auf eigenen Beinen

Im Ergebnis hatten Ende Oktober sowohl Emmy von Hollander als auch Eberhard Arnold den Rückhalt und das Verständnis ihrer Eltern verloren: sie durch ihre Treue zu ihm, er durch die Taufe. Trotzdem ist der Ton in den Brautbriefen des folgenden Jahres so unbeschwert und gelöst wie vorher nur in den allerersten Wochen der Verlobungszeit. Der Streit mit den Eltern hat die Verhältnisse in mehrfacher Hinsicht geklärt:

- Emmy von Hollander und Eberhard Arnold konnten nun endlich ohne Wortbruch und ohne Skrupel als Verlobte in der Öffentlichkeit auftreten.
- Eberhard Arnold konnte, frei von den Erwartungen der Eltern und Schwiegereltern, nur seinem inneren Ruf folgend, sein weiteres Studium gestalten und geistliche Verantwortung übernehmen.
- Beide haben sich von den Eltern wirtschaftlich abgenabelt.

Eberhard Arnold hat dieser letzte Schritt in der Folgezeit sicher mehr geschmerzt als Emmy, die nie durch großzügige Zuwendungen ihrer Eltern verwöhnt gewesen war. Er hatte ein kleines Vermögen aus dem Erbe einer Bremer Großtante im Rücken – keinesfalls genug, um eine Hochzeit auszurichten und einen Hausstand zu gründen; gerade genug, um ein Jahr bescheiden weiterzuleben; nicht genug, um auch noch die Kosten einer Doktorarbeit zu begleichen. Emmy von Hollander konnte aus verschiedenen Familienstiftungen und Legaten eine kleine Summe für die Einrichtung eines eigenen Hausstandes erwarten; für ihren Lebensunterhalt musste sie größtenteils selbst sorgen. Also war der Schritt für beide riskant, wäre da nicht das Vertrauen auf Gott gewesen und die Gewissheit, dass er beizeiten für alles Nötige sorgen würde.

Das erste Nötige war noch vor dem Bruch mit den Eltern als „greifbares Resultat des Glaubens" eingetroffen: Albert Still, mit Eberhard Arnolds Hallenser Plänen vertraut, hatte schon Ende September eine Summe von 100 Mark geschickt. Die Anstellung bei der Hallenser DCSV brachte regelmäßig einen bescheidenen Betrag ein. Aus dem Umfeld Ludwig von Gerdtells fragte der Erfurter Baptistenprediger Otto Mau an, ob Eberhard Arnold nicht dort die Nacharbeit für eine Veranstaltungsreihe von Gerdtells leisten könne.

So hielt er ab Anfang Dezember in der Erfurter „Passage“ jeden Montagabend einen „Vortrag zum tieferen Verständnis der christlichen Welt- und Lebensanschauung. Damen und Herren haben freien Zutritt; reserviert 50 Pfg.“. Diese Katechesestunden wurden regelmäßig von etwa 80 bis 100 Menschen wahrgenommen – vorwiegend Kirchenfremde, zum Teil ehemalige Atheisten, Humanisten und Theosophen. In Halle hielt Eberhard Arnold anfangs fast täglich Bibelarbeiten oder Versammlungen: in der „südlichen“ Gemeinschaft, in der Heilsarmee, in der Gemeinschaft an der Alten Promenade und bei den Baptisten, daneben natürlich in der DCSV und gelegentlich im CVJM in der Geiststraße. Diesen engen „Stundenplan“ hat er allerdings schon nach einigen Wochen dem Studium zuliebe reduziert. – Die Schwiegereltern, durch Emmys Geschwister bestens auf dem Laufenden, sahen sich durch dieses Programm an Verpflichtungen nur in ihrer Empörung bestätigt und meinten wiederholt, so mache man keine Examina.

Emmy von Hollander erlebte derweilen bewegte Zeiten in Berlin. Vormittags hatte sie frei und konnte sich schonen, was auch nötig war; nachmittags half sie bei den Kindern der Familie Köhler, hielt in der Blücherschen Gemeinschaft Mädchenkreis und Frauenbibelstunden. Im November erlebte sie einen Evangelisationsfeldzug der Heilsarmee mit. Begeistert berichtete sie von den Predigten des Heilsarmeegenerals William Booth vor bis zu 4.000 Besuchern im Zirkus Busch; von den manchmal bis zu 100 Menschen, die sich an einzelnen Abenden zur „Bußbank“ drängten, öffentlich ihr Leben ordneten und es Gott zur Verfügung stellten. – Zu Emmys Taufe kam Eberhard Arnold nach Berlin; sie fand am 22. Dezember abends in der Gemeinschaft Hohenstaufenstraße statt und wurde von Pastor Köhler durchgeführt. Die Weihnachtstage und den Jahreswechsel 1908/9 verbrachten die Verlobten im Kreis von Freunden in Berlin.

Erlangen

Die letzte Etappe des Studiums führte Eberhard Arnold an die Universität Erlangen. Dabei hat wohl noch einmal Ludwig von Gerdtell einen gewissen Einfluss ausgeübt. Von Gerdtell war im Frühjahr 1908 selbst in Erlangen zum Doktor promoviert worden mit einer Arbeit über „Rudolf Euckens Stellung zum Urchristentum“ und lebte seitdem in Marburg. Eberhard Arnold hat ihn während seiner Zeit in Bebra wiederholt besucht und wird dort viel über die Universität, die philosophische Fakultät und die Professoren in Erlangen erfahren haben. Sehr wahrscheinlich hat Ludwig von Gerdtell ihn auch bei der Wahl des Dissertationsthemas und des „Doktorvaters" beraten.

Am 31. März 1909 finden wir „Candidat Arnold" in Erlangen, Villa Pfaff, Burgberg 9. Frei von der geistlichen Verantwortung und den vielen Pflichten, die er in Halle gehabt hatte, bewältigte er in kurzer Zeit ein kaum glaubliches Pensum: „Jeden Tag 45 bis 50 Seiten Kant, 17–20 Seiten Geschichte der griechischen Philosophie; ca. 15 Seiten Transzendental-Philosophie, die gegen Kant ein Kinderspiel ist; noch gelegentlich Nietzsche-Literatur." Dazu kamen ab Ende April zwei bis drei Stunden Vorlesungen täglich. Kants „Prolegomena" und die „Kritik der reinen Vernunft" arbeitete er für die mündliche Prüfung zwei- bis dreimal durch. Im Juni war der „große Atheist Feuerbach" dran. Und Dutzende Bände Sekundärliteratur. Seine Selbstdisziplin in dieser Zeit ging soweit, dass er sogar die Briefe an Emmy (sie weilte seit April abwechselnd in Halle, Bad Koesen, Bebra und wieder Halle) mit großem Bedauern einschränkte. Am Wochenende entspannte er sich bei ausgedehnten Touren mit dem Fahrrad in die Fränkische Schweiz, stets ein Fachbuch im Tornister.

Als Thema seiner Doktorarbeit wählte er „Nietzsches religiöse Entwicklung und das Christentum"; der Entwurf wurde von Professor Falckenberg Mitte Mai angenommen. Neun Jahre nach Nietzsches Tod war ein großer Teil von Nietzsches philosophischem Nachlass noch gar nicht erschlossen oder im Druck erschienen. Wiederholt musste Eberhard Arnold für Tage oder halbe Wochen ins Nietzsche-Archiv nach Weimar fahren, wo ihm Elisabeth Förster-Nietzsche, die Schwester und postume Herausgeberin des Philosophen, originale Schriften zugänglich machte. Nach einer letzten großen Seminararbeit über Immanuel Kant (22. Juli 1909) konzentrierte er sich vollends auf die Dissertationsschrift und die Prüfung.

Summa cum laude

Je näher das Examen rückte, desto zuversichtlicher wurden Eberhard Arnolds Briefe an Emmy von Hollander. Im März sagte er der Allianzbibelschule in Berlin ab, die ihn gerne nach dem Examen als Lehrer angestellt hätte. Am 13. Juni schrieb er an Emmy: „Ich glaube, dass der Herr es so führen wird, dass ein Komitee von Still, G. Müller, von Patow, von Tippelskirch und hoffentlich einigen älteren Brüdern mich im Winter anstellen wird, mit dem Wohnsitz in Jena, und der Mitversorgung der nahen Städte, Leipzig, Halle und Erfurt." Das sollte der Wirklichkeit schon sehr nahe kommen. – „Ich glaube ganz sicher, dass wir Weihnachten heiraten können", schrieb er tags darauf. Am 27. Juni meldete er fröhlich: „Von August an stehe ich vis a vis du rien" – auf deutsch: er war so gut wie pleite –, „aber der Herr wird es schon herrlich machen." Und die Hoffnung trog nicht.

Am 3. November reichte Eberhard Arnold sein Promotionsgesuch ein bei Professor Fuchs, dem Dekan der philosophischen Fakultät der Universität Erlangen. Er bescheinigte darin, dass er die fälligen 240 Mark Prüfungsgebühren bezahlt und 250 Exemplare der Dissertationsschrift an das Syndikat der Universität abgeschickt habe. Für die mündliche Prüfung wünschte er folgende Gebiete: Hauptfach Geschichte der Philosophie, Nebenfächer systematische Philosophie und Pädagogik. Die Dissertationsschrift Eberhard Arnolds ist 79 Seiten stark. Ein drittes Kapitel über Nietzsches Schrift „Der Antichrist" musste er aus Platzgründen ausgliedern; erst im Buch „Urchristliches und Antichristliches im Werdegang Friedrich Nietzsches" von 1910 finden sich alle drei Kapitel vereint. Professor Falckenberg war von der Arbeit überaus angetan. Ein paar Stichworte aus seinem Gutachten: „Eindringend genaue Kenntnis des Gegenstands", „absolut selbstständige, kritische Verwertung des bisher über die Frage vorgebrachten", „mancherlei Neues und Eigenes", „gründliche Ausnutzung der Quellen", „stets reiflich erwogenes Urteil", „weiter Blick", „reife Geistigkeit". Und schließlich: „Leistung eines jungen Meisters, für die ich die Note 1 beantragen muss." – Die mündliche Prüfung wurde für Dienstag, den 30. November abends 6 Uhr angesetzt.

Zum Entsetzen der Eltern von Hollander machte Eberhard Arnold noch am Vorabend der Prüfung auf halbem Weg von Weimar nach Erlangen Zwischenstation, um einen Vortrag zu halten. Anschließend wurde er mit dem Schlitten zum Zug gebracht und fuhr die Nacht hindurch. Am folgenden Abend nahmen die Professoren Falckenberg, Römer und Hensel die mündliche Prüfung ab. Kurz danach hielt Emmy von Hollander auch schon eine Depesche in Händen: „Summa cum laude, Ankunft morgen früh Halle."

Am Vormittag des 1. Dezember 1909 betrat Eberhard Arnold nach mehr als einem Jahr zum ersten Mal wieder die Hollandersche Wohnung, Dessauerstraße 8a. Die Schwiegereltern nahmen ihn sehr freundlich auf, gerade so, als hätte nie etwas zwischen ihnen gestanden. Ohne lange Umschweife drängte er Johann Heinrich von Hollander, Emmys Papiere herauszugeben – hatte dieser doch versprochen, nach bestandenem Examen der Hochzeit nichts mehr in den Weg zu legen. Nach anfänglichem Zögern schloss der Rechtsgelehrte seine Truhe auf und überreichte dem Schwiegersohn Emmys Geburtsschein, ihren Adelsschein und den Nachweis der Staatsangehörigkeit (seit der Übersiedelung aus Riga nach Jena waren die Hollanders Sachsen-Weimaraner). Die Verlobten verloren keine Zeit und gingen noch am selben Vormittag aufs Standesamt Halle-Nord. Der erstmögliche Hochzeitstermin war der 20. Dezember.

Schon einige Tage vor der Prüfung hatten Eberhard und Emmy eine kleine 4-Zimmer-Wohnung in Leipzig angemietet („Leichtsinn", hatten die Eltern von Hollander damals gemeint). Um die Einrichtung kümmerten sich nun Else und eine ehemalige Haushälterin der Hollanders. Emmys Mutter hielt sich auffallend zurück.

Zur Hochzeit kamen die Eltern Arnold aus Breslau, offenbar versöhnt und stolz auf ihren Sohn und seine Braut, und von den Geschwistern Clara, Hannah und Betty. Außerdem ein paar Cousinen, Onkel und Tanten von Braut und Bräutigam – insgesamt eine Gesellschaft von ca. 20 Personen. Die beiden Väter wollten Trauzeugen sein und begleiteten das Paar in einer blau ausgeschlagenen Kutsche zum Standesamt. Entsprechend den Überzeugungen des Brautpaares gab es zwar keine kirchliche Trauung, aber wenigstens eine Traupredigt. Otto Mau aus Erfurt sprach über den Vers „Jesus sandte seine Jünger zu zweien" (Markus 6,7). Dann nahm Carl Franklin Arnold das Wort, sagte: „Da ihr den Segen der Kirche verschmäht habt, kann ich euch nur noch den Segen beider Eltern geben", und segnete Sohn und Schwiegertochter im Namen des dreieinigen Gottes. Pfarrer Ernst-Ferdinand Klein berichtete über Eberhards „Erweckung" im Sommer 1899 und wies auf den Ernst der Tatsache hin, dass das Paar seine Ehe auf Glauben ohne garantiertes Einkommen aufbaue. Noch ein paar Lieder, dann gings zum Hochzeitsmahl in den „Kronprinzen". Emmy und Eberhard Arnold setzten sich bald von der Gesellschaft ab und fuhren mit der Bahn nach Leipzig Lindenau, Kanzlerstraße 17: das erste eigene Heim, eine Wohnung mit vier winzigen Zimmern, kleinem Garten und Laube. Die Flitterwochen fielen kurz aus: Ab Silvester war Eberhard Arnold wieder im Dienst.

Nietzsche

Nietzsches Philosophie, Nietzsches Sprache, Nietzsches Denken haben Eberhard Arnold nicht allein im Promotionsjahr beschäftigt. Der exzentrische Ausnahmedenker hat großen Eindruck auf ihn gemacht und Spuren hinterlassen im Denken, Reden und Wirken der folgenden Jahre.

Die Doktorarbeit offenbart nicht nur viel über Friedrich Nietzsches Religiosität, sondern auch über Eberhard Arnolds inneren Standpunkt im Jahr 1909. Professor Falckenberg hat in der Dissertation eine „scharfe, aber nicht maßlose Würdigung der Einwände und Anklagen Nietzsches gegen das Christentum" erkannt. Was hat Eberhard Arnold an Friedrich Nietzsches Einwänden gewürdigt:

- Er stimmte Nietzsche zu, „dass die Kirche aus dem Gegensatz zum Evangelium aufgebaut sei", „ein schauderhafter Mischmasch von griechischer Philosophie und Judentum, von Asketismus, Rangordnung usw."
- Er teilte Nietzsches Auffassung, dass das ursprüngliche Christentum „keine Verbindung mit der Politik und Staatstaktik duldet; dass es überhaupt keine Volksreligion sein kann".
- Streckenweise ging er in seiner messerscharfen Analyse des Volkskirchentums noch über Nietzsches Kritik hinaus. Im kirchlichen Alltag seiner Zeit fand er kaum Argumente, die Nietzsches sachliche Kritik am Christentum entkräftet hätten. Da musste er schon auf das Urchristentum zurückgreifen, wie es in der Apostelgeschichte und den Briefen des Neuen Testaments geschildert wird.
- Das bedeutet: er konnte und wollte gar nicht das Christentum verteidigen, das Nietzsche bei seinen teils präzisen Beobachtungen, teils maßlos überzogenen Ausfällen vor Augen gehabt hat. Er zeichnete ein Bild vom neutestamentlichen Christentum, das die schwersten Vorwürfe Nietzsches („decadence", „lebensverneinend", „schwächlich", „Mitleidsreligion" usw.) als grobe und will-

kürliche Fehldeutung entlarvt. Seine Kritik an dem bibelkundigen Philosophen war im Grunde diese: Nietzsche hat es sich zu einfach gemacht, er hat die falschen Christen gekannt und die Suche nach den richtigen zu früh aufgegeben; er hat oft gegen besseres Wissen Unsinn behauptet, und am Ende hat er sich völlig verstiegen.

Die Pointe von Eberhard Arnolds Dissertation liegt auf der Hand: er hat sich in einer Art Piratenakt der Sprache und der Gedanken Nietzsches bemächtigt und hat geistliche Sachverhalte damit ausgedrückt. Und dann hat er Nietzsche in dessen eigener Sprache mit dessen eigenen Argumenten widerlegt:

- Für ihn ist Jesus der „Übermensch", den Nietzsche gefordert hat, „der erlösende Mensch der großen Liebe und Überwindung, der schöpferische Geist, dieser Glockenschlag des Mittags und der großen Entscheidung, der den Willen wieder frei macht, der der Erde ihr Ziel und dem Menschen seine Hoffnung zurückgibt"[9].
- Für ihn ist ein Leben in der Nachfolge Jesu Christi Lebensbejahung im umfassenden Sinn; umfassender, als Nietzsche sie zu denken gewagt hat. An Jesus glauben, das heißt für Eberhard Arnold: Ja zum Leben (und eben nicht Todessehnsucht, wie Nietzsche behauptet), Ja zur Körperlichkeit (und nicht Selbstkasteiung und Verachtung der Sexualität), Ja zur Natur und ihren Gaben (und keine falsche Askese).
- Für ihn ist die Gemeinde der Nachfolger Jesu die „neue ungeheure Aristokratie", die „höhere Art Mensch"[10], die Nietzsche beschworen hat. Er identifiziert die Christen mit den „zukünftigen Herren der Erde" Nietzsches, weil sie nach dem Zeugnis des Neuen Testaments am Ende der Zeiten mit Jesus leben und herrschen werden (Offb 20,4–6; 22,5).

„Deine Sprache verrät dich"

In manchen Persönlichkeitszügen waren sich Friedrich Nietzsche und Eberhard Arnold auffallend ähnlich: Beide waren auf ihre Art früh-

---

9 E. Arnold, *Urchristliches und Antichristliches im Werdegang Nietzsches,* S. 84, in Anspielung auf Nietzsches „Zarathustra".

10 Ebd. S. 105.

reif im positiven Sinn des Wortes (Nietzsche mit 24 Professor, Arnold mit 18 Evangelist und Seelsorger.). Beide haben auf jeweils eigene Art entschieden gelebt und stets die klare Unter-Scheidung und Ent-Scheidung gesucht. Ihre Sprache verrät, wie verwandt die beiden Temperamente sind: beide formulieren genau und herausfordernd, bringen die Dinge auf den Punkt. Beide verwenden auffallend oft Steigerungen und Superlative: „entschiedenst", „völlig", „höchst", „ohne Einschränkung", „Überfülle", „hervorragendst", „gigantisch". Beide haben auch unbequeme Gedanken konsequent zu Ende gedacht (Nietzsche hat dabei allerdings jedes Maß verloren). Beide haben für die Wahrheit gekämpft. Spätestens hier hören die Gemeinsamkeiten auf: Eberhard Arnold glaubte an eine göttliche, umfassende Wahrheit, die sich der Mensch nicht selbst erschließen kann, sondern die von Gott offenbart wird – von dem Gott, den Friedrich Nietzsche bis zum Wahnsinn geleugnet und bekämpft hat. Nietzsche kann sich rühmen, ein Ausnahmephilosoph und ein Sprachgenie gewesen zu sein und obendrein ein Prophet von eigenen Gnaden. Eberhard Arnold wollte eigentlich nur eins: Jesus Christus verstehen und gehorchen.

An dieser Stelle im Lebenslauf Eberhard Arnolds kann man durchaus von einer neuen Qualität seines Denkens sprechen. In seiner Dissertation hat er die Auseinandersetzung mit den großen Geistern und Ungeistern seiner Zeit aufgenommen. Hier galt es den Nachweis zu führen, dass der Glaube an Jesus Christus überzeugende Antworten auf die Fragen des modernen Menschen hat. Friedrich Nietzsche hat solche Fragen provoziert; ebenso Rudolf Steiner, Karl Marx, Leo Tolstoi, Peter Kropotkin, Stefan George und später die Ideologen des Nationalsozialismus. Ihnen allen hat sich Eberhard Arnold der Reihe nach gestellt, einigen nur kurzzeitig, anderen ausführlicher.

Aber zunächst Nietzsche. Ein ganzes Jahrzehnt lang hat Eberhard Arnold kirchenkritisches und „erwecktes" Publikum in Vorträgen und Artikeln mit Schlagworten und Bildern aus Nietzsches Werken abgeholt. „Der Bankrott der Religionssysteme", „Die neue Aristokratie" (1910), „Jesus und der Krieg gegen die Moral", „Der Übermensch", „Wille zur Macht und Beugung unter Gott", „Das neue Menschentum" (1911), „Der moderne Antichrist und seine Überwindung" (1915), „Nietzsche im Kampfe der Gegenwart" (1916), das sind solche Arbeiten, um nur einige zu nennen, und schließlich im Jahr 1920 der Vortrag

„Der Nachkomme des Menschen und die kommende Ordnung". So unterschiedlich all diese Schriften und Vorträge im Einzelnen sind – der Grundton ist stets derselbe: Jesus Christus überbietet Nietzsche in jeder Hinsicht. Jesus hat erfüllt, was Nietzsche im besten Fall nur wollte. Nietzsches Gedanken waren schon nicht schlecht, aber Jesus ist um Klassen besser. Wer dem eigenen Leben „den Stempel der Ewigkeit aufdrücken" will, um es mit Nietzsche zu sagen, der braucht dazu keine „ewige Wiederkehr", sondern hängt sich am besten an Jesus. Eberhard Arnold hat sich selbst in seiner Doktorarbeit nicht gescheut, diese Botschaft laut und deutlich zu verkünden.

Leipzig

Das Leben der Arnolds in Leipzig gestaltete sich nicht gerade beschaulich. Binnen kürzester Zeit gab es in der kleinen Wohnung in Lindenau eine wöchentliche Bibelstunde mit jeweils 15–25 Teilnehmern. Einen Tag pro Woche verbrachte Eberhard Arnold in Halle im Dienst der Gemeinschaft Alte Promenade 8 und kehrte dann erst mit dem Nachtzug zurück. Im Müllerschen Kreis in Leipzig gab es seelsorgliche Aufgaben, Predigt- und Vortragsdienste. Im Frühjahr nahm er die Arbeit in der Erfurter „Passagen"-Gemeinde wieder auf, diesmal zusammen mit Emmy. Sie war beileibe nicht nur Zuschauerin, führte Versammlungen und Nachgespräche für Frauen durch, plante Sing- und Musikabende. Das Publikum dieser Veranstaltungen war wie schon im Vorjahr zu einem guten Teil kirchenfern; Eberhard Arnold sah sich in den Aussprachen mit Spiritisten, „Milleniumsleuten"[11] und Anthroposophen konfrontiert. Schon hier begegnen wir Berichten, dass er die Einwände und Fragen ablehnender oder zweifelnder Zuhörer mit entwaffnender Offenheit aufgenommen hat. Er konnte zielsicher den wesentlichen Kern aus einer Frage herausschälen und dann einleuchtend und schlicht darauf antworten, wobei er die Antwort grundsätzlich aus dem Evangelium zu gewinnen suchte. Ein Talent, das Eberhard Arnold stets als besondere Gabe Gottes betrachtet hat.

Diese Gabe kam ihm auch bei zwei Vortragsreihen im Januar und April 1910 in der „Tulpe" in Halle zugute. Die Vorträge über Nietzsche

---

11 Möglicherweise Zeugen Jehovas, bei denen das „Tausendjährige Reich" = Millennium eine besondere Rolle spielt

und das Urchristentum lockten zahlreiche Mitglieder der Halleschen theosophischen Vereinigung an. Einige bekehrten sich spontan. Der Vorsitzende der Vereinigung, ein gewisser Herr Krause, wollte seine Schäflein gerne zurückgewinnen und wurde bei dem Versuch selbst vom „Jesus des Urchristentums" überzeugt. Die theosophische Vereinigung löste sich mangels Masse auf; ein Teil der vormaligen Theosophen schloss sich der Gemeinschaft an der Promenade an.

Ein Freund wird fremd

Eberhard Arnolds Verhältnis zu Ludwig von Gerdtell war bis dahin freundschaftlich und verbindlich, wenn auch zuletzt nicht ganz unbelastet. Von Gerdtells Bruch mit der DCSV folgten eine ganze Reihe von Konflikten: Anfang 1909 überwarf er sich mit General von Viebahn, im Sommer 1909 brach er mit dem Bund der Baptisten. Allerdings setzte er seine Vortragstätigkeit fort; Leipzig sollte der nächste Schauplatz seiner „Arbeit unter den Gebildeten" sein. Für die Ehe der Arnolds geriet das Unternehmen zu einer ersten, freilich überschaubaren Belastungsprobe.

Von Gerdtell war ab Mitte Januar 1910 für die Dauer der Vortragsreihe in der Arnoldschen Wohnung zu Gast. Dem ganzen Haushalt zwang er seinen Tagesablauf und seine Lebensgewohnheiten auf. Er pflegte dreimal täglich zu baden, verschmähte aus Gesundheitsgründen Gewürze, Zucker und Salz und diktierte der Haushaltshilfe einen kostspieligen Diätplan. Er speiste grundsätzlich allein (der Ruhe wegen), setzte sich anschließend aber ungeniert noch bei den Arnolds an die Tafel. Morgens um sechs stand er auf, abends Schlag neun bat er sich absolute Stille aus.

Emmy und Eberhard Arnold waren etwas befremdet vom elitären Ansatz, den von Gerdtell neuerdings vertrat. Für die Vorträge war ein Saal mit 900 Plätzen angemietet worden; eine Reservierungsgebühr wurde erhoben. Das Veranstaltungskomitee (Eberhard Arnold darunter) hatte tausende Handzettel verbreitet und auf Ludwig von Gerdtells Wunsch hin mit auffälligen Plakaten an Litfaßsäulen geworben. Zum ersten Vortrag („nur für Männer") trat von Gerdtell im Frack, mit Glacéhandschuhen und Zylinder an. Umso größer die Enttäuschung, als der Saal nur schwach besetzt war. – Erst die zweite Vortragsstaffel für gemischtes Publikum fand mehr Zuspruch. Von Gerdtell reiste anschließend ab und überließ Eberhard Arnold die Nacharbeit. Das entsprach zwar durchaus seiner Methode. Diesmal aber fühlte Eberhard Arnold sich nur bestätigt in dem zwiespältigen Eindruck, den er schon 1909 in Erfurt gewonnen hatte: man dürfe den Erfolg der Arbeit von Gerdtells nicht überschätzen. „Bekehrungen durch ihn selbst sind nur wenige zu verzeichnen. Hat er doch nur einmal richtig evangelisiert und sonst wissenschaftlich und praktisch Einwände und Anfragen beseitigt." Die Leipziger Evangelisation war, soweit bekannt, der letzte gemeinsame Einsatz Eberhard Arnolds mit von Gerdtell.

Gerdtell hat sich in den folgenden Jahren von fast allen bisherigen Weggefährten isoliert. Sein Tonfall wurde noch schärfer, seine Polemik gegen die Staatskirche zersetzend, sein Urteil über die Reformatoren, vor allem über Martin Luther, respektlos und höhnisch. Seine Theologie nahm bizarre Züge an. Auf einige gar zu abenteuerliche Thesen in seinem Buch „Die Revolutionierung der Kirche" hat Eberhard Arnold ihn 1921 brieflich angesprochen. Eine Antwort, wenn es sie je gegeben hat, ist nicht erhalten. Der letzte Hinweis auf von Gerdtell in Eberhard Arnolds Briefwechsel findet sich Ende 1923. Damit verliert sich die Spur Ludwig von Gerdtells in seinem Leben endgültig. Eigentlich hatte die seltsame Freundschaft aber schon in jenem Frühjahr 1910 keine Grundlage mehr.

Ruf aus Halle

Im Sommer 1910 wurden die Verpflichtungen und Dienste Eberhard Arnolds in Halle so zahlreich, dass die bisher ein oder zwei Tage Pendeln von Leipzig aus nicht mehr praktikabel erschienen. Die Arnolds nahmen übergangsweise Quartier in Dölau, ein paar Kilometer nordwestlich von Halle, bei einer Familie Rast. Aus der Gemeinschaft an der Promenade wurde die Bitte laut, sie sollten doch dauerhaft nach Halle übersiedeln. Nachdem die Arnolds wussten, dass die Leipziger Wohnung ohnehin bald zu klein sein würde – Emmy war in anderen Umständen –, fiel die Entscheidung nicht allzu schwer. Sie lösten den Haushalt in Leipzig-Lindenau auf und bezogen im Oktober 1910 eine Wohnung in der Kröllwitzer Straße 2, am linken Saaleufer unmittelbar an der Giebichensteinbrücke.

V.

Reden und Reisen

Vom Herbst 1910 bis zum Frühjahr 1913 bewegte sich das Leben Eberhard Arnolds im Wesentlichen zwischen zwei Polen: Wachsende Verantwortung für eine wachsende Familie – stetige geistliche Verantwortung für eine Vielzahl von Menschen in verschiedenen Städten Deutschlands. Er hielt Vortragsreihen in Hamburg, Leipzig, Oranienburg, Dessau, Magdeburg, Erfurt, Dölau und immer wieder in Halle selbst. Mal wochenweise, mal in monatlichen oder wöchentlichen Abständen. Das Interesse war enorm: Bei Vorträgen im Hallenser „Wintergarten" im November 1910 sprach er vor 1.000 und mehr Besuchern; auch bei anderen Gelegenheiten ist von vielen 100 Zuhörern die Rede. Nun darf man daraus nicht unbedingt Vergleiche mit unserer Zeit heute ziehen – man bedenke, dass es damals weder elektronische Massenmedien noch Hochglanzillustrierte gab. Öffentliche Vorträge und Versammlungen hatten daher eine wesentlich größere Bedeutung als heute. Wer sich kein persönliches Bild von einem Sachverhalt verschaffen konnte, bekam möglicherweise überhaupt keine Vorstellung von den Vorgängen in der Gesellschaft. – Mit welcher Art von Themen gewann Eberhard Arnold sein Publikum: „Jesus und das Rätsel der Zukunft", „Die Not und Knechtung der Masse", „Die größte Tat der Geschichte", „Jesus, wie er wirklich war", „Das Verzweifeln an Gott".

Wer bewegende Botschaften verbreitet, muss selber in sich gefestigt sein. Emmys Einfluss auf die Persönlichkeit Eberhard Arnolds kann man dabei kaum überschätzen. Er hatte sich schon in den ersten Monaten der Verlobungszeit an ihrer „klärenden Ruhe" aufgebaut. Emmy habe ihm den Sinn für Kunst geschärft, schrieb er wenig später, sie habe ihn „gerettet aus drohender Menschenverachtung". In den ersten Monaten ihrer Ehe entwickelten Emmy und er eine bezeichnende Gewohnheit: Nach anstrengenden Einsätzen pflegten sie einfach eine Weile gemütlich zusammenzusitzen und sich liebevoll auszusprechen. Schwierige Themen und Probleme wurden aus diesen Zeiten verbannt – Atempausen in einem kurzweiligen Alltag, der nun auch noch durch Kinderlärmen und -lachen bereichert wurde.

Emy-Margret

Emmy Arnolds erste Schwangerschaft verlief schwierig – mit ein Grund für den Umzug nach Kröllwitz, wo Emmys Geschwister und andere enge Freunde beispringen konnten, wenn Hilfe nötig war. Emmys Schwester Else von Hollander, gerade mit der Kunstgewerbeschule fertig und in einem Laden in Halle angestellt, freute sich besonders auf das Kind und legte einen beträchtlichen Teil ihres Lohns in Babyausstattung an. Der Geburtstermin war für Anfang März 1911 berechnet.

Am 8. März 1911 war Eberhard Arnold noch bis spätnachts zur Betreuung eines Seelsorgefalls unterwegs. Am nächsten Morgen kündigte sich die Geburt an. Nach 36 Stunden wurde mit Hilfe von Chloroform und Zange Emy-Margarethe geboren, ein kerngesundes, kräftiges Kind. Die junge Mutter allerdings war von der Geburt so geschwächt, dass sie am Abend des 14. März einen lebensbedrohlichen Herzanfall erlitt. Was damals geschah, das würde man heute wohl als Nahtoderfahrung bezeichnen. Emmy Arnold hat sich noch Jahrzehnte später deutlich erinnert, „wie alle Glieder kalt wurden und wie eine dunkle Schattengestalt sich auf mich zu bewegte". Eberhard Arnold war an ihrem Bett und betete innig um ihre Rückkehr zum Leben. Als der Arzt eintraf, war das Schlimmste bereits überstanden. Nach einigen Wochen intensiver Pflege war Emmy wieder auf den Beinen.

Das Kind ist wohl kaum jemals mit dem vollen Namen „Emy-Margarethe" angesprochen worden. „Emy-Margret, wie wir es rufen wollen" (Eintrag von Eberhard Arnolds Hand im „Babybuch") – auch das war nicht das letzte Wort. Zeitweise nannte man sie Püppi. Später Emy-Ma. Sie blieb nicht lange allein.

Raum für Kinder

Anfang 1912 bekamen Emmy und Eberhard Arnold Einblick in eine soziale und menschliche Katastrophe. Spätabends nach einem Vortrag in Halle wurde in der Kröllwitzerstraße 2 ein Brief abgegeben – eine Art Hilferuf. Ein Ehepaar mit vier Kindern in wirtschaftlichen Nöten kündigte an, gemeinsam aus dem Leben zu scheiden. Nur die Vorträge wollten sie vorher noch anhören. Eberhard Arnold eilte sofort zu den Leuten und fand sie in tiefster Verzweiflung vor. Er versprach Hilfe.

Als erste Entlastung nahmen die Arnolds den jüngsten Sohn der Familie zu sich. Karlchen war vier Jahre alt und vertrug sich offenbar ganz gut mit Emy-Margret. Wenig später zog auch die älteste Tochter, Luise, zu den Arnolds. Über mehrere Monate kümmerten sie sich um diese Familie. Dann zogen die Leute nach Chemnitz um. Von dort kam dann im Sommer eine schreckliche Nachricht: Kollektiver Selbstmord; der Mann und die elfjährige Tochter erschossen, die Frau und ein anderer Sohn schwer verletzt. Die Arnolds waren besonders erschüttert darüber, wie selbstverständlich und stumpf die 16-jährige Luise das alles aufnahm. – Als sich herausstellte, dass Emmy ein zweites Kind erwartete, kam der kleine Karl nach Dölau zur Familie Rast in Pflege. Luise blieb noch mehr als zwei Jahre im Haushalt der Arnolds.

Versorgung von hilfsbedürftigen Kindern, Halle: Da schlägt man fast unwillkürlich eine Brücke zu August Hermann Francke. Schließlich haben Eberhard und Emmy Arnold jahrelang in nächster Nähe der Franckeschen Stiftungen gelebt und gearbeitet. Zweifellos hat sich Eberhard Arnold als Student der Theologie, Philosophie und Pädagogik auch mit dem Leben und Werk Franckes beschäftigt. Es lässt sich allerdings nicht belegen, dass Franckes Erziehungsarbeit ihn besonders beeinflusst hätte. Wohl aber hat ein anderer „Waisenvater" den Arnolds als Vorbild gedient: Georg Müller. Mitte des 19. Jahrhunderts hatte Müller – anfangs ohne jegliche Eigenmittel – im englischen Bristol Waisenhäuser aufgebaut. Am Ende waren es fünf Häuser mit mehr als 2.000 Betreuungsplätzen. In seinen letzten 20 Lebensjahren bereiste er als Evangelist die halbe Welt und hat in dieser Zeit zusammen mit Friedrich Wilhelm Baedeker maßgeblich die Bildung von Kreisen „Offener Brüder" in Deutschland betrieben. Eberhard Arnold hat als Student eine Biografie Georg Müllers in die Hand bekommen. „Niemals in meinem Leben ist mir die Realität des Glaubensgebets so groß geworden wie durch dieses Buch", schrieb er im Sommer 1908 an Emmy. Nun also, dreieinhalb Jahre später, zwar kein Gedanke an die Gründung eines Waisenhauses, aber immerhin ein praktischer Schritt, um zumindest die soziale Notlage eines Kindes zu lindern. Schon hier haben Eberhard und Emmy Arnold also die Aufgabe erkannt, nicht nur den eigenen, sondern auch anderen Kindern Geborgenheit zu bieten.

Hermann Kutter und die soziale Frage

Immer öfter hat sich Eberhard Arnold in seiner Zeit als Vortragsredner und Reiseprediger mit dem Schicksal verelendeter, verwahrloster Menschen auseinandersetzen müssen. Der Kontrast war augenfällig: Hier Adelskreise, Offiziersfamilien, Akademiker, wohlhabende Bürger, die eigene großzügige Wohnung mit Dienstmädchen und Telefon (was die Unwägbarkeiten der freien Tätigkeit Eberhard Arnolds in einem weniger bedrohlichen Licht erscheinen lässt) – dort Elendsquartiere, Bildungsmangel, Armut, Lohnabhängigkeit. Derartige Eindrücke konnten ihn eigentlich nicht überraschen. Onkel Ernst-Ferdinand Kleins Einsatz für die schlesischen Weber, seine eigenen Erfahrungen mit der Heilsarmee, Georg Müller, Charles G. Finneys Kampf gegen die Sklaverei (in Eberhard Arnolds Exemplar der „Lebenserinnerungen" Finneys sind diese Abschnitte mit starken Unterstreichungen und Glossen versehen) – da war schon längst so etwas wie ein soziales Gewissen. Es fehlte noch die Sprache, die diesem Gewissen Ausdruck verleihen konnte.

Im Lauf des Jahres 1910 hat Eberhard Arnold das erstmals 1903 erschienene Buch „Sie müssen!" des Züricher Pfarrers Hermann Kutter in die Hände bekommen. Diese Schrift hat ihn außerordentlich beeindruckt. Das ist auf den ersten Blick schon erstaunlich. Denn „Sie müssen!" ist eine Würdigung des Sozialismus und seines Programms aus christlicher Sicht. Bis dahin hat nichts an Eberhard Arnolds Herkunft und Werdegang eine besondere Nähe zur Sozialdemokratie vermuten lassen. Was also hat Eberhard Arnold an diesem Buch so fasziniert?

Kutters Argumentationsweise muss seine Neugier geweckt haben. Darin hat Eberhard Arnold sein eigenes Vorgehen, seine eigenen Denkmuster wiedererkannt. Er selbst hat ja in seiner Doktorarbeit nachgewiesen, wie Nietzsche zwar die Existenz Gottes leugnete und das Christentum bekämpfte, in seinen stärksten Gedanken aber dem ursprünglichen Christentum Achtung gezollt hat. In ähnlicher Weise hat Hermann Kutter sich vom kämpferischen Atheismus der Sozialisten nicht abschrecken lassen, sondern hat in den Zielen der Sozialdemokratie die Forderungen Jesu wiedererkannt, die seiner Ansicht nach von den Kirchen stets abgeschwächt, umgedeutet, entkräftet worden sind. Kutters Urteil über die Kirche: Sie habe „Gottes lebendiges Wort (…) zu selbstgerechtiger Frömmigkeit, zu Zeremonien und Satzungen verkehrt". Andere müssten nun von dem predigen, was die Kirche predigen sollte, andere ins Werk setzen, was ihre Aufgabe gewesen wäre.

Eberhard Arnold ist durch die Lektüre von Hermann Kutter nicht über Nacht religiös-sozial geworden. Kutter hat ihm auch nicht die letztgültige Antwort auf die soziale Frage geliefert. Gleichwohl: Eberhard Arnold hat hier einen Fingerzeig erhalten, in welcher Richtung diese Antwort zu suchen sei. Kutters Buch hat ihm einen Wortschatz erschlossen, um das längst Erkannte auszudrücken; es hat ihm entscheidende Stichworte für die folgenden Jahre gegeben. Um nur einige zu nennen:

- Mammonismus, Überwindung des Mammons. Kutter hat der Kirche vorgeworfen, sie habe „am Zauberquell des Mammons Wasser der Eitelkeit gekostet". Der Mammon habe die Kirche berauscht, nun treibe sie seine Geschäfte.[12]
- Das „verborgene Licht", das dem Johannesevangelium zufolge (Joh 1,9) alle Menschen erleuchtet. Lange bevor Eberhard Arnold sich ausführlicher mit George Fox und den Quäkern auseinandergesetzt hat, hat er bei Kutter einen entsprechenden Hinweis gefunden. Die Achtung für die aufrichtigen Beweggründe anderer Menschen, für jedes ehrliche Suchen, nicht zu verwechseln mit unkritischer Toleranz im Sinne Friedrichs des Großen („Jeder soll nach seiner Façon selig werden") – hier fand er sie vorgebildet.
- Inwendiges Leben, Innenleben. Kutter diagnostizierte, der Kirche fehle es an Innenleben. Der Verweis aufs inwendige Leben war für ihn nur ein Ablenkungsmanöver, eine geschickte Erfindung der Kirche, um von ihrer Lähmung und Untätigkeit abzulenken: „Wo ein Innenleben, da grünt und blüht es auch im Äußeren."
- Reich Gottes. Kutter hat es abgelehnt, das Reich Gottes nur als ferne jenseitige Verheißung zu verstehen. „Man verlangt nach einer Welt wirklicher Gerechtigkeit, in welcher der Mammon wirklich überwunden ist. Man fängt wieder an, Verständnis für das zu gewinnen, was ursprünglich mit dem Wort Reich Gottes gemeint gewe-

12 H. Kutter, *Sie müssen*, Zürich 1904, 259f.

sen – etwas ganz Neues.“ – Sehr wahrscheinlich hat Kutter diese Betrachtungsweise bei Johann Christoph Blumhardt und dessen Sohn Christoph Friedrich Blumhardt entlehnt. Möglicherweise hat er damit Eberhard Arnold überhaupt erst zur gründlichen Auseinandersetzung mit Blumhardt Vater und Sohn angeregt.

In Vorträgen vom Spätherbst und Winter 1910 kann man erstmals Gedanken und Themen Hermann Kutters ausmachen: Der persönliche Glaube an Jesus Christus gibt Kraft zu einem neuen Leben, zur Überwindung des Egoismus, zur Liebe und damit zur Veränderung der Verhältnisse. Der Glaube fordert den Einsatz für soziale Gerechtigkeit und ist unvereinbar mit Kapitalismus und Mammonismus. Bibelstellen wie Jakobus 5,1–5 (über die Reichen, die den Arbeitern ihren Lohn vorenthalten) sind für Eberhard Arnold auf einmal brennend aktuell geworden. Mit Hermann Kutter und den Blumhardts spricht er nun vom irdischen Reich Gottes, das schon längst hier ist und nicht erst in ferner Zukunft und in einer anderen Welt erscheint.

Gerade hier wird aber auch deutlich, dass Eberhard Arnold sich nicht einfach von fremden Gedanken abhängig gemacht hat. Was die Bewunderung der Sozialdemokratie angeht, so konnte er Kutter nicht folgen. Er kritisierte die Oberflächlichkeit des Sozialismus, das Herumdoktern an äußeren Symptomen. Er mochte über den Atheismus der Kommunisten nicht hinwegsehen, zitierte Karl Liebknecht: „Wenn ein Gott lebte, so wären wir die Geleimten.“ Er schloss sich Schopenhauers Sicht an, Fortschrittsglauben und Optimismus sei eine „ruchlose Denkungsart“, ein „bitterer Hohn über die namenlosen Leiden der Menschheit“. Er hat Kutter ernster genommen als dieser sich selbst: Jesus ist der Dreh- und Angelpunkt. Von Jesus aus klären sich die Fragen. Nur bei dem Gekreuzigten gibt es Kraft zu einem neuen Leben. Diesen Ansatz hat Eberhard Arnold nie preisgegeben, auch nicht zugunsten des „Religiösen Sozialismus.“

Eberhard Arnold selbst hat für seine geistige Entwicklung einmal die griffige Formel „Von Luther zu Kutter“ verwendet. Das könnte man leicht missverstehen, so als sei Hermann Kutter in Eberhard Arnolds Bewusstsein an die Stelle Martin Luthers getreten. Vielmehr hat sich Kutter bei ihm an Luthers Seite gesellt. Eberhard Arnold hat in den folgenden Jahren so gründlich wie nie zuvor über Martin Luther und die Reformatoren gearbeitet. Zugleich hat aber die soziale Not in seinen und Emmys Gesprächen und Gedanken immer mehr Raum eingenommen.

Hardy

Am 18. August 1912 brachte Emmy Arnold ihr zweites Kind zur Welt. Diesmal verlief die Geburt ohne Schwierigkeiten. Eberhard Heinrich – Rufname Hardy – war ganz anders als Emy-Margret ein zartes Kind, kränkelte in den ersten Lebensjahren häufig und entwickelte sich zu einem recht stillen, tiefsinnigen Jungen.

Das erste Weihnachtsfest im gewachsenen Familienkreis verlief sehr gemütlich und harmonisch. Nur Eberhard Arnold selbst konnte nicht ganz unbeschwert mitfeiern. Er fühlte sich schon seit Monaten elend, klagte über Halsschmerzen; seine sonst beeindruckend klare, weittragende Stimme war angegriffen. Anfangs hat er diese Symptome nicht so recht ernst genommen.

Für Februar 1913 war eine Vortragsreihe in Halle angesetzt über „Moderne Nachfolge Jesu". Mitten in die Vortragsreihe hinein platzte die Diagnose von Dr. Beleites: Kehlkopftuberkulose, verursacht durch fortgeschrittene Lungentuberkulose. Das kam einem Berufsverbot gleich. Eigentlich wollte der Arzt Eberhard Arnold sofort das Sprechen untersagen. Der fühlte sich aber den Hunderten von regelmäßigen Besuchern der Versammlungen verpflichtet und bestand darauf, die Vortragsreihe noch abzuschließen. Er lud – nicht anders als vor der niederschmetternden Diagnose – eindringlich zur Nachfolge Jesu ein und half damit tatsächlich noch einer ganzen Reihe von Menschen zur Lebenswende. Im Anschluss an die Vortragsreihe musste er sich umgehend zwei Kehlkopfoperationen unterziehen.

Zwangspause

Die Ärzte rieten zu einem langfristigen Aufenthalt in einem Lungensanatorium; gegebenenfalls müsse die ganze Familie an einen Luftkurort umsiedeln, am besten in die Alpen. Sie hielten es für unwahrscheinlich, dass Eberhard Arnold je wieder gesund werden würde. Emmy Arnold war sich mit ihrem Mann einig, dass die Familie unter diesen Umständen auf jeden Fall zusammenbleiben sollte. Carl Franklin und Elisabeth Arnold, aus Breslau angereist, um über die nächsten Schritte zu beraten, hielten die Entscheidung für kurzsichtig und lehnten jede

Verantwortung für den Lebensunterhalt der Familie ab. Sie sahen sich außerstande, mehr als nur die Arztkosten und die Medikamente zu bezahlen. Carl Franklin Arnolds 60. und Emy-Margrets zweiter Geburtstag am 10. März wurden nur verhalten gefeiert.

Ein Hinweis des ehemaligen Theosophen Krause, der sich während jener denkwürdigen Vortragsreihe in der „Tulpe" in Halle bekehrt hatte, wies die Richtung für den nächsten Schritt. Krause war mit einer jungen Dame aus Bozen verlobt, und diese wusste vom „Pichler Höfl", einem leerstehenden Häuschen auf dem Ritten, dem Hausberg von Bozen.

Kurzentschlossen fuhr Eberhard Arnold am 2. oder 3. April nach Südtirol und mietete sich in Gries (damals noch ein selbständiges Dorf nordwestlich von Bozen, inzwischen längst eingemeindet) in der Pension Perathiner ein. Emmy löste derweil die Wohnung in Halle auf. Das Pichler Höfl war unmöbliert, also hieß es einen Teil Möbel versandfertig machen, den anderen einlagern. Luise Fuhr ging ihr kräftig zur Hand. Else konnte nicht helfen, sie musste sich selbst in dieser Zeit einer Operation unterziehen. Am Abend des 26. April rissen sich Emmy und die Kinder von den Großeltern Hollander los und bestiegen einen durchgehenden D-Zug nach Bozen. Am Nachmittag des 27. April war die Familie wieder vereint.

Tirol

Das Pichler Höfl erreichte man mit der Zahnradbahn, die auf den Ritten hinaufführt. Es lag unmittelbar unterhalb der Station „Maria Himmelfahrt" in 1200 m Höhe eingebettet in Almwiesen und in direkter Nachbarschaft zu einem Wäldchen. Nach Oberbozen sind es von dort aus 30 Minuten Fußweg den Berg hinauf. Der Blick nach Osten ist atemberaubend, besonders am Abend, wenn die untergehende Sonne einige der berühmten Dolomitengipfel vergoldet: Schlern, Rosengarten, Latemar, im Hintergrund die Marmolata. Die Arnolds wurden sich rasch mit dem Eigentümer des Häuschens, einem Herrn Schweigkofler, einig und zogen nach wenigen Tagen mit Emy-Margret, Hardy, Luise und einer Menge Hausrat einschließlich Klavier auf das Höfl um. Im Juni kam Else von Hollander nach. Damit war das Häuschen mit seinen winzigen fünf Zimmern voll belegt. Zum Haushalt gehörten außerdem eine weiße Ziege und ein Bernhardiner namens Lampo, zu dem sich bald noch ein zweiter gesellte.

Eberhard Arnold als Rekonvaleszent auf dem Pichler Höfl bei Bozen (Tirol), 1913

Das Leben spielte sich, wann immer es ging, im Freien ab, nicht nur wegen der gesunden Luft, sondern vor allem wegen der Ansteckungsgefahr. Für Eberhard Arnolds Liegekuren gab es einen kleinen Pavillon. Er unterwarf sich bedingungslos dem ärztlich verordneten Tagesablauf: Ruhen, Spaziergänge, Ruhen. Dabei half ihm eine seltene Fähigkeit: er konnte sich auf Befehl völlig entspannen. Umgekehrt war er aber auch in der Lage, wenn es die Kraft zuließ, äußerst konzentriert zu arbeiten. So blieb er auch hier nicht lange untätig. Nach einigen Monaten erfüllte er zwar immer noch gehorsam sein Therapieprogramm – Liegen, Ruhen, Entspannen, allenfalls Lesen, Spazierengehen. In der „Freizeit" aber begann er wieder zu schreiben.

Emmy war anfangs kaum weniger erschöpft als er. Die Aufregung mit seiner Erkrankung, die Organisation des Umzugs, und außerdem war sie wieder schwanger. Nicht zu vergessen Else – „Tata", wie sie von den Kindern genannt wurde –, die nach ihrer Magengeschichte auch erst wieder zu Kräften kommen musste. Dennoch gelang es den Arnolds, alle äußeren Sorgen und Zwänge abzuschütteln. Sie versuchten sich klar zu werden über den Sinn der Krankheit und gelobten gemeinsam, dass sie ihr Leben künftig noch ungeteilter der Sache Jesu hingeben wollten. Von diesem Punkt an zweifelten sie nicht mehr daran, dass Eberhard Arnold wieder gesund werden würde.

Der Lebensunterhalt kam unregelmäßig und oft von unerwarteter Seite. Ohne dass sie eigene Einkünfte gehabt oder um Unterstützung gebeten hätten, ließen Freunde aus der Heimat ihnen immer gerade so viel zukommen, dass die Miete pünktlich bezahlt werden konnte, die Speisekammer nie leer und der Ofen nie aus war. Erfahrungen, die den Arnolds später in ähnlichen Situationen Entschlusskraft und Gottvertrauen verliehen haben.

Im Stammland der Täufer

Etschtal, Eisacktal, Pustertal: Kann es Zufall sein, dass Eberhard Arnold mit seiner Familie just in die Gegend kam, wo im frühen 16. Jahrhundert die reformatorische Täuferbewegung ihre erste Blüte erlebt hatte? Hier hat sich die Bewegung seit 1525 ausgebreitet. Hier wurde die „verdambte Sect" seit 1528 von den Behörden massiv unterdrückt und verfolgt. Von hier aus hat Jakob Hutter die Tiroler „Gemein" nach Mähren geführt, bis auch dort die Verfolgung einsetzte. Hierher war er im Frühjahr 1535 mit einigen „Geschwistriget" zurückgekehrt und berichtete in einer „Ersten Epistel an die Gemein" in Mähren: „Der Herr hat unseren Weg ganz glücklich gemacht und uns bis her in das Pusterthal und in das Etschland abgefertigt. (…) Nun sind wir fleißig hin und wieder gegangen zu Berg und Thal und haben die nach Wahrheit Hungernden und Dürstenden heimgesucht. (…) Der allmächtige Gott und Vater hat hier schon wieder eine Gemeinde aufgerichtet, und der Herr mehrt sein Volk täglich." Hier wurde Jakob Hutter im November 1535 gefangen gesetzt. Am 25. Februar 1536 wurde er auf dem Marktplatz von Innsbruck öffentlich hingerichtet. Das Brixener Stadtarchiv verwahrte die Prozessakten über Jakob Hutter und zahlreiche andere Täufer.

Für Eberhard Arnold haben bei der Wahl des Kurortes ganz andere Gründe eine Rolle gespielt. Die Empfehlung kam von einem unbeteiligten Dritten; außerdem hatte schon eine Großmutter Emmys in Gries bei Bozen eine Lungentuberkulose auskuriert und ihren Enkeln vom Alpenglühen und von der Landschaft vorgeschwärmt. Aber es blieb nicht aus, dass sich die Arnolds schon nach kurzer Zeit der reichen Geschichte dieses Landstrichs bewusst wurden. Sie besorgten sich Schriften der Mährischen und Tiroler Täufer, studierten mit wachsender Begeisterung Sendbriefe und Artikel von Balthasar Hubmaier und Hans Denck.

Unter dem Eindruck von grandioser Natur und täuferischer Frühgeschichte, das intensive Gemeinschaftsleben der letzten Jahre schmerzlich vermissend und deshalb umso wacher für entsprechende Hinweise im Neuen Testament, verfasste Eberhard Arnold in den letzten Monaten des Jahres 1913 ein kleines Büchlein: „Lebensbeweise lebendiger Gemeinden". Es erschien im Dezember im Druck bei J. G. Oncken Nachf. in Kassel und war gedacht als „persönliches Zeugnis und persönlicher Gruß an alle Bekannten in der Heimat". Darin weist sich Eberhard Arnold aus als einer, „der keine andere Zugehörigkeit kennt als die zum Herrn selbst und zu allen den Seinen". Ziel der Schrift: „eine kräftige Neubelebung der heutigen Glaubensbewegungen, durch die die Gefahr, sich in Gegnerschaften zu verzetteln und zu erschöpfen, überwunden werden muss". Vom allmählichen Zersplittern und Erlahmen der Gemeinschaftsbewegung wird Eberhard Arnold einen gewissen Eindruck gehabt haben durch die Zeitschriften und Gemeinschaftsblätter, die per Zahradbahn aus dem Tal zum Pichler Höfl befördert wurden.

Als „Lebensbeweise lebendiger Gemeinden" galten Eberhard Arnold acht Merkmale: „Die Liebe zum Herrn Jesu", „Die Übermacht des Gebetslebens", „Die Lebenskraft des Wortes Gottes", „Das Überwinden der Sünde", „Die Liebe zu den Brüdern", „Die Auswirkung aller Kräfte", „Die Arbeit an der Welt", „Die Erwartung des Herrn". Wie der Titel vermuten lässt, sind die „Lebensbeweise" eine Art Prüfprogramm für den geistlichen Zustand einer Gemeinde. Mit scharfen Augen kann man auch hier den Einfluss Hermann Kutters entdecken; Eberhard Arnold hat Kutters Anregungen mittlerweile verarbeitet und im doppelten Wortsinn verinnerlicht. Als Erzfeinde des „inneren Lebens" hat er Lieblosigkeit, Hochmut und üble Nachrede innerhalb der Gemeinde ausgemacht. „Arbeit an der Welt" hat nicht primär zum

Ziel, die Gesellschaft zu verändern, sondern Jesus Christus mit jeder Handlung die Ehre zu geben. Das „Müssen der Gottesliebe" (Kutter) soll auch die Gläubigen treiben: „Wie Gott in Christo das Herz der Menschen sucht, so muss auch unsere rettende Liebe alle zu verstehen trachten, mit ihnen mitfühlen und mitkämpfen wollen. Zu wahrer Liebe gehört das gründliche Erforschen und Überwinden der Schwierigkeiten, Fragen und Hemmnisse der Menschen. Wenn wir sie retten wollen, so müssen wir (…) auf ihre ehrlichen inneren Kämpfe und Überzeugungen mit Ernst und Entschiedenheit eingehen." Das Reich Gottes sieht Eberhard Arnold „noch nicht auf der Erde aufgerichtet, aber es wohnt durch Jesum als Gerechtigkeit und Friede und Freude im Heiligen Geist in den Herzen der Gläubigen". Sie wirken mit „an der Aussaat für das Reich, gerade weil sie wissen, dass die volle Entfaltung des Senfkorns erst durch seine – nämlich Christi – Ankunft zu erwarten ist". – Viele Jahre später sind die „Lebensbeweise" in leicht abgewandelter Form noch einmal zu Ehren gekommen[13].

Heini

Als die „Lebensbeweise" gedruckt und ausgeliefert wurden, waren die Arnolds bereits umgezogen: aus dem nicht winterfesten, gar zu luftigen Pichler Höfl in das nahegelegene Patrizierhaus „Maria Schnee". Das Haus war – und ist – mit der gleichnamigen Kapelle zusammengebaut. Dort wurde am Abend des 23. Dezember 1913 Johann Heinrich geboren. „Mein Alpenbub, mein Tiroler Bübchen", so hat Eberhard Arnold den kleinen Erdenbürger begrüßt. Als Rufname setzte sich „Heini" durch. Heini schien gut gerüstet für den Kampf mit dem Leben: kräftig und fröhlich. Mit drei Wochen bekam er allerdings eine schwere Lungenentzündung, die er vor allem dank der aufopfernden Pflege Else von Hollanders überstand. Das prägte beide: Zwischen Tante und Neffe entwickelte sich eine ungewöhnlich innige Beziehung, die von allen anderen Familienmitgliedern respektiert wurde.

Im Frühjahr zog man wieder aufs Pichler Höfl um. Emmy und Else waren sich in der Zwischenzeit klar geworden, dass nicht mehr jede alles tun könne. Emmy konzentrierte ihre Kraft künftig auf Kin-

13 1929 bearbeitete Eberhard Arnold die Kapitel „Die Liebe zu Christus" und „Die Liebe zu den Brüdern" neu (im Druck erschienen 1934, Reprint 1973).

dererziehung und Gästeverkehr, Else sollte Eberhard Arnold bei den Schreibarbeiten zur Hand gehen. Aus ganz pragmatischen Überlegungen wurde hier eine Arbeitsgemeinschaft begründet, die fast neunzehn Jahre lang halten sollte: Else von Hollander blieb Eberhard Arnolds Sekretärin und rechte Hand in allen publizistischen Angelegenheiten bis zu ihrem Tod im Jahr 1932.

Die Arnolds waren in ihrer Tiroler Zeit beileibe nicht vom Rest der Welt abgeschnitten. Briefe kamen aus Deutschland und gingen dorthin. Clara Arnold, Mutter Elisabeth Arnold aus Breslau, Monika von Hollander, Cousinen aus Hamburg und einige Freunde kamen auf Tage oder Wochen zu Besuch. Sie mieteten sich bei Bauern in Oberbozen ein, weil das Pichler Höfl gar zu eng war. Wenn Besuch da war, wurde besonders viel gesungen, meist zu Melodien aus den „Reichsliedern". Emmy begleitete am Klavier. Eberhard Arnold lernte auf Anregung von Monika Fotografieren und hielt allerlei Familienszenen auf Platte fest. Die beiden Bernhardiner bekamen im Frühjahr 1914 Nachwuchs, und Eberhard Arnold hatte viel Spaß an den Welpen und ging völlig unbekümmert mit den Tieren um. Dann saß er wieder über seinen Artikeln und konzentrierte sich auf weittragende geistliche Gedanken. Ein größerer Kontrast ist kaum denkbar.

Innenland[14]

Im Frühjahr und Sommer 1914 wanderten Eberhard Arnolds Gedanken gelegentlich schon wieder nach Deutschland; er fühlte sich soweit gesund und überlegte, ob er nicht im Herbst seine Predigt- und Seel-

---

14 Der Begriff „Innenland" geht auf ein Gedicht des Schriftstellers Friedrich Lienhard (1865–1929) zurück, erstmals veröffentlicht 1912:

„Wenn Deutschland seine Sendung vergisst,
Wenn Deutschland, nachdem es die Meere befahren,
Den Völkern nicht mehr Führer ist
Zum Innenland des Unsichtbaren,
Zu Gott und Geist –
Wenn Deutschland versäumt seine Heilige Sendung
Und nicht mehr vorausgeht im Drang nach Vollendung
Wenn es vom Hass, der in Spannung hält
Die eiserne Welt
Zu neuer Liebe den Weg nicht weist –
So wisse: dein Glück und dein Reich zerschellt."

sorgedienste wiederaufnehmen könnte. Die Ärzte rieten ihm dringend, noch einen weiteren Winter in Tirol zu verbringen. – Vorerst widmete er sich einer Artikelserie. Es sollte so etwas wie die Summe seiner geistlichen Einsichten sein. Zwei Beiträge erschienen in der Zeitschrift „Auf der Warte“: „Sünde und Überhebung“ (Mai 1914) und „Seele und Geist“ (August 1914).

Die anderen acht Artikel wurden sämtlich im „Evangelischen Allianzblatt“ abgedruckt. Der erste erschien am 3. Mai 1914 unter dem Titel „Innere Erfahrungen“ und schloss fast wortgleich dort an, wo die „Lebensbeweise lebendiger Gemeinden“ endeten: beim Reich Gottes. In vierzehntägigem Abstand folgten „Friede und Stimmungen“, „Das inwendige Leben“ (Kutter!), „Das Gewissen – Sein Ursprung und seine Betätigung“ und „Das Gewissen – Seine Gesundung in Gott“, „Das innere Licht“, „Das in uns lebendige Wort“ und zuletzt „Der Tempel des Geistes und unser Inneres“. Zu diesem Artikel im Juli 1914 kündigte das „Evangelische Allianzblatt“ bereits das „gleichzeitig bei P. Ott – Gotha erscheinende Buch ‚Inwendiges Leben‘ von Dr. E. Arnold“ an. Es kam dann aber ganz anders.

Am 28. Juni wurde der österreichische Thronfolger Erzherzog Franz Ferdinand in Sarajevo ermordet. Am 28. Juli, zwei Tage nach Eberhard Arnolds 30. Geburtstag, erklärte Österreich-Ungarn Serbien den Krieg. Russland machte am 30. Juli mobil, Deutschland am 1. August. Diese Nachrichten drangen selbst auf das abgelegene Pichler Höfl durch. In der Nacht vom 1. auf den 2. August 1914 wurde Eberhard Arnold per Telegramm die Einberufung zugestellt: er musste sich umgehend bei einer Reserveeinheit in Halle melden. Noch an diesem 2. August – einem Sonntag – reiste er ab.

Eberhard Arnold hat das Gedicht wohl erst während des Krieges entdeckt. Da alle späteren Buchausgaben außer der unglücklichen ersten diesen Titel tragen und die ursprüngliche Artikelserie ganz in diesem Geist geschrieben ist, scheint der Begriff auch hier angebracht.

VI.

Drei Wochen im Feld

Der kurze Weg von der Talstation der Rittenbahn zum Bozener Bahnhof geriet am 2. August 1914 zu einem rauschhaften Erlebnis: Überbordende Kriegsbegeisterung in den Straßen, patriotische Reden auf den Plätzen der Stadt, Hochrufe, Tumult. Mit dem Zug, in Gesellschaft hunderter anderer deutscher Rekruten, gelangte Eberhard Arnold nach Halle an der Saale.

„Ersatzreservist ohne Fehler, aber zu schwach", das Musterungsergebnis aus dem Jahr 1908 hatte ihm die Einberufung in Friedenszeiten erspart, qualifizierte ihn jetzt aber zum Dienst als Trainkutscher. Mit einer Versorgungseinheit wurde er nach wenigen Tagen Ausbildung nach Thorn an der Weichsel verlegt, unmittelbar an der Front zum russisch besetzten Kongresspolen. Nach drei Wochen war das Abenteuer bereits vorbei. Seiner angegriffenen Gesundheit wegen vom Militärdienst freigestellt, war Eberhard Arnold schon wieder in Halle, noch bevor Emmy mit Else und den Kindern am 24. August nach strapaziösen fünf Tagen Eisenbahnfahrt in der Saalestadt eintrafen.

Wie kam es, dass Eberhard Arnold vom Militärkutscher zum Pazifisten wurde? Es war ein langer, gewundener Weg. Einige Abschnitte dieses Weges lassen sich nicht mehr vollständig erhellen. Emmy Arnolds Erinnerung, wonach sie und ihr Mann sich „schon in dieser Zeit der ersten Kriegspsychose" gefragt hätten, wie ein Christ, der das Leben und die Liebe verkündigen soll, andere Brüder töten könne, kann trügen und widerspricht nicht nur allen schriftlichen Zeugnissen aus den ersten Kriegsjahren, sie ist auch in sich widersprüchlich: Emmy Arnold stellt im selben Zusammenhang fest, Eberhard Arnold habe nach der für Deutschland ungünstig verlaufenen Marneschlacht (Herbst 1914) sogar überlegt, sich ungeachtet seiner Gesundheitsprobleme wieder freiwillig zum Frontdienst zu melden. Wenn er tatsächlich schon zu Beginn des Krieges Skrupel oder Zweifel hinsichtlich des Kriegsdienstes gehabt hat, dann müssen sie noch sehr unklar gewesen sein und sind weder in seinem öffentlichen Reden noch in seinem Handeln zum Ausdruck gekommen. Ganz im Gegenteil.

Verblendet

Die Familie richtete sich in einem Haus in Dölau ein – am Rand der Dölauer Heide, der guten Luft wegen. Freunde aus den Hallenser Gemeinschaftskreisen gingen bei den Arnolds ein und aus. Es stellte sich fast schon wieder so etwas wie Vorkriegsnormalität ein. In der Dölauer Heide fanden Heiligungsversammlungen statt, erklangen Lieder vom Typus „Gott ist die Liebe, lässt mich erlösen" und „Kommt, stimmet alle jubelnd ein, Gott hat uns lieb". Derweilen arbeitete Eberhard Arnold sein schon druckfertiges Buch „Inwendiges Leben" innerhalb weniger Wochen völlig um und versah es mit vaterländischen Untertönen. Es kam unter dem Titel „Der Krieg – ein Aufruf zur Innerlichkeit" auf den Markt; den Einband zierte eine wehende schwarz-weiß-rote Fahne mit dem eisernen Kreuz. Es unterscheidet sich darin in nichts von Dutzenden anderer Bücher, die zur Unterstützung des „gerechten und wahrhaften Krieges" in diesen Tagen erschienen. Wie in all diesen Schriften verdunkelte das Fahnentuch auch hier die Wahrheit, trübte das nationalistische Pathos den Scharfblick für die geschichtliche Wirklichkeit, beförderten die Seitenhiebe auf die „Verbrechen der Feinde" nur die Selbstgerechtigkeit und begrenzten die Bedeutung des Werks auf den Augenblick.

„Inwendiges Leben" hätte den Christen im deutschsprachigen Raum den Weg zu bewussterem Glauben, größerer Hingabe, tieferer Erkenntnis Gottes weisen sollen. Doch in den ersten Kriegswochen, als deutsche Truppen im Westen kurz vor Paris standen, im Osten die Schlachten von Gumbinnen und von Tannenberg gewonnen waren, hat Eberhard Arnold offenbar eine Theorie über die geistesgeschichtliche Bedeutung des Weltkrieges entwickelt. Im Wetterleuchten des Kriegsgeschehens mussten alle seine sorgfältig gewogenen Aussagen über eine innere Erneuerung des Menschen noch stärker wirken. Und das wäre zweifellos auch so gewesen, hätte er das Buch unverändert gelassen. So aber verengte er den Blickwinkel derart, dass man ihn nur bedingungslos teilen konnte – oder aber befremdet ablehnen musste.

Im Artikel „Seele und Geist" zum Beispiel hat es ursprünglich geheißen: „Was wäre ein Weltreich, dessen innere Verhältnisse die verworrensten und schwächlichsten wären, wenn es die noch vorhandene Macht nach außen würfe, um an Ausdehnung und Reichtum zu gewinnen? Trotz aller Eroberung steht seinem absterbenden Leben ein sicheres Ende bevor." – Und hier die „Kriegsfassung": „Frankreich und Russland haben gezeigt, was ein Weltreich bedeutet, dessen innere Verhältnisse die traurigsten und schwächlichsten sind. Mag es die noch vorhandene Macht nach außen werfen" usw. usw. – So hat Eberhard Arnold ohne Not eine Vielzahl wichtiger, zeitloser Aussagen dem „zeitlich begrenzten Zweck für den neu hereingebrochenen Kriegszustand" untergeordnet.

Er hat natürlich nicht bewusst Hass säen wollen. „Der Krieg, ein Aufruf zur Innerlichkeit" ist auch ein Ruf zu allgemeiner Buße. Aber von was für idealistischen Vorstellungen ist Eberhard Arnold dabei ausgegangen! Der Krieg sei „ein Entscheidungskampf um die Freiheit des Gewissens". Der Krieg sollte „den kleinlichen Egoismus zerbrechen" helfen. Der Krieg könne „einen Segen für uns bedeuten, wenn wir in tiefster Innerlichkeit von der Sünde zu Gott umkehren (...) – Eine tiefgreifende innerliche Erhebung weiter Kreise zu Gott würde uns (...) den unumstrittensten Sieg über alle unsere Feinde schenken". Wieder und wieder beschwor er „die Größe des jetzigen Augenblicks". Das „massenhafte Sterben, das dieser schwerste aller Kriege mit sich bringen musste", war ihm kein ernsthaftes inneres Problem: „Der Glaube an das ewige Leben ist die einzige Möglichkeit, um mit freudiger Tapferkeit alles zu ertragen, was uns jetzt auferlegt ist." Der Zynismus dieser Aussage wird ihm kaum bewusst gewesen sein: Gute Christen sind bessere Soldaten?! – Der Krieg werde Deutschland „große Aufgaben des Wirkens unter den Völkern erschließen," meinte Eberhard Arnold. Für den ungewissen Fall, dass der Krieg „in dem Innersten vieler den Willen des Herrn verwirklicht, erwartete er „die fruchtbarste Bedeutung für die Beglückung der ganzen Erde". Aber warum sollte gerade der Krieg all das leisten? Warum ging es in der Urfassung der zehn Artikel ohne Krieg, warum sprach dort die biblische Wahrheit für sich, warum reichte das nun auf einmal nicht mehr? Warum hat Eberhard Arnold seine klare biblische Argumentationskette mit fiebriger Zeitstimmung, mit der Nationalphilosophie Fichtes („Wahrhaftiger Krieg") und Ernst Moritz Arndts („Erbfeindschaft" mit Frankreich) vermischt?

„Nichts, nicht einmal die Feldpost, hat in diesem Krieg so kläglich versagt wie der deutsche Geist", schrieb damals Gustav Landauer, einer der ganz wenigen Deutschen, die sich der hysterischen Kriegsbegeisterung entziehen konnten, einer der einsamen unbeliebten Propheten, die in diesen Tagen keine Gefälligkeitsbotschaften verkündet haben. Der deutsche Geist hat kläglich versagt: das Urteil trifft auch Eberhard Arnold, und es ist kein Trost, dass es zahlreiche andere Theologen und leitende Männer der Allianzbewegung ebenso trifft: Karl Heim, Paul Humburg, General von Viebahn, Gustav Nagel, Rudolf Brockhaus ... – die Reihe ließe sich beliebig fortsetzen.

Wollte Gott den Krieg?

Eberhard Arnold überschrieb seinen ersten Artikel nach Kriegsausbruch mit den Worten „Gottes Sprache in ernster Zeit". In der Einleitung machte er sich einen Satz seines Vaters zu eigen: „Die Weltgeschichte ist das Weltgericht." Als 19-Jähriger hatte er gegen diese Sicht noch energisch aufbegehrt. Nun, mit 31 Jahren, Ecken abgeschliffen, gesetzter und bürgerlicher geworden? Fast scheint es so. Den Sinn des Krieges erklärte er den Lesern des Evangelischen Allianzblattes folgendermaßen: „Gott will, dass wir diesen schwersten Krieg, den die Weltgeschichte gekannt hat, als einen Beweis Seiner Gütigkeit, Geduld und Langmut erkennen lernen." Der Krieg sei von Gott, meinte er auch noch ein Jahr später; Gott verfolge einen „Faden des Guten", und der sei in diesem Fall „der Schutz der Gerechtigkeit durch die gerechtere der kriegführenden Regierungen". Die theologische Begründung bekam bedenklich Schlagseite: „Da in letzter Zeit die Ungerechtigkeit das Übergewicht erlangen wird, so müssen wir jeden Krieg als ein gnädiges Aufhalten der satanischen und antichristlichen Mächte betrachten, der gegen das Böse (...) gerichtet ist." Kurze Zeit später zum selben Thema: „Härte und Zorn, Krieg und Schwert, Feuer und Schwefel sind die Waffen, mit denen Satan und seine Geister bekämpft werden müssen". Damit hat Eberhard Arnold in seiner Beweisnot auf gnostische Denkmuster zurückgegriffen: Gott gewinnt im endzeitlichen Kampf, aber nur um Haaresbreite; Gott verantwortet den Kampf, aber der Teufel nötigt ihm die Mittel auf; das ist die Quintessenz dieser Erklärung. Sie hat nur verschiedene Nachteile: Sie ist nicht christlich. Sie ist nur unter schwierigsten Verrenkungen biblisch zu begründen. Sie ist lückenhaft und unlogisch. Hat dieser Krieg nicht überhaupt erst satanische und antichristliche Mächte entfesselt? Am Ende des ersten Kriegsjahres waren bereits Hunderttausende in Flandern, in der Champagne, im Elsass und in Galizien verblutet, verbrannt, erstickt. Beweise von Gottes Gütigkeit, Geduld und Langmut?

Gründe, Abgründe

Wenn man allein nach vernünftigen Erklärungen sucht, dann bleibt Eberhard Arnolds Haltung zum Krieg in den ersten Jahren nach 1914 unverständlich. Da müssen noch andere Gründe mitschwingen. Ein solcher Grund könnte in der engsten Verwandtschaft liegen. Eberhards älterer Bruder Hermann Arnold wurde im Frühjahr 1915 an der Ostfront schwer verwundet und starb in einem Königsberger Lazarett am 5. Mai 1915. Besonders innig war das Verhältnis der beiden Brüder in den letzten Jahren nicht gewesen; Hermann war während des Studiums zur Familie auf Distanz gegangen.

Familie Arnold mit Emmy-Ma, Heini und Hardy, 1915

Eberhard Arnold hat seinen Geschwistern gegenüber stets so etwas wie eine geistliche Pflicht empfunden. Mit seiner Schwägerin Käthe hatte er sich bestens verstanden. Nun, kaum sechs Jahre verheiratet, war Käthe Arnold Witwe. Sie hatte bereits eine vierjährige Tochter. Am 31. August 1915 brachte sie einen Sohn zur Welt. Der kleine Hermann, Eberhard Arnolds Neffe, war also schon Halbwaise, bevor er überhaupt geboren wurde! Was für Gefühle der Tod des Bruders in Eberhard Arnold ausgelöst hat, kann man nur ahnen.

Eine weitere Vermutung: Könnte es sein, dass Eberhard Arnold insgeheim mit seiner Abstammung haderte? Geradezu beklemmend sind die scharfen antienglischen Ausfälle in den Schriften der ersten Kriegsjahre. Da sah er die „innerlichen Kräfte in England und Amerika verschüttet" (ganz anders natürlich in Deutschland!), da entdeckte er „Habsucht und Neid" in England (und nur dort), da war es für ihn „eine Tatsache, dass der Mammonsdienst als das Lebensziel des Nutzens und des Vorteils, der Lust und des Genusses ein hervorstechendes Kennzeichen des englischen Denkens ist", da schrieb er in einer Buchbesprechung: „Engländertum ist die Unfähigkeit, sich über die praktischen Zwecke zu erheben." An den englischen Philosophen Bacon, Hobbes und Locke ließ er kein gutes Haar. Schließlich feierte er gar „die große Befreiung von der Oberflächlichkeit des englischen Liedes", die erst durch den Krieg möglich geworden sei, und meinte damit beliebte eingedeutschte Erweckungslieder wie „Welch Glück ists, erlöst zu sein" oder „Ich weiß einen Strom, dessen herrliche Flut …" Diesen Liedern, die Emmy und er selbst früher gerne gesungen haben, sprach er nun „die klare und bestimmte Verkündigung des Herrn in seinen Taten und Worten" ab. Das wirkt aus heutiger Sicht fast zu abstrus, als dass man es ernst nehmen könnte. Und dabei hatte er doch einen amerikanischen Großvater und konnte in väterlicher Linie auf einen respektablen englischen Stammbaum zurückblicken!

Welches Maß an Selbstverleugnung muss Eberhard Arnold aufgebracht haben, um das angeblich typisch Englische an den Engländern so zu verachten? Welche inneren Verbiegungen hat er möglicherweise schon während des Philosophiestudiums erlitten, dass er das angeblich Deutsche an den Deutschen derart euphorisch bewundern konnte: „Der deutsche Geist (…) will das Leben einsetzen für ein höheres Leben, nämlich für ein Opferleben höchster Aufgaben. Es sind die schenkenden Tugenden des Gehorsams und der Treue, des Opfermuts und der Tapferkeit, der Wahrhaftigkeit und schaffenden Energie des Charakters …" – ? Es dauerte lange, mindestens zweieinhalb Jahre, ehe Eberhard Arnolds Ansichten wieder Bodenkontakt fanden.

„Furche" und Furche-Verlag

Im Spätsommer 1915 wurde den Arnolds in Dölau eine Depesche zugestellt von Unterstaatssekretär Georg Michaelis, dem damaligen Vorsitzenden der DCSV: Eberhard Arnold sollte der DCSV als „Literarischer Beirat" und „Pressebeamter" bei der Betreuung der DCSV-Zeitschrift „Die Furche" und beim Aufbau eines Furche-Verlags dienen. Die Anfrage kam ihm sehr gelegen; er sah sie als logische Fortsetzung seiner bisherigen Entwicklung und als „Ruf Gottes". Er zeigte sich grundsätzlich einverstanden. In einem ersten Gespräch wurde festgelegt, er solle als Beirat die „Liebesgaben" betreuen, eine Art Buch- und Zeitschriftendienst für die Soldaten im Feld; außerdem die „Subredaktion" der „Furche". Die Schriftleitung lag anfangs weiter beim DCSV-Generalsekretär Dr. Gerhard Niedermeyer. Pressearbeit sollte zu seinen Aufgaben gehören, und obendrein sollte er Freiheit für die Arbeit mit Studentenkreisen in Berlin haben. Für die Familie mietete die DCSV im Berliner Bezirk Wilmersdorf, Landauerstraße 14, eine moderne Neubauwohnung an mit sechs Zimmern und Ausblick auf einen schönen Park.

Dölau war eine Idylle gewesen. Berlin im Krieg, das war Hast, Betrieb, Erregung. Im „Furche"-Büro lief anfänglich fast nichts nach Absprache. Die Umzugskosten mussten die Eltern Arnold in Breslau vorstrecken. Im Oktober und November ertrank Eberhard Arnold fast in fachfremden Büroarbeiten. Die Sekretärin, die er dann schließlich bekam, war mit ihrer Aufgabe restlos überfordert. Erst nach einigen Monaten, im Zusammenhang mit der förmlichen Gründung des Furche-Verlags, konnte er wieder auf Else von Hollanders bewährte Hilfe zurückgreifen. – „Furche"-Schriftleiter Dr. Niedermeyer wollte plötzlich nie etwas von redaktioneller Mitverantwortung Eberhard Arnolds gewusst haben. Der musste erst mehrmals deutlich auf die getroffenen Vereinbarungen pochen, ehe er eigene Artikel unterbringen und andere bearbeiten konnte (erstmals in der Januar-Ausgabe 1916). Der lieblos-geschäftsmäßige Umgangston in der DCSV-Zentrale schockierte ihn. Auf sein mehrfaches Drängen hin kam im Dezember endlich eine klärende Aussprache mit Niedermeyer und Michaelis zustande. Eberhard Arnold beklagte sich bitter über mangelndes Vertrauen, darüber, dass er von Niedermeyer wiederholt öffentlich und grundlos abgekanzelt worden sei. – Die Beziehung zu Niedermeyer blieb distanziert, auch wenn die Fronten schließlich klar, die Arbeitsfelder abgesteckt waren. Das Verhältnis mit „Exzellenz Michaelis" dagegen verbesserte sich rasch. Nach einiger Zeit traf man sich einen

Abend pro Woche mit anderen DCSV-„Altfreunden“ bei Michaelis zum offenen Austausch.

Kriegsarbeit der DCSV

Die DCSV war längst nicht mehr der überschaubare christliche Studentenbund des Jahres 1910. Schon in den ersten Kriegsmonaten leisteten etwa 3.000 DCSV-Mitglieder Militärdienst an den verschiedenen Fronten und in der Etappe. Man begriff es als Liebespflicht, sie regelmäßig mit der Zeitschrift „Die Furche“ zu versorgen – und mit der „kleinen akademischen Feldpost“. Unter diesem Namen erschienen die „DCSV-Mitteilungen“ während des Krieges. Ende 1914 begann die DCSV-Zentrale, spezielle Themenhefte zu drucken und als „Liebesgaben deutscher Hochschüler“ an die „Brüder im Felde“ zu schicken. Gedichtsammlungen, Mappen mit Kunstdrucken, akademische „Feldpredigten“ – zigtausende, mit der Dauer des Krieges hunderttausende Schriften und Bücher gingen an die Front und in Kriegsgefangenenlager überall in Europa. Mobile Bibliotheken („Bücherkarren“) wurden zusammengestellt und zu den einzelnen Armeeeinheiten geschickt. Vor diesem Hintergrund wird die Verantwortung begreiflich, die Eberhard Arnold zugedacht war, die er sich nun allerdings erst erkämpfen musste. Im ersten Vierteljahr sah sein Arbeitsprogramm so aus: eine Ludwig-Richter-Kunstmappe zusammenstellen, sich in das sächsische Christusepos „Der Heliand“ aus dem frühen Mittelalter einarbeiten und ein Vorwort schreiben, 30 bis 40 Manuskripte redigieren, Zitaten- und Aphorismensammlungen mit Lutherworten zusammenstellen, dito mit Bismarckworten. Das „Furche“-Archiv ordnen (da war jahrelang keine Ablage gemacht worden), Briefe an den Autorenkreis (ca. 50 Personen), Briefe an Rezensenten, Briefe an die Rektoren der Universitäten, die nächsten Ausgaben der „Furche“ konzipieren (bis einschl. April), diverse Buchbesprechungen usw. usw. Wen wundert es da noch, dass er von „Zersplitterung der geistigen und körperlichen Kräfte“ schreibt, von „Leiden der Gesundheit“.

Hans-Hermann

Das besserte sich auch in den folgenden Monaten nicht. Im Winter 1915/16 bekam die Bevölkerung der „Mittelmächte“ die Wirtschaftsblockade der Alliierten erstmals voll zu spüren. Die Speisekarte wurde eintönig: Verdünnte Milch, Kohlrüben, Kartoffeln, schlechtes Brot. Alles andere nur noch in homöopathischen Portionen und auf Marken. In diese Zeit hinein, am 10. Dezember 1915, gebar Emmy Arnold ihr viertes Kind: Hans-Hermann genannt, nach Eberhards Bruder. „Hansemann" (so sprach es sich für die kleinen Geschwister leichter) war ein Riese unter den Zwergen. Bei seiner Geburt wog er zehn Pfund, ein Wunder bei den äußeren Umständen und eine Strapaze für die Mutter. Zusätzlich zur Haushalts- und Küchenhilfe musste nun auch noch ein Kindermädchen angestellt werden. Hans-Hermann entwickelte sich körperlich nur langsam und lernte spät laufen – trotz Extrarationen für junge Mütter und Säuglinge fehlte es einfach an entsprechender Aufbaukost.

Man griff zur Selbsthilfe. Die Arnolds mieteten einen Schrebergarten mit Laube, etwa 15 Minuten Fußmarsch von der Landauerstraße entfernt. Sie schafften sich zwei Milchziegen an. Eberhard Arnold versuchte sich als Gärtner, pflanzte Radieschen, Mohrrüben, Kartoffeln und – Tomaten, eine damals noch ganz exotische Frucht. Der Garten war groß genug für ein kleines Kinderparadies. Emy-Margret und Hardy konnten mit ihren vier und fünf Jahren schon beim Gärtnern helfen. Wenigstens die Wochenenden und die langen Sommerabende gehörten der Familie – ansonsten verbrachten Eberhard Arnold und Else von Hollander mehr Zeit, als ihnen lieb war, im Verlag.

Wer immer in dieser Zeit sich der patriotischen, kriegsbejahenden Grundstimmung in der DCSV hätte entziehen wollen – er hätte es wohl kaum geschafft. Im Bericht von der alljährlichen Studentenkonferenz in Wernigerode schrieb Eberhard Arnold im September 1915: „Es steht fest, dass die DCS-Konferenz von nun an, und auch nach dem Kriege, das Deutsche in ihrem Namen und Wesen mehr unterstreichen wird und so gegen englische Art christlicher Arbeit für immer ein starkes Gegengewicht bilden wird." Im Sommer 1916 richtete er namens des DCSV-Vorstandes „Ein Wort an Kommilitonen": „Der große Krieg, in dem wir das vierte Semester erleben, ist ein deutscher Freiheitskrieg …" In diesem Sinn forderte er „Freiheit und Herrschaft des Geistes". Das Hauptreferat in Wernigerode 1916 hielt ein Professor Schaeder aus Kiel. Seine Botschaft an die ausgedünnte Schar der Konferenzteilnehmer (die Geburtsjahrgänge 1880 bis 1899 waren zum großen Teil an der Front) lautete, auf einen Nenner gebracht: Der Ruf zur vaterländischen Pflicht sei für den Christen „Gottesdienst und Christusdienst". Eberhard Arnold fasste in der „kleinen akademischen Feldpost" den Inhalt der Aussprache zusammen: „Die ungeheure Gewissenslast, die der Krieg für alle bedeutet, wurde mit rückhaltloser Schärfe aufgedeckt; die ganze Schwierigkeit der Frage, wie man die Teilnahme am Kriege mit dem Geist der Bergpredigt verbinden könne, wurde ohne Umschweife festgestellt. Mit überzeugender Klarheit wurde der Nachweis gebracht, dass in der Welt, wie sie uns heute umgibt, das organische Leben in allen Fällen nur durch Kampf mit anderen und durch Verdrängung eines anderen zur Entfaltung gebracht wird." Auf gut deutsch: die christliche Akademikerschaft suchte ihren Maßstab zur Beurteilung des Krieges nicht in der Bibel, sondern im Darwinismus. Der Stärkere frisst den Schwächeren. Wobei man noch recht zuversichtlich war, am Ende zu den Stärkeren zu gehören. Das war im August 1916; in der „Blutmühle" von Verdun wurde eine Division nach der anderen zerrieben, und auch im Osten wichen die Truppen der Mittelmächte unter schweren Verlusten vor der russischen Brussilow-Offensive zurück.

Wandlung

Eberhard Arnold schwamm lange mit dem breiten Strom der Mehrheit. Und doch, in manchen Berichten wird ein schwer zu fassendes Unbehagen erkennbar. Da stellte er bei seinen Besuchen an verschiedenen Universitäten fest, dass der Krieg die Studentenkreise schwächte, dass Bibel- und Gebetskreise eingingen. Da beklagte er, dass die Gemeinschaft innerhalb der Kreise lockerer und unverbindlicher wurde. Da machte ihn Emmy darauf aufmerksam, dass einige der „Liebesgaben" und Schriften des Furche-Verlags ein gar zu deutsches Evangelium verkündeten. Manche Autoren schlugen selbst in der „Furche" einen hässlichen antisemitischen Ton an, schmähten die Juden, während in den Schützengräben Deutsche jüdischen und christlichen Glaubens Seite an Seite für Kaiser, Volk und Vaterland kämpften. In der Redaktion musste sich Eberhard Arnold von Gerhard Niedermeyer anhören: „Herr Doktor, wir haben jetzt keine Zeit zur Innerlichkeit, es ist Krieg, Krieg, Krieg, Herr Doktor!" Bei seinen regelmäßigen Besuchen in Berliner Lazaretten offenbarten ihm verwundete Soldaten grauenhafte Schuldgefühle und Gewissensnöte. Die wohlfeilen Lösungsvorschläge aus manchen Furche-Artikeln und von den Aussprachen der DCSV-Konferenzen erschienen dadurch in einem ganz anderen Licht: zynisch, wirklichkeitsfremd. Aufschlussreich ist ein Liedblatt aus dem Jahr 1916: Ein martialischer „Hassgesang gegen England", für Männerchor gesetzt, mit bajonettschwingenden deutschen Soldaten illustriert. Das Lied ist genau so, wie es der Titel verspricht – hasserfüllt. Am Rand des Blattes eine Anmerkung von Eberhard Arnolds Hand, mit kräftigem Strich und großzügigen Buchstaben. Nur ein Wort: „Liebe?" – Er fand und nahm sich wieder mehr Zeit zum Studium der Bibel und christlicher Autoren, insbesondere der Mystiker. Er las Jakob Böhme und Meister Eckhart und andere. War das erst die Folge – oder war das ein Grund des Wandels, der sich da vollzog?

Nach der Fülle vollmundiger Aussagen zum Sinn und Verlauf des Krieges, nach all den selbstbewussten Kommentaren fällt es um so mehr auf, dass dieser kernige Ton in Eberhard Arnolds Stimme etwa seit Ende 1916 leiser wird und schließlich ganz verstummt. Natürlich schrieb er auch weiterhin fleißig Artikel. Aber er wurde regelrecht wortkarg und vorsichtig mit Einschätzungen zur Kriegslage. Das patriotische Sendungsbewusstsein scheint mit einem Mal verflogen. In der „Furche" plazierte er eine Reihe geistesgeschichtlicher Portraits und biografisch-literarischer Artikel: über Rudolf Steiner, Ricarda Huch, Jung-Stilling, Marie Nathusius, Gustav Meyrink, Martin Buber … – Kein Zelebrieren des „Deutschen Geistes" mehr. Keine antienglischen, antirussischen, antifranzösischen Seitenhiebe. Jedenfalls nicht mehr aus seiner Feder.

Anfang März 1917 hielt er eine Evangelisation in Halle in der Gemeinschaft am Rannischen Platz. Das Thema des letzten Abends lässt aufmerken: „Liebe und Einheit innerhalb der zerrissenen Menschheit". Zum ersten Mal seit Jahren ist die Rede vom Leiden der ganzen Menschheit – und nicht mehr nur von der Sendung des deutschen Volkes. Leider sind von dieser Ansprache keine Aufzeichnungen erhalten. Es wäre interessant zu erfahren, was Eberhard Arnold an dieser Stelle zu diesem Zeitpunkt zu sagen hatte.

Vermutlich in die Wochen direkt danach fällt ein Erholungsaufenthalt zusammen mit Emmy in Braunlage am Harz. Eine der selten gewordenen intensiven Zeiten zu zweit, mit genügend Abstand zum Verlag, zur DCSV, zum wilhelminischen Säbelrasseln einerseits und zu den murrenden ausgezehrten Menschen in der Hauptstadt andererseits. Eberhard und Emmy Arnold zogen Bilanz über die vergangenen Jahre und versuchten Klarheit über die nächste Zukunft zu gewinnen. Beim Skifahren verletzte sich Eberhard Arnold am linken Auge: Netzhautablösung. Mit Ruhe und Pflege zuhause in Berlin besserte sich der Zustand wieder. Zugleich eine weitere Chance, innezuhalten und zur Besinnung zu kommen.

Mittlerweile änderte sich auch die politische Lage dramatisch. Eine militärische Entscheidung war nicht in Aussicht, weder zur einen noch zur anderen Seite hin. Die Menschen waren kriegsmüde. In Berlin und anderen deutschen Großstädten gab es Hungerproteste, im April streikten die Munitionsarbeiter. Im Reichstag forderten Abgeordnete der linken wie der bürgerlichen Parteien einen „Verständigungsfrieden ohne Sieger und Besiegte". Am 14. Juli wurde der glücklose Reichskanzler Bethmann Hollweg entlassen, Georg Michaelis wurde zu seinem Nachfolger berufen. Vier Monate lang bemühte er sich vergeblich, zwischen dem friedensbereiten Reichstag und der Obersten Heeresleitung zu vermitteln. Dann hatte er, des schweren Amtes ledig, wieder mehr Zeit für die DCSV. In der DCSV-Zentrale und im angegliederten Furche-Verlag wird man aber auch schon vor Michaelis' Kanzlerschaft über die Stimmung im innersten Kreis der Macht bestens informiert gewesen sein.

Das alles und noch mancher andere Faktor mag beigetragen haben zur inneren Wandlung Eberhard Arnolds. Am Buß- und Bettag 1917 hielt er in einer Gemeinschaftsversammlung eine Ansprache, die das ganze Ausmaß seiner Metamorphose erkennen lässt. Titel: „Die Buße als Umwälzung". Ein kleiner Auszug:

„Die europäische Kultur, in der wir leben, erlebt ihre ungeheuerste Umwälzung durch diesen Krieg, eine Umwälzung, die das unterste zu oberst und das oberste zu unterst gekehrt hat. Eine Umwälzung des Gerichts über das, was die Menschen glaubten, so sicher in der Hand zu haben. Eine Umwälzung, die den europäischen Menschen von der Höhe seiner Einbildung und seines Hochmuts herabgestürzt hat, und wir fühlen es, dass auf wirtschaftlichem Gebiet die größten Umwälzungen vor sich gehen, und dass der erwartete Friede diese Umwälzungen noch verstärken und vertiefen wird. Wir sehen ferner, wie von Russland her eine neue Welle sozialer Umwälzung einsetzt, und es ist nicht abzusehen, welche Folgen sich an diese Ereignisse anknüpfen werden." – Hier spielt Eberhard Arnold auf die Oktoberrevolution an, die just in diesen Tagen stattfand. – „Das, was die Sozialdemokratie, der Anarchismus und verwandte Bestrebungen schon immer auf ihre Fahnen geschrieben hatten, es hat mehr und mehr als überzeugende Erkenntnis um sich gegriffen: die Menschheit braucht eine Umwälzung." – Hier spricht Eberhard Arnold zum ersten Mal vom Zusammenbruch der geistigen Werte durch den Krieg.

Der Wahn, aus Krieg und massenhaftem Tod könne Gutes erwachsen, ist verflogen. Er spricht vom europäischen Menschen, von der Menschheit, nicht vom Deutschtum! Er ist zurückgekehrt zu dem, was er von Hermann Kutter gelernt hat: er nimmt andere geistige Bewegungen, Sozialdemokratie, Anarchismus ernst und prüft sie auf ihren Wahrheitskern. Er spricht von Umwälzung und hat offenbar keine Angst davor: „Darum brauchen die Menschen von heute die Umwälzung, die vollständige Umkehrung und Umwertung aller Dinge und aller Werte."

– In der Tat: Auch er wertet und bewertet alles ganz anders als noch ein Jahr zuvor. Nun spricht er vom „Irreführer der Menschheit, dem Vater der Lüge, dem Mörder von Anfang an, auf den die letzte Wurzel dieses Krieges, dieses ungeheure Ereignis der gesteigerten Sünde und des gesteigerten Todes zurückzuführen ist". Er hat seinen Irrtum erkannt, nennt nicht länger weiß, was schwarz ist. Der Krieg kann nicht Zeichen der Güte und Langmut Gottes sein – denn Gott will nicht den Tod des Menschen, sondern seine Bekehrung zum Leben. – „Das ist die Buße als Umwälzung, diese Bekehrung vom Geist der Finsternis zum Geist des Lichts, diese Erlösung von allen Verirrungen und Verblendungen." Auch von den Verirrungen des Nationalismus: fast scheint es, als predigte Eberhard Arnold sich selbst. – „Diese Umwälzung muss Gestalt gewinnen auch im kulturellen und politischen Leben, als Friede, Gerechtigkeit, Freude …"

Damit ist die Spur gelegt für die nächsten Jahre.

Monika-Elisabeth

Im September 1917 starb Emmys Mutter Monika von Hollander, während Emmy wieder ein Kind unter dem Herzen trug. Im Januar 1918 starb auch Emmys einziger Bruder Heinz an Lungentuberkulose, die er sich als Soldat an der Front zugezogen hatte. Und Emmy – brachte im Februar 1918 ein Mädchen zur Welt: Monika-Elisabeth, nach den Namen der beiden Großmütter. Auch sie ein echtes Kriegskind, mit verzögerter Entwicklung und immer hungrig. Obwohl es den Arnolds bei allen Entbehrungen noch vergleichsweise gut ging. Andere, Arbeiterfamilien vor allem, lebten unter wesentlich schlechteren Bedingungen. Enge, muffige, ungesunde und feuchte Wohnquartiere. Schlechter Lohn. Die Männer meist an der Front, die Frauen und Kinder am Hungern. Als eines Tages ein Arbeiter zu den Arnolds kam, vom Dienstmädchen empfangen und in den Salon geführt wurde, da sagte er zu Eberhard Arnold: „Oh, Herr Doktor, ich sehe, Sie brauchen ja gar nichts." Er hatte Geld in einem Taschentuch eingeknotet und hatte es der Familie eigentlich schenken wollen. Nun überlegte er es sich anders und nahm das Geld wieder mit. Eberhard Arnold war tief beschämt. Solche Vorfälle blieben nicht ohne Wirkung.

Innenland II

Unter dem Eindruck der ausweglosen Kriegslage und der wachsenden sozialen Not, mit neu gewonnenem Scharfblick und erneuerter geistlicher Autorität, hat Eberhard Arnold noch im Jahr 1917 begonnen, „Der Krieg – ein Aufruf zur Innerlichkeit" neu zu bearbeiten. Zunächst wurde das Manuskript gründlich von allen vaterländisch-chauvinistischen Einlassungen geläutert. Aber Eberhard Arnold wollte nicht einfach nur die ursprüngliche Fassung von „Inwendiges Leben" rekonstruieren. Er hat das Buch beträchtlich erweitert. Er hat es angelegt als Reise ins „Innenland des Unsichtbaren, zu Gott und Geist" (Friedrich Lienhard), als „Wegweiser in die Seele der Bibel". Daneben verfolgte Eberhard Arnold mit „Innenland" auch noch einen ganz handfesten Zweck. Um diesen zu erkennen, muss man das Buch von der letzten Seite her lesen: es sollte Liebe und Versöhnung stiften, es sollte Menschlichkeit und Gemeinschaft aufbauen helfen in der Zeit nach dem Krieg, der ja erst noch beendet werden musste. „Innenland" erschien fünf Monate vor Kriegsende, im Juli 1918, im Furche-Verlag Berlin.

VII.

Jugend in Bewegung

Wieviel Energie, wieviel Aufmerksamkeit und geistige Kraft hat der Krieg im Bewusstsein Eberhard Arnolds (und sicher nicht nur bei ihm) jahrelang gebunden! Nachdem diese Fesseln einmal abgeschüttelt waren, hat er plötzlich wieder ganz andere Wirklichkeits- und Lebensbereiche wahrgenommen, erfasst und ausgelotet. Die soziale Not, das war ein solcher Bereich der Wirklichkeit. Die schöpfungsgemäße Bestimmung des Menschen zum Zusammenleben in verbindlicher Gemeinschaft: diesen Bereich hatte er schon früher behandelt. Jetzt war Eberhard Arnold geradezu genötigt, das Thema wieder aufzugreifen im Zusammenhang mit einem dritten Bereich: der Jugendbewegung.

Im Oktober 1913 hatten sich junge Menschen aus der Wandervogel-Bewegung, unabhängig von Bekenntnis und sozialem Stand, zu einem „Fest der deutschen Jugend“ auf dem Hohen Meißner getroffen. Es war eine Art Gegenveranstaltung zu den pathetischen Gedenkfeiern anlässlich des 100. Jahrestages der Völkerschlacht von Leipzig. Ihr gemeinsames Wollen und Fühlen hatten die jungen Leute in ein Bekenntnis gefasst, in die sogenannten „Meißner-Richtlinien“:

„Die Freideutsche Jugend will aus eigener Bestimmung, vor eigener Verantwortung, mit innerer Wahrhaftigkeit ihr Leben gestalten. Für diese innere Freiheit tritt sie unter allen Umständen geschlossen ein.“ Ein Jahr später sind dieselben jungen Leute, sofern sie Männer waren, mit Hurra in den Krieg gezogen. Und was wurde dort aus ihren Idealen: Eigene Bestimmung? Offiziere jagten sie nach vorne, wo immer vorne war. Eigene Verantwortung? War in der Armee nicht gefragt. Innere Wahrhaftigkeit? War nur willkommen, solange sie den Soldaten willfährig und opferbereit machte, wurde in diesem Fall ausgenutzt und andernfalls unterdrückt. – Diese eine, betrogene Generation war noch im Feld. Die nächste wuchs aber schon heran und entdeckte, dass die Meißner-Ideale den Krieg unbeschadet überstanden haben. Krieg war Verhängnis, Krieg war gleichbedeutend mit Tod – die Prinzipien der Freideutschen Jugend waren das schiere Gegenteil: Lebenslust;

Mut, das Leben zu wagen, in seiner ganzen Vielfalt zu entdecken und in seiner ganzen Spannung auszuhalten.

1913, als Schwerkranker in Tirol, hat Eberhard Arnold vom „Fest der deutschen Jugend" wohl kaum etwas mitbekommen. Selbst wenn: Die Jugendbewegung war erklärtermaßen antibürgerlich, verachtete den „billigen Patriotismus" wilhelminischer Prägung und war international ausgerichtet – eine Nummer zu weitherzig, zu weltoffen für seine damaligen Ansichten. Nun auf einmal, vier Jahre später, erschloss sich ihm eine ganz eigenartige Welt. Und wo fand er sie, diese Jugendbewegten? Direkt vor der Haustür. Bei Ausflügen in den Grunewald begegnete man ihnen zwangsläufig. Bunt, laut, fröhlich trotz der anhaltenden Entbehrungen. Bänder, Wimpel, Kniebundhosen. Reigen und Volkstänze. Schmachtende Lieder (ein paar Jahre später schämten sie sich dafür), lustige Lieder, politische Lieder, Fahrtenlieder. Leuchtende Augen, erregte Debatten am Lagerfeuer und bei allen möglichen anderen Gelegenheiten. Auch in der Literatur fanden sich Spuren der Bewegung: Stefan George und Franz Werfel haben das Lebensgefühl und die Ideale der „Freideutschen" am überzeugendsten in Worte gefasst.

Was er da sah und las, das muss für Eberhard Arnold wie eine Offenbarung gewesen sein. Hier war eine Bewegung, die sich „gegen die grenzenlose Überschätzung des Stofflichen und Äußerlichen" wandte, die „ganz im Gegensatz zu der Gottverlassenheit und Gottesfeindschaft der materialistischen Zeit ein religiös gerichtetes Weltgefühl und ein religiös empfundenes Weltbewusstsein" erleben wollte. Hier entdeckte er eine ganz ursprüngliche, natürliche Sehnsucht nach Innerlichkeit. Ungerichtet, naiv und unvorsichtig, allzu offen für allerlei weltanschauliche Angebote, für die Gedankenblüten irgendwelcher Schamanen oder Freigeister. Aber ehrlich. Diese Jugend suchte wirklich, war begierig nach Antworten, war offen für hohe Ziele. Diese Jugendlichen waren bereit, einer einmal erkannten inneren Berufung dann auch zu folgen. Eberhard Arnold hat rasch erkannt, wie zwiespältig dieser Zug ist: Eine so idealistische Jugend läuft bedenkenlos jedem Rattenfänger nach, wenn er nur die richtige Melodie pfeift. Für ihn war völlig klar, dass nur einer die Hingabe dieser Jugend verdient hat.

Im April 1918 schrieb er in der „Furche“ über „das Führerideal in der neueren Jugendbewegung“. Es kann kaum überraschen, wen er der Bewegung als Erfüllung und Urbild ihrer Sehnsüchte empfahl: Jesus Christus. Im August nahm er an einer „Weltanschauungswoche“ der Freideutschen Jugend in Tübingen teil und berichtete von dort: „Hier ist eine Jugend erwacht, die die höchste und edelste Berufung des Menschen von innen heraus erleben, von allem äußeren Zwang unabhängig machen und gegen alles Niedere und Hässliche durchsetzen will …“ Bei den tonangebenden Männern der Freideutschen Jugend machte er allerdings nur unklare, halbherzige religiöse Gedanken aus, ein nebulöses „Weltgefühl der Seele“. Er hatte gewichtige Einwände: Die Bewegung habe das Gute im Menschen überschätzt und das Böse verharmlost oder ganz wegdiskutiert. Die Meißnerformel hielt er für trügerisch und unbarmherzig: „Die konsequente Ablehnung aller Vermittlung durch die Autorität stößt den einzelnen in eine so grenzenlose Einsamkeit hinaus, dass die Losung der Freundschaft und Gemeinschaft nicht genügen kann, um sein inneres Leben wach zu halten und zu bereichern.“

Wenige Tage später, auf der Allgemeinen Christlichen Studentenkonferenz in Eisenach, hatte Eberhard Arnold das Hauptreferat über „Die Religiosität der heutigen Jugend“ zu halten. Womit konfrontierte er die Kommilitonen und Altfreunde der DCSV: mit der Jugendbewegung. Diese suchende, religiös motivierte Jugend, das war doch eine Herausforderung! „Uns fehlt ein neuer Christus, Marxe haben wir genug. Einrichtungen sind leichter zu verändern als Seelen“, zitierte er einen Vertreter der „Freideutschen“. Sätze wie diese, das waren doch ausgestreckte Hände, die man nur noch ergreifen musste. Viele haben das auch verstanden. Bei anderen regte sich Unbehagen. „Scharf war der Wind, der in Eisenach wehte. Vielen vielleicht zu scharf, aber manche Klarheit ist doch geschaffen worden“, schrieb ein Teilnehmer in der „Kleinen akademischen Feldpost“. – Später unternahm ein kleinerer Kreis den Aufstieg zur Wartburg und führte dort ein „Wartburger Religionsgespräch“. Das wurde der Höhepunkt der Konferenz; da ging es in die Tiefe. Eberhard Arnolds Botschaft war angekommen: „Wir müssen mit unseren Kommilitonen eins werden, die wir für Christus gewinnen wollen; wir müssen ihre Sprache reden, wie Jesus Mensch ward und unsere Sprache redete“, forderte einer, der dabei war. Dabei war das erst der Anfang. Das Thema Jugendbewegung hielt die DCSV noch jahrelang in Atem.

Revolution

Der Zusammenbruch kam für die meisten Deutschen doch unerwartet. Am 29. Oktober 1918 meuterten die Matrosen der Hochseeflotte in Wilhelmshaven. In den Städten bildeten sich Arbeiter- und Soldatenräte. Am 7. November brach die Revolution in München aus, am 9. November – einem Samstag – in Berlin. „Der Kaiser hat abgedankt!", verkündeten Extrablätter, „Es wird nicht geschossen!" Der Sozialdemokrat Philipp Scheidemann rief die Republik aus, der noch amtierende Reichskanzler Max von Baden übergab die Regierungsgeschäfte an den SPD-Vorsitzenden Friedrich Ebert.

Emmy und Eberhard Arnold erlebten zusammen mit Tausenden von Berlinern die Wahl der neuen Regierung im Zirkus Busch, dem größten Saal von Berlin. Von den Waffenstillstandsbedingungen, die alle Hoffnungen auf einen ehrenhaften Verständigungsfrieden zunichte machten, waren sie genauso erschüttert wie die meisten anderen Deutschen. Als dann im Januar 1919 während des kommunistischen Spartakusaufstandes doch geschossen wurde – Reichswehr gegen Spartakisten –, gehörte das in der Landauer Straße zur gewohnten Geräuschkulisse. Morgens, wenn Emy-Margret und Hardy den Schulweg unter die Füße nahmen, verstummte das Maschinengewehrknattern für eine Weile. Ein Rest Menschlichkeit im Bruderkrieg. Die „Elektrische" fuhr an manchen Stellen der Innenstadt direkt zwischen den Barrikaden der Straßenkämpfer hindurch. Kopf einziehen, platt hinlegen, mit dieser pragmatischen Methode überstanden die Arnolds wie die meisten anderen Berliner auch solche Abenteuer.

Im Furche-Verlag fand zwar keine Revolution statt, aber die allgemeine Erregung war bis in die „Sprechsaal"-Kolumne der „Furche" hinein zu spüren. Urteile wie „ästhetisierend", „Künstelei", „gequälte Manier" kann man ja noch als Geschmackssache abtun. Schwerer wog da schon der Vorwurf vom „schwächlichen Trieb, überall Gottsucherei und halbe Bundesgenossen zu entdecken, wo nur ein religiöser Stoff in der Literatur auftauchte". Das war direkt auf Eberhard Arnold gemünzt. Ein Missverständnis? Oder Boshaftigkeit? Klar ist, dass nicht alle Leser seine Wandlung nachvollziehen konnten und dass der alte

Dr. Arnold manchen lieber gewesen wäre. Im DCSV-Vorstand war das nicht anders. Da wurde in einer Sitzung Anfang April 1919 die Meinung laut: „Wir sind keine Jugendbewegung, so wenig wir eine Altersbewegung sind". Das ist allen Umständen nach der Zungenschlag von Paul Humburg, damals noch stellvertretender Vorsitzer der DCSV. Er hatte ja recht. Und doch hatte er Eberhard Arnold gründlich missverstanden: der wollte nichts weniger als die DCSV im freideutschen Sinn ummodeln. Da bahnte sich ein ernsthaftes Verständigungsproblem zwischen zwei Männern an, die im Grunde beide genau dasselbe wollten: ganze Sache mit Jesus machen. Wenn es eines Beweises bedurft hätte: nur Tage später, am Ende einer Vortragsreihe im Großen Saal der „Hochschule für Musik" am Bahnhof Zoo, sprach Eberhard Arnold unter dem Thema „Weltrevolution und Welterlösung" von der „persönlichen Erlösung, wie sie Jesus uns nahe bringt. Nur wer diese Glaubenserfahrung erlebt hat, kann glauben an die Welterlösung als Glück der Persönlichkeit, als Wiedergeburt der Menschheit und der Erde."

Zusammenbruch und Revolution haben auch bei den abgeklärtesten Menschen tiefschürfende Fragen ausgelöst. In der Arnoldschen Wohnung (anfangs noch in Wilmersdorf, ab Ostern 1919 in Steglitz, Lutherstraße 14 – „auch ein großes Haus, aber einfacher") gaben sich Besucher die Klinke in die Hand. Gelegentlich blieben Leute über Nacht, kampierten im Wohnzimmer auf dem Plüschsofa oder im Esszimmer auf dem Teppich. Manche mussten sich ihrer politischen Ansichten wegen verstecken; einmal waren gleich zwei Extremisten in verschiedenen Zimmern untergebracht, die nichts voneinander wussten und sich unter keinen Umständen begegnen durften. Regelmäßig donnerstagabends, später auch mehrmals pro Woche, sammelte sich ein offener Gesprächskreis in der Wohnung. DCSVer, Offiziere, Journalisten, Künstler, Pietisten und Leute aus der Erweckungsbewegung, englische Quäker, Anarchisten und Jugendbewegte aller Schattierungen – es waren rasch 50 bis 70 Leute, zeitweise an die 100. Was hat verhindert, dass diese Gespräche in fruchtlosem Hin- und Herwälzen von Menschheitsproblemen endeten? – Es war die Bergpredigt. Emmy Arnold schreibt, die Bergpredigt Jesu sei ihnen damals in ganz wunderbarer Weise aufgegangen: „Die Seligpreisungen, die Worte der Feindesliebe, das Vaterunser, das Almosengeben, das Trachten nach dem Reich Gottes und Seiner Gerechtigkeit – das traf uns alle wie ein Blitz. Nach der Ungerechtigkeit des Krieges und der Vorkriegszeit brachen nun mit Macht und mit Donnerschlägen die Worte Jesu auf uns herein. Wir fühlten, dass wir so nicht weiter leben konnten. Der Glaube musste Tat werden, und wir mussten neue Wege beschreiten."

Pfingsten in Marburg

„Wir wollten eigentlich eine Bibelbesprechung über ein Wort aus der Bergpredigt hören. Und siehe da, was nur sehr selten geschieht: die Bibel besprach uns!" – Das war am Freitag, dem 13. Juni 1919 auf der Pfingstkonferenz Christlicher Akademiker in Marburg, ein sonniger Vormittag auf dem Rasenplatz der Burgruine Frauenberg. Ein Teilnehmer berichtete später: „Eberhard Arnold zeichnete uns diesen neuen Menschen so schlicht, wie es nur demütiges Nachfolgen Jesu bedingt, und doch so wunderbar, wie es nur die selige Gewissheit von der Offenbarung des Wortes in Christus bewirken kann. (...) Die Stunden unserer gemeinsamen Besprechungen waren fast alle erfüllt von den Fragen nach der Verwirklichungsmöglichkeit dieses Lebenstypus, wie er konsequenterweise dem der Bergrede unbedingt nachlebenden Christen sich aufdrängt ..." – „Was packte uns denn? Es war der Geist der Bergpredigt, der Geist Jesu selbst. Die Bergrede war uns der lebendige Inhalt der Worte Jesu: Tut Buße und glaubt an das Evangelium! Und welches ist der Inhalt, worin besteht das Neue? Die Seligpreisungen wurden uns groß, den Charakter der Reichsgenossen zeichneten sie uns. Die Reichsgenossen sind Menschen unbesiegbar fröhlichen Muts, glückselige Menschen. (...) Sie haben die Sprengkraft eines Lebens aus Gott. So sollen sie in der Welt stehen, sie sollen das Erdreich besitzen, sie sind für die Erde berufen (...). – Wir merkten, wie in Arnolds Worten Jesus um unsere Seele warb, dass wir ihm ganz gehören, dass wir mit unserer Liebe ernst machen. (...) Und darum haben wir gerungen bis aufs Letzte."

Muss man noch viel mehr erklären? In Marburg zu Pfingsten 1919 fand eine Art Pfingstwunder statt: die jungen Männer und Frauen von DCSV und DCVSF hörten in ihrer Sprache – der Sprache des 20. Jahrhunderts – das uralte zeitlose Wort, und sie haben es völlig neu begriffen. Eberhard Arnold wunderte sich selbst: „Ich fühlte mich so stark von dem Jesus-Geist der absoluten Wahrheit und der absoluten Liebe getragen, dass ich so unmittelbar reden und wirken musste, wie es mir selten in meinem Leben gegangen ist." – Von seiner Bibelarbeit über die Bergpredigt ist leider nur eine knappe Zusammenfassung erhalten. Schon diese wenigen Zeilen sind aufschlussreich und packend:

„Das eigentliche natürliche Ziel der Bergpredigt ist das Menschentum im Vollsinn, im Sinne der Gottesebenbildlichkeit, und dieses Menschsein bedeutet immer wieder Liebe und nur Liebe. So verzichten die Reichsgenossen auf das juristische Recht, sie widerstehen nicht dem Bösen durch die Gewalt, sie kommen jedem entgegen, dem sie Liebe erweisen können. Und dieses Leben vollzieht sich in der Verborgenheit und steht fernab von dem Wunsch der Anerkennung durch die Gasse (…). Das Gebet der Reichsgenossen zeichnet sich aus durch die Knappheit des Wortes und durch Klarheit (…) – Wer so sein Leben aufbaut auf der Gemeinschaft mit Gott, der kennt nur ein heiliges Entweder-Oder. Er sagt allem Besitz und Reichtum den Verzicht, er erklärt dem Mammon den unerbittlichen Krieg, und er ist gegen die ganze mammonistische Weltordnung. Er kennt nur die eine Entschiedenheit, dass er sein Herz bei Gott habe …"

Alle geistlichen Stränge, die wir bisher im Leben Eberhard Arnolds ausgemacht haben, erscheinen hier wieder, unlösbar ineinander verflochten. Die Hingabe und der Glaubensgehorsam der Erweckungszeit. Das soziale Gewissen Hermann Kutters und der Krieg gegen den Mammonsgeist. Der Liebeskommunismus der Urchristenheit. Und erstmals leuchtet hier auch die Wehrlosigkeit der Mährischen Täufer auf, ihr Verzicht auf juristische Mittel und ihre Absage an privaten Besitz. Zuletzt, im Jahr 1913, hatte Eberhard Arnold zu diesen Gesichtspunkten der Täufergeschichte noch keinen Zugang. Die Bergpredigt ist also auch für ihn selbst zum Schlüssel geworden: Das Wort bestätigt die Geschichte, und die Geschichte bestätigt das Wort.

Eins soll nicht unterschlagen werden: Einzelne Teilnehmer empfanden die Marburger Pfingsttagung 1919 völlig anders. Mängel in der äußeren Organisation, eine sehr lässig gehandhabte Disziplin und das jugendbewegte „Lämmerhüpfen" (= Reigentänze) haben manchen DCSV-Altfreunden die ganze Veranstaltung verdorben. Anderen blieb die Tagung unauslöschlich in Erinnerung.

Bleibt die Frage, wo denn im Leben der Arnolds die Verzichterklärung an Besitz und Reichtum wirksam wurde. Noch lebten sie ja nicht üppig, aber auch nicht gerade ärmlich in festgefügten bürgerlichen Strukturen. Sie unternahmen erste Versuche, um die Standesunterschiede zumindest im eigenen Haushalt aufzubrechen. Eberhard Arnold gewöhnte sich an, unterschiedslos allen Hausbewohnern die Schuhe zu putzen. Die Dienstmädchen wurden in ein großzügiges Zimmer umquartiert. Wenn Gäste kamen, räumten Emmy und er das Schlafzimmer und zogen in die Gesindekammern. Solche Schritte waren sicher aufrichtig gemeint, aber doch eher unbeholfen und symbolisch. Bei den Hausangestellten kam die Botschaft nur halb an, weckte unerfüllbare Ansprüche und löste viel Kopfschütteln aus.

Von einer freideutschen Jugendtagung in Tübingen kehrte Eberhard Arnold leicht verändert nach Berlin zurück. Bis dahin hatte er sich stets der Konvention entsprechend gekleidet: dunkler Straßenanzug, Schlips und steifer Kragen, Hut und Mantel. Nun präsentierte er sich der Familie gut gelaunt in Kniebundhosen und flatterndem Hemd mit Schillerkragen: die Kluft der Jugendbewegung als äußeres Zeichen dafür, dass der Abschied vom bürgerlichen Leben beschlossen und unabänderlich war. Emmy Arnold wusste zunächst nicht, ob sie lachen oder weinen sollte, und tat deshalb beides. Nach der ersten Verblüffung war sie mit der Veränderung einverstanden. Sie berichtet, seither habe die Familie nie mehr bürgerliche Kleidung getragen. Aber auch dieser Garderobenwechsel kann nicht darüber hinwegtäuschen: das war noch nicht der ersehnte tatgewordene Glaube, das war noch nicht der gesuchte neue Weg.

Kann ein Christ Polizeipräsident sein?

Marburg war der Auftakt zu einer ganzen Serie von Konferenzen im Sommer und Herbst 1919. Die übliche Zentralkonferenz der DCSV wurde in diesem Jahr gesplittet, es fanden zwei Regionalkonferenzen statt, eine davon in Bad Oeynhausen vom 4. bis 7. August 1919. Es war die erste „jährliche" Konferenz nach Kriegsende und Revolution, und so stand sie unter dem Motto „Aufbauende Kräfte unseres Glaubens im Zusammenbruch". An Eberhard Arnolds Koreferat zu diesem Thema entzündete sich eine Diskussion, die auch nach fünf Monaten noch nicht befriedigend abgeschlossen war. Der Reihe nach: „Unsere neue Stellung in der Welt ist die von Gesandten, die den Willen ihres Königs ungebrochen zu verkündigen haben." – Gesandte, Diplomaten: damit meinte Eberhard Arnold, dass Christen nicht mehr den Gesetzen der Welt unterworfen seien. In der Aussprache tags darauf sagte er es noch deutlicher: Zu jeder Evangelisation gehöre die Predigt vom Ethos Jesu. Jesus habe die Staatsgewalt zwar anerkannt, das Reich Gottes aber als etwas ganz anderes bezeichnet. Der Christ bedeute ein fortwährendes Korrektiv im Staate, eine Gewissensweckung und Stärkung des Rechtswillens, einen Sauerteig, einen Fremdkörper. Aber soweit der Staat Gewalt brauche, müsse der Christ seine Mitarbeit versagen. Er könne also nicht Soldat, Scharfrichter oder Polizeipräsident sein.

Hermann Schafft, Studienkommilitone Eberhard Arnolds noch aus den allerersten Semestern in Halle, griff den Fehdehandschuh auf: Nein, Christen seien nicht etwas Absolutes, sondern verhaftet in der Menschheitssünde. Darauf Eberhard Arnold: „An der Kollektivsünde der Menschheit behalten wir insofern teil, als wir auf der Erde durch unsere Schwachheit nie zu reinen Geistesmenschen werden." Von einer bewussten, zwangsweisen Beteiligung des Christen an der Sünde der Menschheit wollte er nichts wissen.

Schafft hielt dagegen: es sei unmöglich, ganz rein dem Christusgeist gemäß zu leben. So müsse man sich trotz der Herrschaft des Egoismus im Wirtschaftsleben doch auch dieses Wirtschaftslebens bedienen, um existieren zu können.

Die Kernfrage, die so deutlich nie zur Sprache kam, lautete: Können Christen in der Praxis den Forderungen der Bergpredigt gemäß leben? Sind sie wirklich erlöst vom Zwang, Böses tun zu müssen? Wenn ja: dann müssen sie wirklich allen Aufgaben aus dem Weg gehen, die mit Gewalt und Zwang zu tun haben. Wenn nein: dann dürfen und müssen sie sich auch vor staatlicher Verantwortung, vor Gewaltanwendung, vor Zwangsmaßnahmen nicht drücken.

Hermann Schafft meinte sinngemäß: Auch Christen geraten immer wieder in Situationen, wo sie nur zwischen zwei gleichermaßen bösen, sündhaften Möglichkeiten wählen können. Auch Christen müssen Böses tun. Warum sollten sie also nicht Polizist, Soldat oder Scharfrichter werden? Aber das war nicht das letzte Wort. Eine Woche später, bei der zweiten DCSV-Regionalkonferenz in Saarow in der Mark, wurde das Streitgespräch fortgesetzt. Eberhard Arnold setzte den Schlusspunkt unter die Diskussion: „Die staatliche Obrigkeit ist nicht die Erfüllung des Gesetzes; das sind wir in der Sphäre des Reiches Gottes (…). – Wir sind verpflichtet, durch Tat und Wort Zeugnis davon abzulegen, dass nichts von Jesu Worten umgebogen werden darf! Es gilt immer unbedingt: man muss Gott mehr gehorchen als den Menschen! Wir empfinden uns in der Welt als Korrektiv des Normativen."

Eberhard Arnold hat sich damit weit vorgewagt. Er war aber beileibe kein einsamer Einzelkämpfer. Karl Heim, inzwischen Professor in Münster, hat ihm in Saarow mit einem vielbeachteten Referat über „Tolstoi und Jesus" sekundiert: „Die Kirche (…) hat sich auf der Gnade ausgeruht (…). Woher kam das? Es kam daher, dass man der Bergpredigt ihre Kraft genommen hatte." Heim rügte den „Verständigungsfrieden zwischen der Bergpredigt und dem Kapitalismus, zwischen der Bergpredigt und der Gewaltpolitik (…). – Das hat sowohl das Luthertum als der Pietismus getan. Als ob es möglich wäre, Friede der Seele zu haben, ohne nach Gottes Gebot an der Weltumgestaltung zu arbeiten. (…) Jeder Kompromiss zwischen der Bergpredigt und der Gewaltpolitik dieser Welt ist ein Wassergraben, von einer menschlichen Feuerwehr gezogen. Durch jede derartige Einschränkung der göttlichen Lebensbewegung dämpfen wir den Geist und halten das heilige Feuer auf." Eberhard Arnold hat in seinem Anschlussreferat nur unwesentlich andere Schwerpunkte gesetzt. Gerade dieser Vortrag macht deutlich, dass er die Rolle der Christen nicht schwärmerisch überschätzt hat: „Auch durch unser Leben im Geiste Jesu wird die Welt nicht zum Reich Gottes werden. Und doch bleiben die Forderungen der Bergpredigt bestehen, wenn wir sie im Sinn von Römer 8 verstehen und leben."

Barths Botschaft macht sprachlos

Noch einmal in diesem bewegten Jahr stand die Bergpredigt im Mittelpunkt einer Tagung, oder doch eher am Rande: um das beurteilen zu können, muss die Geschichte zuerst erzählt werden.

Anders als in der Schweiz gab es in Deutschland (noch) keine organisierte „religiös-soziale Bewegung". Lediglich in Sachsen existierte ein Kreis von etwa 30 sozialistischen Pfarrern. Religiös sozial, damit identifizierten sich in der Zeit nach der Revolution Hunderte Theologen aus ebenso vielen verschiedenen Gründen. Der Lißberger Pfarrer Otto Herpel unternahm im Spätsommer 1919 einen Versuch, all diese Leute zu sammeln. Zusammen mit seinem Freund Heinrich Schultheis schrieb er etwa 500 ihm bekannte Pfarrer, Pastoren und andere politisch oder sozial engagierte Christen in Deutschland und der Schweiz an und lud sie für die Zeit vom 22. bis 25. September nach Tambach in Thüringen ein. Thema der Tagung: „Der Christ in Kirche, Staat und Gesellschaft". Am Ende waren es etwa 100 Teilnehmer, davon 60 Theologen. Als Hauptredner wollte man ursprünglich den Züricher Pfarrer Leonhard Ragaz gewinnen, inzwischen Hauptvertreter der religiössozialen Bewegung in der Schweiz. Ragaz zeigte nur wenig Lust und sagte schließlich wegen Krankheit ab. Stattdessen kam der damals in Deutschland noch völlig unbekannte Pfarrer Karl Barth aus Safenwil im Kanton Aargau mit einigen Freunden, darunter der Leutwiler Pfarrer Eduard Thurneysen. Barth hatte offenbar ganz eigene Erwartungen an das Treffen. Schon im Vorfeld schrieb er an Thurneysen: „Was tun, um sich in dieser religiös-sozialen Hurrastimmung, in der ‚Mit Gott für Kaiser und Vaterland' doch immer noch nachklingt, überhaupt Gehör zu verschaffen für den Hinweis auf das totaliter aliter des Himmelreiches?" – Totaliter aliter, „Ganz anders", das war der wohlklingend-griffige Nenner von Barths Theologie. Die deutschen Teilnehmer würden auf dieser Tagung zum ersten Mal einen Geschmack davon bekommen.

Da war in der Tat eine interessante Runde versammelt: Friedrich Gogarten, Alfred Dedo Müller, Günther Dehn, Hans Ehrenberg, Georg Merz, Rudolf Bultmann, Karl Mennicke, Hans Hartmann, Wolf Meyer – und eben auch Eberhard Arnold. Zum großen Teil junge Theologen, die den weitesten Weg noch vor sich hatten. Zunächst ging alles seinen geordneten Gang: je ein Referat von einem Schweizer, dann eins von einem Deutschen, dann Aussprache. Es wurde sehr schnell deutlich, dass die Schweizer dem revolutionären Feuer und der radikalen Kirchenkritik der deutschen Vertreter nur wenig abgewinnen konnten.

Dann, am Donnerstag, dem 25. September, entfaltete Karl Barth sein Thema „Der Christ in der Gesellschaft". Was die Zuhörer erwartet haben, ist unklar. Was sie tatsächlich zu hören bekamen, ist bekannt:

Barth schwang sich argumentativ zu den höchsten Gipfeln auf. Da oben war die Luft so dünn, dass ihm nur wenige folgen konnten. Aber alle haben verstanden, dass hier etwas Unerhörtes vor sich ging. Zunächst einmal behauptete Barth, dass die traditionelle kirchliche „Religion (...) innerhalb der Gesellschaft die allein vorstellbare und mögliche ist". Kierkegaard, Tolstoi, Dostojewski, Kutter, die christlichen Mystiker, das Täufertum (man konnte die Reihe in Gedanken beliebig verlängern): sie alle erklärte er für liebenswerte Utopisten und Träumer, mehr nicht. In der Bergpredigt würden „Menschen selig gepriesen (...), die es gar nicht gibt". Für das „Ich aber sage euch" Jesu habe man weder in der heutigen noch in irgendeiner denkbaren Gesellschaft Verwendung. „So müssen wir uns jetzt sichern gegen den Irrtum, als wollten wir durch Kritisieren, Protestieren, Reformieren, Organisieren, Demokratisieren, Sozialisieren und Revolutionieren etwa dem Sinn des Gottesreiches Genüge leisten." Barths Methode war klar. Erst zertrümmerte er alles, was den lieben Kollegen wichtig und heilig war. Dann kam die Formel: „Totaliter aliter" – Gott ist ganz anders. Sinngemäß: Der Mensch ist zwergenklein. Gott füllt den Horizont aus von rechts bis links, von oben bis unten. Der Mensch kann gar nichts tun. Gott muss alles tun.

Bezeichnender Schlusssatz: „Was sollen wir denn nun tun? (...) Wir können ja doch nur eines tun, nicht vieles. Und das eine tun dann gerade nicht wir. Denn was kann der Christ in der Gesellschaft anderes tun, als dem Tun Gottes aufmerksam zu folgen?"[15]

Das war ein Auftritt! Dabei handelte es sich nur um eine kleine Fingerübung dessen, was später als „Dialektische Theologie" bekannt wurde. Man kann sich des Eindrucks nicht erwehren: Barth hatte seinen Spaß daran, es dieser gelehrten Versammlung zu zeigen. Zweifellos war sein Vortrag brillant. Ein rhetorischer Geniestreich. Aber um welchen Preis: Er hat die Veranstalter brüskiert, die Versammlung gespalten. Am Ende war er umgeben von einem sprachlosen, ehrfürchtigen Jüngerkreis, und dann war da noch ein ratloser, zweifelnder Rest. Manche reisten vorzeitig ab. Andere rätselten noch bis zum

15 K. Barth, *Der Christ in der Gesellschaft*, S. 69.

Ende der Konferenz, was das wohl gewesen war. Ein Gewittersturm? Eine Offenbarung?

Das Echo auf Barths Rede in Tambach war so gewaltig, dass fast alles andere davon übertönt wurde. Zeitweise war unter Gelehrten sogar umstritten, ob Eberhard Arnold das vorgesehene zweite Referat zum selben Thema überhaupt noch gehalten hat. Er hat – zeitgenössische Dokumente belegen das zweifelsfrei. Und er hat damit Mut bewiesen. Denn Barth hatte alles, was vor ihm gesagt wurde und was nach ihm noch gesagt werden konnte, von vornherein für wertlos erklärt. Egal, was man jetzt noch vorbrachte an Argumenten – Gott war ja doch ganz anders und lachte sich womöglich ins Fäustchen über diese mühsamen Versuche, an seinem Reich zu bauen oder auch nur einen Zipfel davon zu begreifen. „Totaliter aliter" – für die einen war damit die religiös-soziale Bewegung in Deutschland gestorben, noch ehe sie geboren war. Eberhard Arnold nahm die Sache gelassen. Es ist möglich, dass er Barths Gedanken als einziger deutscher Teilnehmer schon vor der Konferenz gekannt hat, denn er hatte sich mit Brief vom 13. September als Koreferent bei Barth vorgestellt und ihn gebeten, ihm die Grundgedanken seines Vortrags vorab zuzusenden. Er hat Karl Barths überragendem theologischen Verstand sofort Anerkennung gezollt und hat in der Folgezeit immer wieder versucht, ihn für Artikel und andere publizistische Arbeiten zu gewinnen. Barth hat ihn nicht beirren können – nicht in seiner wörtlichen Auffassung der Bergpredigt und erst recht nicht in seiner innigen Gottesbeziehung. Die hätte Barth zufolge – „totaliter aliter" – ja gar nicht existieren dürfen. Aber es gab sie offensichtlich doch.

Richtungskampf in der DCSV

Die Verhältnisse im Furche-Verlag und in der DCSV verschoben sich in den letzten Monaten des Jahres 1919 noch mehrmals. Der Verlag, im Krieg und durch den Kriegsbetrieb aus dem Nichts zu beeindruckender Größe gewachsen, hatte sich seit der Gründung stets zwei Geschäftsführer geleistet. Nun, in Friedenszeiten, fiel ein Großteil der bisherigen Aufgaben weg, der Verlag konnte und musste sein Programm konzentrieren. Da war die Frage: wer räumt seinen Stuhl? Eberhard Arnold hat bis Ende Oktober ausgelotet, welche Spielräume der Verlag ihm zukünftig noch bieten konnte. Zu wenig, wie er meinte.

In der DCSV-Vorstandssitzung am 28. Oktober bot er seinen Rücktritt aus der Geschäftsleitung des Furche-Verlags an und akzeptierte die Berufung zum vollzeitlichen DCSV-Sekretär mit besonderem Auftrag „für die dem Evangelium Entfremdeten". Er blieb Schriftleiter und Mitherausgeber der „Furche" und literarischer Berater des Verlags.

Georg Michaelis berichtete in den DCSV-„Mitteilungen" Nr. 227 im Dezember 1919: „Dr. Arnold (…) ist nunmehr ganz als Sekretär der DCSV tätig (…). – Trotzdem uns manches an dem Inhalt und der Art seiner Verkündigung nicht unbedenklich erschien, und wir gegen ihn in dieser Hinsicht erhobene Klagen nicht immer als unberechtigt zurückweisen konnten, geben wir uns der Hoffnung hin, dass er sich in Zukunft zu freudiger Zusammenarbeit im gleichen Geist mit unseren übrigen Sekretären zusammenschließen wird." Das war deutlich. Da hatten sich in der DCSV-Spitze spätestens seit Eisenach, vermutlich aber auch schon früher einige Vorbehalte angesammelt. Eberhard Arnold sah die Situation nüchtern: „Es ist unrecht, die Schuld immer nur in dem anderen zu suchen. Es muss in meiner Art zu reden und mich zu geben manches liegen, was zu diesen dauernden Missverständnissen Anlass gibt und deshalb überwunden werden muss. Ich erbitte deshalb von Gott unmissverständliche Klarheit des Ausdrucks, Bestimmtheit und Entschiedenheit des Wortes, umfassende Bezeugung des ganzen Evangeliums …"

Auf einer Studententagung in Rostock vom 24. bis 29. November, die Berufung zum Sekretär war erst vier Wochen alt, kam der Konflikt offen zum Ausbruch. Eberhard Arnold sprach am ersten Konferenztag über „Weltrevolution und Revolution des Geistes". Am Nachmittag hielt der Rostocker Professor Paul Althaus ein Referat über die Kriegs- und Gewaltfrage und stellte den Vorwurf „übertriebene Schwarmgeisterei" in den Raum, ohne allerdings Namen zu nennen. Den Studenten und DCSV-Altfreunden blieb nicht verborgen, dass da etwas in der Luft lag. Aus einem Konferenzbericht: „Gab es nicht doch tiefe Risse, die zu einer Spaltung innerhalb der DCSV führen mussten? Waren zwei unserer Führer, Pastor Humburg und Dr. Arnold, nicht so grundverschieden, dass ein weiteres Zusammenarbeiten auf die Dauer unmöglich war?"

Eberhard Arnolds zweiter Vortrag zum Thema „Das Gottsuchen in der heutigen Jugend" gab das Stichwort. In der Aussprache richtete ein Rostocker Student die Frage an die Leitung der DCSV, wie weit sie gewillt sei, mit ganzer Kraft sich dafür einzusetzen, den anderen religiösen Jugendbewegungen nachzugehen. Dies sei die Entscheidungsfrage für die DCSV von heute.

Paul Humburg, seit April Generalsekretär, sah sich zu einer Antwort genötigt. „Auf der einen Seite wird Dr. Arnold als die einzige religiöse Führerpersönlichkeit der CSV hingestellt, auf der anderen Seite sind wohl noch zahlreicher die Stimmen, die energisch verlangen, dass die DCSV keinen Zoll breit von ihren alten Zielen abweicht." Er könne das Generalsekretariat nur verwalten getreu seiner innersten Überzeugung, dass die DCSV bei aller weitherziger Liebe doch in ihrem Glaubensstandpunkt in der alten Linie bleiben müsse. – Da war er endlich einmal ausgesprochen, der Argwohn, Eberhard Arnold sei womöglich von der zentralen Botschaft des Evangeliums, von Kreuz und Auferstehung abgerückt und habe sich selbsterlöserischen Ideen hingegeben. Das Gegenteil war der Fall. „Meine Entschiedenheit in der pazifistischen und sozialistischen Ethik Jesu bedeutet ein vertieftes Zeugnis des Gekreuzigten und Auferstandenen, des Evangeliums von Sünde und Gnade", hatte er am 19. November an Otto Herpel geschrieben. Und deshalb konnte er Paul Humburg nun geraden Blicks versichern: „Wir bleiben in der alten Linie."

Was hätte er auch anderes sagen sollen. 1907 hat er mit von Gerdtell, mit Albert Still, Hermann Oestreicher und anderen entschieden für die „alte Linie" gekämpft. Damals war Humburg ihm nicht entschieden genug! – Bedingungslos am Wortlaut der Schrift festhalten, bedingungslos sich Jesus ausliefern, bedingungslos seinen Weisungen gehorchen, sowie sie einmal erkannt sind – an Eberhard Arnolds Prinzipien hat sich seit 1907 nichts geändert. Nur sein Horizont ist in den zwölf Jahren seitdem weiter geworden, viel weiter.

VIII.

„Das neue Werk“

Während Eberhard Arnold in der DCSV um Bleiberecht und um Verständnis für seine inneren Beweggründe kämpfen musste, während seine Zukunft im Furche-Verlag immer ungewisser wurde, tat sich an anderer Stelle bereits eine Tür auf. Anfangs sah es aber höchstens nach einem Türspalt aus.

Eberhard Arnold hat den Lißberger Pfarrer Otto Herpel im Sommer 1917 kennengelernt, und zwar zunächst nicht persönlich, sondern durch ein Buch über Kriegslyrik. Herpel hatte in Gießen Theologie studiert und hatte sich dort dem „Wingolf“ angeschlossen, einer evangelischen Studentenverbindung. Vor dem Krieg war er in die Umgebung des Theologen und Sozialpolitikers Friedrich Naumann und dessen national-sozialen Vereins geraten. 1918 hatte er im Zusammenhang mit der Gründung der „Deutschen Demokratischen Partei“ eine Wochenzeitschrift initiiert, den „Christlichen Demokraten“. Das Blatt sollte ursprünglich das Organ der Christen innerhalb der DDP werden. Durch Otto Herpels Wandlung vom staatstragenden Liberalen zum christlichen Pazifisten hat dann aber auch „Der Christliche Demokrat“ eine ganz andere Prägung bekommen. In einem Brief vom 25. Juni 1919 stellte er sich Eberhard Arnold ausführlich vor, so ausführlich, dass dieser sich sofort „von demselben Lebens- und Liebesstrom“ getragen wusste wie Otto Herpel. Das war eine Art Freundschaftserklärung. Eberhard Arnold sagte ihm zu, gelegentlich für den „Christlichen Demokraten“ zu schreiben, und lud ihn für Anfang August nach Bad Oeynhausen ein; dort würde sich Gelegenheit zum persönlichen Kennenlernen und für weitere Pläne ergeben.

Otto Herpel hat die DCSV-Konferenz tatsächlich besucht und wird dort auch auf die Tambacher Theologenkonferenz hingewiesen haben. Eberhard Arnolds Artikel „Das Gegenwartserlebnis des Zukunftsreiches“ erschien in Otto Herpels Wochenblatt am 28. September 1919, und da hieß die Zeitschrift schon nicht mehr „Der Christliche Demokrat“, sondern „Das neue Werk“, Untertitel: „Der Christ im Volksstaat“. Der „Neuwerk-Verlag“ in Schlüchtern war nicht viel mehr als die Anzeigen- und Abonnementsverwaltung der Zeitschrift; als einziges weiteres Erzeugnis gab es einen Kalender für das Jahr 1920 mit dem Titel „Der Pflug". Für weitergehende Pläne fehlten Otto Herpel vorerst das Geld und ein verlegerisch erfahrener Partner. Und Eberhard Arnold hatte sich eben erst von der DCSV als Sekretär in die Pflicht nehmen lassen. In einem Brief vom 19. November 1919 hat er Otto Herpel aber Interesse signalisiert: Sein Verbleiben in der „Furche"-Schriftleitung und seine Zukunft bei der DCSV wollte er abhängig machen von seinem geplanten Buch „‚Weltrevolution und Welterlösung', das alles schwarz auf weiß sagt, worauf es mir ankommt. Wird es hier" – im Furche-Verlag – „abgelehnt, so kann ich sachlich klar – in voller Brüderlichkeit – aus dem Anstellungsverhältnis ausscheiden."

Ohne Zorn

„Weltrevolution und Welterlösung" ist nie als Buch erschienen. Eberhard Arnold muss noch im Dezember klargeworden sein, dass es so kommen würde. In der DCSV-Vorstandssitzung am 7. und 8. Januar 1920 gab er sein Ausscheiden als DCSV-Sekretär zum 1. April bekannt und zugleich seine Absicht, die Leitung des Neuwerk-Verlags zu übernehmen. Die letzte Ausgabe der „Furche", die seine Handschrift trägt, ist die Nr. 6 vom März 1920. Von den 4.000 Furche-Lesern verabschiedete sich Eberhard Arnold mit dem leidenschaftlichen Artikel „Freiheit und Nachfolge": „So wird Jesus unser Befreier und unser Führer, indem seine Gesinnung und sein Geist in uns Platz gewinnt. – Ein Leben der Nachfolge kann nur dadurch bewirkt werden, dass Jesus in uns von innen heraus seine Gedanken denkt, seine Gefühle empfindet und seine Taten tut. (…) Wenn sein Geist uns leitet, lenkt und treibt, so empfinden und handeln wir der Not unserer Mitmenschen gegenüber wie Er. Nur wer aktivistisch eingreift und dem leidenden Freund gibt, was er hat, bleibt in den Fußstapfen Jesu. Denn das war das Wesen Jesu, dass er alles hingegeben hat, was er besaß."

Ohne Groll nahm Eberhard Arnold von der DCSV-Zentrale Abschied. Man solle Georg Michaelis und Paul Humburg keine Vorwürfe machen, die Schwierigkeiten seien in der Organisation und in der Satzung der DCSV zu suchen, dort müsse man gegebenenfalls ansetzen, schrieb er einem Bekannten, und, fast erleichtert: „Es liegt in meiner Eigenart begründet, dass ich wieder zu einer ähnlichen unbedingten Freiheit des Wirkens zurückkehre, wie ich sie vor meinem

Ruf nach Berlin gehabt habe und wie sie mir im Grunde unentbehrlich ist. – Ich kann das lebendige freie Christentum der persönlichen Erlösung und des öffentlich wirksamen Gotteswillens ungestört und frei vertreten (...). Es liegt mir am Herzen, die innerlich freie, lebendige christliche Jugendbewegung in der DCSV nach besten Kräften zu stärken. Von dort aus muss die Neubelebung kommen, wie die Dinge heute liegen. Und sie kommt! Des bin ich gewiss!"

In der Januar-Sitzung einstimmig gewählt, blieb Eberhard Arnold noch volle vier Jahre lang engagiertes Vorstandsmitglied der DCSV. Das in insgesamt neunzehn Jahren geknüpfte Netz von Freundschaften und brüderlichen Kontakten hielt lebenslang.

Weggenossen

Die Jahre in Berlin haben Eberhard Arnold mit einigen Leuten erstmals, mit anderen wieder zusammengeführt. An erster Stelle muss Friedrich Siegmund-Schultze genannt werden, Jugendfreund Eberhard Arnolds aus Breslauer Bibelkreis-Tagen, wie Hermann Schafft Kommilitone in Halle und DCSVer. Er war nach dem Studium in den Pfarrdienst eingetreten, hatte die Stelle aber schon 1911 wieder aufgegeben und die „Soziale Arbeitsgemeinschaft Berlin-Ost" aufgebaut. Dort lebten bürgerliche DCSVer in Wohngemeinschaft mit Jugendlichen aus dem Arbeitermilieu. Mit der Predigt sei es in Berlin-Ost nicht getan, meinte er, und setzte stattdessen auf die soziale „christliche Tat". Vor dem Krieg war er zwei Jahre als Ausländersekretär für die DCSV tätig, während des Krieges baute er den „Deutschen Studentendienst" auf und war eine Zeitlang Missionssekretär der DCSV, gehörte in dieser Eigenschaft auch dem DCSV-Vorstand an. Seine Arbeit hat auf die Arnolds in der Zeit gegen Kriegsende und nach der Revolution großen Eindruck gemacht und hat ihren Überlegungen, wie der Glaube Tat werden könnte, eine bestimmte Richtung gegeben. – Zur „SAG" gehörte auch Karl Mennicke, wie Siegmund-Schultze ein ehemaliger Pfarrer, der sich 1919 zu den Unabhängigen Sozialisten zählte. Seine und Eberhard Arnolds Wege kreuzten sich in Tambach und bei vielen späteren Gelegenheiten.

Normann Körber war, als die Arnolds ihn kennenlernten, ein junger freideutsch geprägter Jurist mit einer ausgesprochen romantischen Ader. Er hatte nach seinem Studium das Gärtnerhandwerk gelernt und lebte zeitweise vom Gemüseanbau. Er sammelte gestrandete junge Leute auf und kümmerte sich um sie, brachte gelegentlich einen in der elterlichen Wohnung in Lichterfelde unter. Eine ganze Zeit lang war er regelmäßig zu Gast bei den Offenen Abenden der Arnolds in Steglitz. Daraus entwickelte sich eine lockere, pflegeleichte Freundschaft.

Eine junge Lehrerin wurde durch Emy-Margret ins Leben der Familie eingeführt. Suse Hungar hatte eine energische, fröhliche Natur und gehörte der Heilsarmee an. Emy-Margret hatte im dritten Schuljahr bei ihr Unterricht und lud sie prompt zu den Offenen Abenden ins Haus der Eltern ein. Suse Hungar wurde rasch mitten in die Bewegung hineingenommen. Sie war aufmerksam genug, um zu erkennen, dass Emmy am Rand der Erschöpfung war und dass es im Haushalt drunter und drüber ging. Die Hausmädchen hatten sich ganz bequem eingerichtet mit den neuen Verhältnissen und ließen ihre eigentlichen Aufgaben schleifen. Das sah sich Suse Hungar nicht lange an. Sie zog kurzentschlossen bei den Arnolds ein, nahm die Kindererziehung fest in die Hand und wurde ein Teil der Familie, ohne dass lange darüber diskutiert worden wäre. Ihre berufliche Zukunft knüpfte sie an das Schicksal der Arnolds.

Im Sommer 1919 ist Eberhard Arnold mit dem sozial engagierten Berliner Pfarrer Günther Dehn in Verbindung gekommen. Die Beziehung blieb recht einseitig. Eberhard Arnold hat um ihn geworben, Dehn hat sich aber immer ein wenig an Eberhard Arnolds Begeisterungsfähigkeit gestört und bewegte sich denkerisch lieber in herkömmlichen Bahnen. Auf der Tambacher Konferenz hat Günther Dehn Karl Barths Gedanken erleichtert und befreit aufgenommen; alles, was ihm auch nur entfernt nach Schwärmerei und Fanatismus aussah, lehnte er ab. Deshalb hat er Eberhard Arnold nie gerecht beurteilen können.

Heinrich Schultheis, Pfarrer in Gelnhaar im Vogelsberg, war ein enger Freund Otto Herpels. Er hatte mit diesem zusammen in Gießen Theologie studiert und bekannte sich schon damals zum Sozialismus. Im Vergleich zu Herpel war er um einiges radikaler. Eberhard Arnold lernte ihn in Tambach kennen. Über einen Zeitraum von drei Jahren näherten sich die beiden Männer einander geistig und geistlich an. Dann trennten sich die Wege abrupt und schmerzhaft.

Werbung für Vorträge von Eberhard Arnold

Wie Heinrich Schultheis war auch Georg Flemmig ein Freund Otto Herpels. Er war Junggeselle und lebte und arbeitete als Oberlehrer in Schlüchtern. Ein heimatverbundener, bodenständiger Mann, in Schlüchtern hochgeachtet, ideenreich und tatkräftig. Georg Flemmig war von einer tiefen Liebe zu Christus und zu den Menschen getrieben und hatte nach dem Krieg einen Kreis von Gleichgesinnten gesammelt. Die Arnolds erhielten etwa seit Frühjahr 1919 Freundesbriefe des Schlüchterner Kreises, der zur Keimzelle der Neuwerk-Bewegung wurde. Georg Flemmig war die Seele im Hintergrund dieser Bewegung. Im September 1919 zeichnete er als Mitherausgeber des „Neuen Werks". Bei ihm in Schlüchtern wurde das Blatt verlegt. Er gewann die Druckerei, empfahl Geschäftskontakte und ehrenamtliche Mitarbeiter für den Versand und allerlei Nebenaufgaben. Von ihm ging im Dezember 1919 der Aufruf zur Bildung einer überörtlichen „Urgemeinde" aus: Geistliche Einheit, gemeinsames Wollen, Verantwortung füreinander und für andere Menschen; eine Art offene Bruderschaft – das war der Grundgedanke. Eberhard und Emmy Arnold ebenso wie Else von Hollander griffen den Gedanken begeistert auf. Im Januar 1920 waren sie bereits Mitglieder der „U.G.". Als Zeichen der Verbundenheit trugen die Männer einen offenen Ring, die Frauen einen offenen Haarreif. Die Bruderschaft hielt knapp drei Jahre und zerbrach dann unter Umständen, die an anderer Stelle erklärt werden müssen.

Pläne, Pläne

Ende 1919 ist Eberhard Arnold die Kluft zwischen seinen Ansprüchen an sich selbst und der Wirklichkeit vollends unerträglich geworden. Seiner Frau und den Freunden teilte er mit: „Ich darf nicht mehr sprechen und Vorträge halten, ehe ich nicht mein Leben nach der Art Jesu gestaltet habe." Die Bergpredigt, die Apostelgeschichte, ein Vers aus dem Philipperbrief („Ein jeglicher sei gesinnt, wie Jesus Christus auch war"; Philipper 2,5), das alles drängte ihn, endlich Nägel mit Köpfen zu machen. An den Offenen Abenden und im engeren Freundeskreis wurden Modelle diskutiert, Pläne geschmiedet und wieder verworfen.

- Ganz romantisch, aber wohl nur für einen Moment lang, war die Vorstellung vom Landfahrerleben: Emmy und Eberhard Arnold überlegten, sich einen Zigeunerwagen zu kaufen und damit über Land zu ziehen, in Dörfern Station zu machen, zu predigen und Kinderstunden zu halten und anzupacken, wo es nötig wäre. – Was dann aus Eberhard Arnolds publizistischer Arbeit geworden wäre, kann man sich leicht denken; wie sich das praktisch dargestellt hätte mit fünf Kindern, mag man sich gar nicht ausmalen.
- Heftig umstritten war die Frage: Land oder Stadt? Für die Jugendbewegten, aber auch für Leute aus proletarischen Kreisen gab es da nicht viel zu diskutieren. Raus aus der Großstadt, nach dem Wandervogel-Motto „Aus grauer Städte Mauern ziehn wir in Wald und Feld"! Die Stadt erschien ihnen ungesund, das Stadtleben schaffte unmoralische und sozial unerträgliche Verhältnisse. Beispiele dafür aus dem Norden und Osten Berlins hatten die Arnolds deutlich vor Augen. Andererseits konzentrierten sich gerade in den Städten die Probleme. Dort war Aufbauarbeit gefragt, wie man an Siegmund-Schultzes SAG erkennen konnte.
- Die erste ernsthafte Möglichkeit wurde den Arnolds Anfang Februar 1920 vom immer noch bestehenden Freundeskreis in Halle angetragen. Die Hallenser Gemeinschaft hatte mittlerweile einen „Hilfsverein Hebron" gegründet und das Haus Liebenauerstr. 4 am Rannischen Platz gekauft mit der Absicht, dort eine „biblisch-soziale Liebesarbeit an den Bedürftigen und Armen" der Stadt einzurichten. Eberhard Arnold hätte liebend gerne zugesagt und legte

dem Hallenser Bürgermeister Dr. Rive, einem Freund Siegmund-Schultzes, in einem Brief vom 10.2. ausführlich das Vorhaben dar. Das Projekt scheiterte schließlich am Wohnungsamt und an einem Mieter, der partout nicht bereit war, seine Wohnung in der Liebenauerstraße für die Arnolds rechtzeitig und freiwillig zu räumen. Das entschied die Sache.

– Mittlerweile betrieben Otto Herpel, Georg Flemmig und Eberhard Arnold zügig den Aufbau der „Neuwerk"-Verlagsgenossenschaft. Bis Mitte Februar war Eberhard Arnold mindestens einmal (am 2.2.) zu Verlagsbesprechungen in Schlüchtern und hat dort herzliche Freundschaft mit Georg Flemmig geschlossen. Der „Urgemeinde"-Gedanke wurde dadurch viel greifbarer. Und so rückte eine gänzlich neue Variante ins Blickfeld: „Durch den Wohnsitz in dem wundervollen Naturstädtchen, durch unser inniges Zusammenleben mit Georg Flemmig, durch unser nahes Beieinanderwohnen mit Euch würde die geschäftlich recht bedrückende Abgelegenheit Schlüchterns reichlich aufgehoben. Freilich (…) würde ich mich nur dann in Schlüchtern befriedigt fühlen, wenn ich mit meinem Privathaushalt ein Jugendheim und ein Kinderheim verbinden könnte, in welchem ein reger Besuchsverkehr stattfände", schrieb Eberhard Arnold am 26. Februar an Otto Herpel unter Vorbehalt, denn die Hallenser Pläne hatten sich da noch nicht endgültig zerschlagen. Im Zusammenhang mit dem Aufbau des Neuwerk-Verlags wurde aber bereits erwogen, ein bestimmtes Haus in Schlüchtern anzumieten oder gar zu kaufen.

Nicht weniger wichtig als die äußeren Umstände war die Frage: Welchen inneren Charakter soll denn eine urchristliche, jesuanische Lebensgemeinschaft haben? Dazu notierte sich Eberhard Arnold am 22. Februar einige Stichworte: „Armut und Liebe: Die Armen im Geist! Die Armen! (…) Alles verkaufen! Alles verlassen! Jesus nachfolgen! Den Armen leben! Nicht Gesetz, sondern Liebe! Joh 12,24ff (…) – Gemeinschaft der Leiden, des Todes, der Freude, der Leibeskraft …" Natürlich war er nicht so einfältig, die Antike zu verklären und die Lebenserfahrungen der ersten Christen einfach kopieren zu wollen. „Wir dürfen uns nicht wundern, dass die Urgemeinde nur wie ein einmaliges kurzes Aufleuchten den neuen Weg erhellte", schrieb er kurze Zeit später für ein Buch Friedrich Siegmund-Schultzes, „aber dem Geist werden immer neue Kinder geboren. Es wäre sinnlos, ähnliche Lebensformen künstlich oder mit Gewalt gestalten zu wollen, denn auf diesem Wege könnte nur ein Zerrbild entstehen. Es gilt, für Gott, für den Geist Jesu offen zu werden. Dann werden Lebenseinheiten entstehen müssen, in denen die Liebe alles umfasst und durchdringt.“ [16]

Es ging wirklich Schlag auf Schlag in diesen ersten Wochen des Jahres 1920. Für den 7. März lud Eberhard Arnold im Namen einer „freien jugendlichen Christusbewegung“ zu einem Treffen auf dem Inselsberg im Thüringer Wald ein. Die Einladung ging an Hunderte von Adressen: an „Schlüchterner“, Abonnenten des „Neuen Werks“, Leute aus der Marburger DCSV und DCVSF, selbstverständlich an die Besucher des Steglitzer „Offenen Abends“ und an zahlreiche Freunde überall im Land. In vielen Fällen fasste Eberhard Arnold mit persönlichen Briefen nach, warb für diese Sache und versprach mittellosen Studenten Fahrtkostenersatz, wenn sie nur kämen. Das Völkchen, das dann am 7. März von Fröttstädt aus singend den Inselsberg bestieg, war so bunt gemischt, dass Außenstehende vergebens nach einer gemeinsamen Klammer gesucht hätten: Tolstoianer, Kommunisten, Wandervögel, CVJMer und DCSVer, Freideutsche, Leute aus revolutionären und proletarischen Jugendverbänden, mit Marie Buchhold sogar eine vom Buddhismus beeinflusste Frau. Tatsächlich war das einzige, was diese merkwürdige Gesellschaft einte, der aufmerksame sichere Blick Eberhard Arnolds für wahrhaft suchende, „innerliche“ Menschen, für „Freiheit und Liebe, innere Wahrhaftigkeit und Lebendigkeit“. Dieser Blick trog selten.

Zweck des Inselsbergtreffens war der Austausch und die Beratung über praktische Schritte zu einem gemeinschaftlichen Leben. Und so entwickelte Eberhard Arnold auf dem Großen Inselsberg vor diesem farbenfrohen Publikum die Vision von einer tatkräftigen „Geistes- und Willensgemeinschaft“. Das Referat erschien wenig später unter dem Titel „Familienverband und Siedlungsleben“ im „Neuen Werk“. Ein kleiner Auszug:

---

16 F. Siegmund-Schultze (Hg.): *Die soziale Botschaft des Christentums*, S. 25f.

„Der Weg zur Gemeinschaft ist vertiefte Geistigkeit, verstärkte Intensität der Geisteserlebnisse. Der verbindende Geist will alle die Menschen zusammen bringen, die ihrem inneren Wesen nach zueinander gehören. Ein solches Zusammenführen innerlich verbundener und verwandter Menschen bedeutet keinesfalls eine Absonderung von den anderen, (…) sondern das Zusammenwachsen des Gemeinschaftslebens bedeutet eine Verstärkung und Belebung der Kräfte. (…) Nur lebendige Geister können eine Geistesgemeinschaft bilden, die eine weitreichende Wirkung erzielt. (…) Die Menschheit ist dazu bestimmt, ein Organismus zu sein, ein Leib mit einem Geist, mit einem Haupt, mit einer Seele, mit einem Herzen."

Damit ist auch schon klar, dass Eberhard Arnold keinesfalls ein diffuses Nebeneinander aller möglichen Geistesströmungen vorschwebte. Ganz im Gegenteil. Innere Verwandtschaft war ihm zu wenig. Ein Geist, ein Haupt, ein Herz und eine Seele – da sind überhaupt keine Missverständnisse möglich; das ist pures Neues Testament.

„Der ersehnte Gemeingeist kann nur als Heiliger Geist des lebendigen Gottes davor bewahrt bleiben, aus einem Geist der Gemeinsamkeit zu einem Geist der Gemeinheit zu werden. Nur Heiliger Geist kann sich als verbindende Macht wahrer Gemeinschaft erweisen. Nur Gott ist es, der (…) jene ersehnte letzte Einheit von Freiwilligkeit und Schaffensfreude, von innerer Selbstständigkeit und sozialer Gerechtigkeit, von freiem Selbstleben und völliger Liebe bewirkt. Der Geist Gottes ist die Kraft, die als Wahrheit das Schlechte und Halbe vom Guten und Echten scheidet und als Liebe den Willen und die Tat der Güte hervorbringt (…). – Der Gottesgeist ist der erweckende Lebensgeist; er ist der verbindende Einheitsgeist. Er ist der Geist des Gotteslebens, das in Jesus ist."

So rief Eberhard Arnold auf, im Geist Jesu Gemeinschaften zu bilden, Siedlungen zu gründen, „freiwillige Bündnisse arbeitender Menschen" einzugehen. Soweit war ihm der Beifall aller sicher. Im Grunde dachte er aber schon viel weiter. Als er seine konkreten Überlegungen darlegte: „1. Land- und Gartenwirtschaft, 2. Schule und Kinderarbeit, 3. Verlag und Verkündigung, 4. ein Kinderheim zur besonderen Hilfe für Kriegswaisen, 5. Hand- und Kunsthandwerk", da fanden das zwar alle wünschenswert, konnten sich aber nicht vorstellen, wie das in nächster Zeit zu verwirklichen wäre. Immerhin war nun ein sehr viel größerer Kreis angesteckt vom Gedanken an eine urchristlich inspirierte Gemeinschaftssiedlung.

Im April waren die Dinge soweit gereift, dass die Arnolds auf jeden Fall räumlichen Anschluss an die Schlüchterner Bewegung finden wollten. Das bereits anvisierte Waltersche Haus in Schlüchtern schien dann aber doch nicht geeignet. So nahm Eberhard Arnold den nächsten Besuch in Schlüchtern zum Anlass, um in der Umgebung nach einem geeigneten Platz für die Ansiedlung zu suchen. Otto Herpel machte ihn auf die ehemalige Zinzendorfsche Siedlung „Herrnhag" bei Büdingen in der Wetterau aufmerksam. Die Gütergemeinschaft und der Liebeskommunismus der Brüdergemeine, die Vorgeschichte des Herrnhag als Zisterziensersiedlung im 13. Jahrhundert, als Zufluchtsort für „Inspirierte, Täufer und Sektierer aller Art" im 17. Jahrhundert – Eberhard Arnold war sofort Feuer und Flamme bei dem Gedanken, die ziemlich zerfallene Lichterburg, den Kern des Herrnhag, wieder aufzubauen und erneut mit dem Geist der Brüdergemeine zu füllen, die dort von 1767 bis etwa 1790 „Liebe ausgestrahlt und gemeinschaftsbildend gewirkt" hatte. Die astronomischen Renovierungskosten (450.000 Reichsmark, in Pachtbeiträgen von jährlich 30.000 RM zu zahlen) schreckten ihn zunächst nicht. In seiner Vorstellung sah er bereits eine Art mittelalterliche Bauhütte erstehen, wollte gleich noch einen Gutshof in der Nähe pachten und dort eine landwirtschaftliche Genossenschaft ansiedeln. Deren Erträge sollten wiederum den Pachtzins erbringen usw. usw. Ein wahrlich fantastischer Plan. Da musste mit dem Hamburger Reeder Kurt Woermann schon ein nüchterner Finanzwirt kommen, um die Begeisterung zu dämpfen. Das Geld wäre ja noch beizubringen gewesen, aber die zahllosen fleißigen Hände?

Trotzdem waren solche Gedankenspiele nicht umsonst. Durch die Auseinandersetzung mit anderen Gemeinschaftsexperimenten – „in der Brüdergemeine, in Korntal, in Täufergemeinschaften, unter den Quäkern, bei Jean von Labadie, in Russland, in Palästina" – ist sich Eberhard Arnold über seinen eigenen Weg erst richtig klar geworden. Ziele, die er in solchen Plänen erstmals formuliert hat, haben zum Teil schon Monate später, zum Teil Jahre später Gestalt angenommen. Die oben erwähnte Inselsberg-Charta ist Punkt für Punkt in die Wirklichkeit umgesetzt worden.

Eberhard Arnolds Siedlungspläne, seine Gedanken an eine Geistes- und Arbeitsgemeinschaft, sein unbefangener Umgang mit der revolutionären und proletarischen Jugend jener Jahre, seine offene Auseinandersetzung mit Kommunismus und Anarchismus, viele Merkmale der Gemeinschaftssiedlung, so wie sie dann tatsächlich Gestalt angenommen hat – das alles wäre nicht denkbar ohne den Einfluss des Schriftstellers und Sozialphilosophen Gustav Landauer. Eberhard Arnold kannte Landauers „Aufruf zum Sozialismus" (1919 in der zweiten Auflage erschienen) in- und auswendig. Wahrscheinlich hat er schon vor Landauers Ermordung bei der Niederschlagung der Räterepublik in Bayern am 1. Mai 1919 Schriften Landauers gelesen und Gedanken von ihm aufgenommen. Möglicherweise ist Eberhard Arnold Gustav Landauer auch persönlich begegnet. Landauer hat bis Mai 1917 in Hermsdorf bei Berlin gelebt. In der jugendbewegten „Freien Studentenschaft", die sich im Siedlungsheim im Tiergartenviertel traf, hielt er verschiedentlich Vorträge. Er veröffentlichte zahlreiche Artikel und Bücher, von denen ein großer Teil Eberhard Arnold zugänglich gewesen sind. Er verfasste tiefsinnige Novellen. Er schrieb über christliche und jüdische Mystiker, über die Reformation, über Gott und den Sozialismus, über Tolstoi. Er war einer der belesensten und scharfsinnigsten Geister seiner Zeit. Er war Jude und hat dennoch Jesus bewundert und hoch geachtet.

Landauer hat die Ideen Peter Kropotkins und Bakunins vom „herrschaftslosen Sozialismus" oder Anarchismus[17] verfeinert und zu einem atemberaubenden Gedankengebäude ausgebaut. Es wird jedem aufmerksamen Bibelleser merkwürdig vertraut vorkommen. Eberhard Arnold muss auf den ersten Blick erkannt haben, dass sich die bewundernswerte Lebensethik des Anarchisten Landauer zu 90 Prozent aus dem Neuen Testament speiste und nur zu einem ganz geringen Anteil aus wirklich neuen sozialistischen Ideen. Man denke sich die Lebens-

17 Anarchismus darf keinesfalls mit Chaos und Terror gleichgesetzt werden. Die Staatsrechtler des ausgehenden 18. Jahrhunderts, die zuerst anarchistische Gesellschaftsmodelle entwickelt haben, verstanden unter Anarchie eine Gesellschaft „ohne öffentliche Gewalt, aber trotzdem nicht ohne Ordnung, Ruhe und Sicherheit". Landauer war Pazifist und hat Gewalt zutiefst verabscheut.

ordnung der ersten Christen ohne die Bezüge zu Jesus Christus, und man landet bei Landauers Anarchismus. Umgekehrt: Man muss Landauers Gedanken nur noch um das Reich Gottes, den lebendigen Jesus Christus und den Heiligen Geist ergänzen, und man hat den Liebeskommunismus der ersten Christen vor Augen. Genauso muss es Eberhard Arnold ergangen sein. Im Februar 1920 schrieb er an einen DCSV-Freund: „Es ist mir so interessant, dass die radikalsten Kommunisten Anarchisten werden, und dass die konsequentesten Anarchisten Kommunisten sind. Die letzte Herzenskonsequenz aller lebendigen Wirklichkeiten führt zum wahren Christusleben (…). – Hier ist die Erlösung von aller Knechtung, unter der die Menschen leben." – Das war wohl auch der Grund, warum er den Kontakt zu anarchistischen Gruppen nicht gescheut und zeitweise sogar gesucht hat. Das Inselsberg-Referat „Familienverband und Siedlungsleben" hat Eberhard Arnold auf Gedanken Landauers aus dem „Aufruf zum Sozialismus" aufgebaut, die wohl dem größten Teil der Zuhörer geläufig gewesen sind. 1921 hat er versucht, Martin Bubers Unterstützung für ein Landauer-Auswahlbuch zu gewinnen. Das Buch wurde sogar schon im Neuwerk-Verlag beworben. Der Hintergrund: „Das Gedächtnis Gustav Landauers darf nicht verrauschen, und es gilt, gerade das Wesentlichste an ihm, was Gott ihm war und was Gott ihm werden konnte, zu sagen." Noch in den letzten Jahren seines Lebens, so erzählen alte Bruderhöfer, hat es sich Eberhard Arnold trotz schwerer Gehbehinderung nicht nehmen lassen, jeweils am 1. Mai zum Gedenken an Gustav Landauer aufzustehen und ihn als aufrichtigen und wahrhaftigen Menschen zu rühmen. Wie bei Friedrich Nietzsche, so hat Eberhard Arnold auch bei Gustav Landauer in echter evangelischer Freiheit alles geprüft – und das Gute behalten.

Putsch

Eine der merkwürdigsten Begebenheiten im Leben Eberhard Arnolds spielte sich während des Kapp-Putsches rechtsgerichteter Armeeverbände in Berlin ab. Nicht mehr als eine Anekdote, aber die ist gut belegt und bezeichnend: In den Tagen des Generalstreiks und der Straßenkämpfe nach dem 13. März 1920 klingelte in Steglitz, Lutherstraße 14, das Telefon. Ein hochdekorierter Marineoffizier, Kapitänleutnant Helmut von Mücke, meldete sich zum Besuch an. Er kam dann auch tatsächlich auf eine Tasse Kaffee. Sein Anliegen: Eberhard Arnold sollte unter der Putschregierung des bisherigen Generallandschaftsdirektors Kapp das neu zu gründende Jugendministerium übernehmen. Die Arnolds machten ihm klar, dass sie sich zu einem ganz anderen Weg berufen sahen. In einem Brief schildert Eberhard Arnold seine Rolle während der Putschtage ganz unaufgeregt: „In meinem Hause war eine Art Hauptquartier einflussreicher Menschen. Ich hatte Gelegenheit, durch dauernde Verbindung mit beiden kämpfenden Parteien einen gewissen Einfluss auszuüben, der nicht stark genug war, um unseren Geist zum Siege zu bringen, der aber doch nicht ohne Wirkung geblieben ist. Mit der Zentrale der KPD konnten wir uns so weit austauschen, dass wir die sogenannte schwarze Liste der zu tötenden Offiziere wesentlich reduzieren konnten."

Wenige Tage nach dem Putsch erschien der Name Eberhard Arnold zusammen mit Karl Mennicke, Walter Koch, Alfred Peter und Traugott Stackelberg auf einem Flugblatt, das alle Pazifisten und Kriegsgegner zu verstärktem geistlichem Zusammenstehen aufruft: „Wir richten nicht die, welche zur Gewalt greifen, wollen vielmehr durch völlige Hingabe an die Gemeinschaft des Volkes und der Völker in und mit dem Proletariat dem Geist der Liebe dienen, der einmal alle Gewalt aufheben wird. Wir bekennen uns, vom lebendigen Christusgeiste getrieben, zum Reich der Liebe und der Brüderlichkeit und wollen aufs Entschiedenste mitarbeiten an der sozialistischen Umwandlung der Gesellschaft und an der Aufrichtung eines Bruderbundes aller Völker."

Der Vorfall wirft ein bezeichnendes Licht auf die Stellung Eberhard Arnolds nach dem Krieg: Kommunist war er mit Sicherheit nicht, dafür war er den Linken zu fromm und zu versöhnlich. Bürgerlich war er aber auch nicht mehr, dafür war er den Bürgerlichen zu radikal. Er war in erster Linie Vermittler und Dolmetscher der Botschaft Jesu Christi, beherrschte den Zungenschlag der Revolutionäre genauso wie den akademischen Jargon der Gebildeten und das Kanaanäisch der Frommen und ließ sich von niemandem vorschreiben, mit wem er reden dürfe und mit wem nicht. Diesen Platz zwischen allen Stühlen hat er sich gewiss nicht selber ausgesucht.

Zu Pfingsten traf sich ein großer Teil der Inselsberg-Teilnehmer und zahlreiche andere Gäste aus dem Umfeld der „Urgemeinde" zu einer Konferenz in Schlüchtern. Die Arnolds fuhren mit einem Schwarm Berliner Jugendlicher im Bummelzug vierter Klasse und waren deshalb fünfzehn Stunden unterwegs. Abends um acht kamen sie in Schlüchtern an und mussten erst noch eine Anhöhe erklimmen. Dann brannten die Pfingstfeuer. Am Pfingstsonntag sprach Eberhard Arnold über „das Geheimnis der Urgemeinde". Hier bekannte er sich zum Geist von Pfingsten, der viel mehr sei als die „Kollektivseele der Weltrevolution". Nur der Geist von Pfingsten könne unbedingte Liebe und Gemeinschaft in den Herzen der Gläubigen stiften. Damit nahm er in Gedanken vorweg, was sich nur wenige Wochen später ein paar Kilometer entfernt ereignen sollte.

Am letzten Tag, am 26. Mai, eigentlich schon nach Abschluss der Pfingsttagung, wanderten Eberhard und Emmy Arnold mit ein paar Jugendlichen von Schlüchtern nach Ahlersbach und kehrten unterwegs im Dörfchen Sannerz im Gasthaus „Zum Stern" ein. In Sannerz sollte angeblich ein größeres Haus zum Verkauf stehen. Es stellte sich heraus, dass es die große Backsteinvilla gegenüber dem Gasthaus war. Der Eigentümer, ein gewisser Konrad Paul, war in Amerika zu Geld gekommen und hatte es nach seiner Rückkehr in dieses Haus investiert. Er war freundlich und aufgeschlossen und zeigte sich grundsätzlich bereit, zu verkaufen oder zu verpachten, wollte sich nur noch nicht auf einen Preis festlegen lassen. Nachdem die Arnolds in den Tagen zuvor schon die Gemeinschaftssiedlung Habertshof bei Schlüchtern besucht hatten, einen kargen Bauernhof, kam ihnen die Paulsche Villa fast zu elegant vor. Aber da war der Gemüsegarten, die Obstwiese, Ställe für Kühe und Schweine und ein Hühnerhaus. Und der Platz: mit fünfzehn Zimmern schien das Haus allemal groß genug.

Als die Arnolds nach Berlin zurückkehrten, hatten sie mit dem Gastwirt Lotzenius einen Sommeraufenthalt für einige Wochen vereinbart und sonst nichts in der Hand. Eberhard Arnold und Else von Hollander regelten die letzten offenen Fragen im Furche-Verlag, Emmy begann mit der Haushaltsauflösung. Manche Bekannten merkten jetzt erst, dass es den Arnolds ernst war mit ihren Plänen. Dann ging plötzlich alles ganz schnell. Monika, die Jüngste, litt schon seit längerem an einer Darmentzündung und war völlig abgezehrt. Eine Ärztin riet zu einem Aufenthalt auf dem Land mit entsprechend guter Verpflegung. Da wollten die Eltern nicht mehr länger warten. Mit Brief vom 8. Juni kündigten sie Lotzenius ihr Kommen zum 18. Juni an. Lotzenius telegrafierte zurück: „sommerfrische 3 zimmer anbau stall kleiderschrank waesche kuechengeschirr kinderbetten 3 fenster (…) – lotzenius." Es wurde dann doch der 21. Juni, bis Eberhard und Emmy Arnold mit der zweijährigen Monika im Hinterhaus des Gasthofs „Stern" in Sannerz einzogen und an Else von Hollander nach Steglitz meldeten: „hier gut untergebracht (…) tausend gruesse eberhard arnold".

IX.

Sonnherz

Eberhard und Emmy Arnold mit ihren fünf Kindern, Suse Hungar und Else von Hollander: nach wenigen Tagen war die Keimzelle der christlichen Gemeinschaftssiedlung komplett. Die erste Zeit in Sannerz sollte eigentlich dem „Rückzug in die werktätige Stille" dienen. Daraus wurde nichts. Werktätig? Ja. Stille? Nein. Schon im ersten Monat beherbergte die kleine Hausgemeinschaft 35 Besucher in Lotzenius' Werkstattgebäude. Mitte Juli war die Gemeinschaft um drei Köpfe gewachsen: Fritz Schloß, ein Buchhändler und ehemaliger Offizier; und ein junger, mittelloser, langmähniger Kommunist aus Berlin. Außerdem Friedel Günther, ein junges Mädchen aus Moabit, das den Arnolds kurz nach dem Krieg von einem Berliner Vormundschaftsamt zur Betreuung zugewiesen worden war.

Die finanzielle Grundlage war schmal. Die Arnolds hatten sich ihre Lebensversicherung auszahlen lassen: das brachte herzlich wenig ein. Kurt Woermann, Reeder der Hamburg-Amerika-Linie, hatte der „Urgemeinde" 30.000 Reichsmark für den Ankauf der Paulschen Villa zugesagt. Aber Konrad Paul musste sich überhaupt erst klar werden, ob er verkaufen oder verpachten wollte, und wenn ja, zu welchen Bedingungen. Gäste mussten bei Bauern in der Nachbarschaft in den Scheunen logieren, andere Möglichkeiten gab es nicht. – Am 14. August berichtete Eberhard Arnold seiner Schwester Hannah, im Verlag seien mittlerweile sieben Personen tätig. Der Verlag war inzwischen von Schlüchtern nach Sannerz verlagert worden, in der Paulschen Villa standen jetzt drei Zimmer für die Verlagsarbeit zur Verfügung. Aber Eberhard Arnold war zuversichtlich, dass man bis zum Spätherbst das ganze Haus beziehen könne. Mittlerweile war die Wohnung in Steglitz gekündigt, waren die Möbel nach Sannerz transportiert worden, kurzum: die Arnolds hatten die Brücken zum bürgerlichen Leben alten Stils hinter sich verbrannt.

Verschiedene Aufstellungen von Eberhard Arnolds Hand belegen, dass er mit einem zügigen Wachstum der Siedlung rechnete. Mal erhoffte er 22 Mitglieder für die Gemeinschaft, mal 32. Einige der Genannten kündigten ihre Mitarbeit nur an und ließen sich dann doch nicht blicken. Manche schauten mal kurz vorbei und zogen dann wieder ab. Der innere Kern der Gemeinschaft blieb klein; er umfasste in den ersten drei Jahren nie mehr als ein Dutzend Personen. Der größere Teil waren Novizen oder Gäste auf unbestimmte Zeit. Womöglich schraken viele vor den verbindlichen Grundsätzen zurück, die Eberhard Arnold im September 1920 für den inneren Kreis formuliert hat:

„1. Wir brauchen Christen. Wiedergeborene Menschen, die das Leben der Bergpredigt auf sich genommen haben.

2. Wir brauchen Menschen, die arbeiten. Menschen, die arbeitsfähig und arbeitswillig sind.

3. Wir brauchen Menschen, die den Christus-Geist ausstrahlen. Es müssen Menschen sein, die missionarisch Christus zeugende Persönlichkeiten sind.

Wir sind eine arbeitende Gemeinschaft von Jüngern Jesu, die alles verlassen, um ganz der Liebe und der produktiven Arbeit zu leben. Wir müssen uns als Gemeinde Christi bekennen, als Abendmahls-Gemeinschaft.

Wir brauchen Christus und das Reich Gottes, Protest und Bußruf, Bekenntnis und Glauben, Lebenswagnis und Liebe. Nicht Selbstvergotter, nicht Werkgerechtigkeit, nicht Selbstziele, nicht Propheten, nicht Führer, sondern Zeugen sind Not. Wir brauchen Brüderlichkeit in Vergebung und Gnade, weil niemand sich selbst verkündigt, sondern Christus.“

Wer zuerst auf den Gedanken gekommen ist, den Ortsnamen Sannerz in „Sonnherz“ umzuwandeln, lässt sich nicht mehr feststellen. Ein Gast vielleicht? Ein Romantiker wie Normann Körber? Eine Musenkind wie Else „Tata“ von Hollander? Eberhard Arnold erkannte die Symbolkraft des Bildes sofort. Im Herbst 1920 sprach auch er in Briefen von der „Neuwerkgemeinschaft Sonnherz, (…) weil sie die lebensspendende Kraft des Herzens Gottes besonders stark braucht und fühlt“. Wenig später hat Karl Mahr, ein mit den Arnolds aus der „Furche“-Zeit bekannter Künstler, das strahlende Sonnenherz entworfen – ein Emblem buchstäblich mit Ausstrahlung.

Bücher und Blätter

Mit Feuereifer hat Eberhard Arnold im April 1920 den Um- und Ausbau des Neuwerk-Verlags begonnen. Einige zigtausend Reichsmark Genossenschaftskapital hat er aus seinem weitverzweigten Freundeskreis akquiriert: bei Geschäftsleuten wie dem Hamburger Kaufmann Cordes oder dem Bad Homburger Unternehmer Kleemann, bei DCSV-Freunden wie dem Ex-DCSV-Sekretär Hermann Oestreicher, ja selbst in der Verwandtschaft, bei den Schwestern und Cousinen.

Auf seine Anregung hin wurde das Erscheinungsbild des „Neuen Werks" verändert, das Format handlicher, der Satz übersichtlicher. Das Blatt erschien nun vierzehntätig (ab 1921 monatlich). Eberhard Arnold sicherte dem „Neuen Werk" die Unterstützung der Quäker, die bis dahin noch keine eigene Zeitschrift in Deutschland unterhielten. Mit Hilmar von Hinüber, dem Leiter der „Großheidorner Jugend", traf er eine ähnliche Vereinbarung. Er frischte seine Bekanntschaft mit dem angesehenen Pädagogen und Schriftsteller Friedrich Wilhelm Foerster auf und überzeugte ihn, dass seine Anliegen im „Neuen Werk" bestens aufgehoben seien. Foerster hatte damals schon einen Lehrauftrag in der Schweiz; sein Vertrauter in Deutschland, Pfarrer Alfred Dedo Müller, erklärte sich bereit, ohne finanzielle Interessen am „Neuen Werk" mitzuarbeiten und sah davon ab, eine eigene Zeitschrift in Deutschland herauszugeben. Mit Genugtuung meldete Eberhard Arnold diese „wichtige Akquisition" an Otto Herpel. Weniger Glück hatte er mit der Berufung eines leitenden Redakteurs. Ein bereits verpflichteter Kandidat wollte dann doch nicht nach Sannerz umsiedeln und schied deshalb schon bald wieder aus dem engeren Redaktionskreis aus.

Von Anfang an plante Eberhard Arnold Sondernummern des „Neuen Werks". Als erstes derartiges Heft erschien im September 1920 „Die Flamme". Das Heft war der proletarischen Jugend zugeeignet. Enthusiastische Töne, christliches und sozialistisches Gedankengut Seite an Seite, eine etwas verwirrende Zusammenstellung: Rosa Luxemburg und Dostojewski, Tolstoi und Kropotkin – es handelte sich um eine Auftragsproduktion auf Rechnung eines Breslauer Freundes, der auf diesem Weg einen christlichen Zugang zur revolutionären Arbeiterjugend suchte. – Spätere Sonderhefte wie etwa die „Friedrich-Willhelm-Foerster-Nummer" waren einheitlicher und fanden, was kein Wunder ist, breitere Zustimmung.

Noch weiter reichten Eberhard Arnolds Buchpläne. Er konzipierte gleich drei verschiedene Bücherreihen: Eine „Innenschau-Bücherei" mit Zeugnissen wichtiger geistlicher und geistreicher Autoren, eine „Neuwerk-Bücherei" für eher programmatische Schriften, und schließlich eine „Heimatbücherei" mit Themen fürs Gemüt. Am 6. August zählte Eberhard Arnold in einem Brief an Otto Herpel nicht weniger als 14 Buchprojekte auf. Darunter Auswahlbände und Biografien über Landauer, Sebastian Franck, Franz Baader und wichtige Gestalten der Quäker-Bewegung; für die Neuwerk-Bücherei: „Aktivismus des Glaubens", „Die Bedeutung des Judentums", „Die Entscheidungsstunde des Protestantismus", „Beschauung der Seele und Lebensbejahung der Tat", „Sozialismus"; und schließlich für die Heimatbücherei „Schlesiens Heide und Bergland", „Freideutsche Wanderungen in Mitteldeutschland". Diese Bücher wurden nie geschrieben, genausowenig wie sein eigenes Projekt „Jesus und der Zukunftsstaat". Wohl aber erschienen noch 1920 ein Zinzendorf-Band von Otto Herpel und Georg Flemmigs „Dorfgedanken". Ein Legendenbändchen von Fritz Schloß mit Scherenschnitten von Else von Hollander kam Anfang 1921 auf den Markt. Die „Dorfgedanken" liefen ausgesprochen gut, und die „Legenden" entwickelten sich regelrecht zum Verkaufsrenner. Viel Beachtung fand die „Junge Saat", als „Lebensbuch einer Jugendbewegung" 1921 von Eberhard Arnold und Normann Körber herausgegeben: die Themen und Aussagen so spannungsreich und widersprüchlich, so lebendig und buntgefächert wie die Jugendbewegung selbst.

Dass die „Neuwerk"-Bücher vom Start weg erfolgreich waren, lag auch an der sorgfältigen Ausstattung. Seit seiner „Furche"-Zeit legte Eberhard Arnold großen Wert auf eine gute buchkünstlerische Erscheinung und machte sich selbst um die Typografie Gedanken. Das zahlte sich nun für den Verlag und die angeschlossene Neuwerkgemeinschaft aus. Zeitschrift und Buchverlag waren und blieben auf lange Zeit die einzige verlässliche Einnahmequelle der Gemeinschaft.

Verletzt

Der Aufbau der Gemeinschaft und gleichzeitig des Verlags hat Eberhard Arnold viel Kraft gekostet. Mitte August berichtet er von „Erkältungen und Herzklopfen infolge meiner großen Arbeit". Das konnte ihn aber auch nicht bremsen. Wenige Tage später geriet ihm beim Holzhacken ein Splitter ins linke Auge – Netzhautablösung, das alte Leiden; und eine schwere Entzündung. Das zwang ihn zur Ruhe. Mehrmals wöchentlich musste er nach Frankfurt fahren und bekam dort Salzlösung ins Auge gespritzt. Eine äußerst schmerzhafte Therapie. Das Auge gewann seine Sehkraft trotzdem nicht mehr zurück. – Eberhard Arnold empfand die Krankheitszeit im Nachhinein als „das Beste, was mir widerfahren kann"; er sei „in neue Erlebnisse der Innenschau und Wesensschau" geführt worden: „Das Einzige, was uns für unsere werdende Lebensgemeinschaft und für die Menschheit überhaupt Bedeutung haben kann, ist der Lichtgeist der unbedingten Liebe, der nichts als Liebe kennt und für nichts anderes als für die Liebe da ist."

Zur Untätigkeit verurteilt, konnte er auch nicht an einer Neuwerk-Tagung Anfang September in Marburg teilnehmen. Er hat der Tagung ohnehin mit gemischten Gefühlen entgegengesehen. Das Unbehagen wurde bestätigt durch die Berichte Else von Hollanders und anderer Teilnehmer. Redner wie Günther Dehn und Karl Mennicke forderten mehr parteipolitisches Engagement und ließen einen gewissen Hochmut gegenüber den „Schlüchterner Pietisten" durchschimmern. Und so ging nach der Marburger Tagung auch durch die Neuwerk-Bewegung ein Riss. Eberhard Arnold nannte die Tagung eine Niederlage für die Neuwerksache. Er schrieb: „Wir sind nach der Marburger Tagung entschlossener und entschiedener als vorher, dass wir in unserem ‚Neuen Werk' und in unserer ganzen Arbeit das Evangelium treiben und nichts anderes. Es gilt, dass die treu zusammenstehen, die sich gern ‚Pietisten' nennen lassen wollen, aber einen Blick für die soziale Verantwortung des Jesusjüngers haben."

Verletzt oder zumindest von Eberhard Arnolds energischer Aufbauarbeit im Neuwerk-Verlag überfordert war schließlich auch Otto Herpel. Den „Christlichen Demokraten" hatte er seinerzeit noch mit der linken Hand neben seinem Pfarramt her erstellt. „Das Neue Werk" sollte aber professionell aufgezogen werden oder gar nicht, das war

Eberhard Arnolds Bedingung bei der Übernahme der Geschäftsleitung gewesen. Ermächtigungen für dies und das, pünktliche Zahlung von Honoraren, Werbung von Genossenschaftern, Anzeigen schalten, im Wechsel mit Eberhard Arnold die Schlussredaktion der zweiwöchentlichen „Neuwerk"-Hefte durchführen, das alles wurde ihm rasch zu viel. Mitte September besuchte er Eberhard Arnold am Krankenlager und teilte ihm mit, dass er die Schriftleitung endgültig niederlege; er sei nicht der priesterliche Mensch, den man in dieser Arbeit brauche. – Es ist nicht zu übersehen, dass sich die beiden Männer so schnell, wie sie sich nähergekommen waren, so schnell auch wieder geistlich entfremdet hatten. Otto Herpel war schon in Tambach mit fliegenden Fahnen auf Karl Barths Linie eingeschwenkt. „Es steckt mir zu viel Pietismus in den Aufsätzen von Arnold", schrieb er nun. – Allen Vorbehalten und Reibungen zum Trotz blieb Otto Herpel auch weiterhin Mitherausgeber des „Neuen Werks", und der Freundschaft zu Eberhard Arnold hat sein Rückzug aus der Schriftleitung offenbar eher genützt als geschadet.

Stadt auf dem Berg

Arbeitende Gemeinschaft, Abendmahlsgemeinschaft – nach dem einen wurde auch das andere Ziel Wirklichkeit. Am 26. September 1920 feierte die Sannerzer Hausgemeinde erstmals das Abendmahl. Gäste wurden nur dann in dieses Erleben mit hineingenommen, wenn sie sich bedingungslos als Nachfolger Jesu bekennen konnten.

Eberhard Arnold hat nicht von sich aus die Leitung der Gemeinschaft beansprucht. Genausowenig ist Emmy Arnold je förmlich zur Hausmutter bestellt worden. Da war eine natürliche, gewachsene Autorität, die von niemandem in Frage gestellt wurde. Damals jedenfalls nicht. Eberhard Arnolds seelsorgliche Gabe, seine durchdringende Menschenkenntnis und seine Berufung zur Verkündigung des Evangeliums wurde auch von exzentrischen und starken Persönlichkeiten anerkannt, und davon gab es im engeren und weiteren Kreis um die Gemeinschaft einige.

Otto Salomon war eine solche Persönlichkeit. Ein Schauspieler und Literat aus Berlin, der vom Judentum zum christlichen Glauben konvertiert war. Im Krieg aller Illusionen und Ideale beraubt, hatte er sich als Landwirtschaftshelfer durchgeschlagen. Im Oktober 1920 zog er in Sannerz ein. In der Neuwerkgemeinschaft suchte er einen niedrigen Platz, wo er sich in Demut üben könnte. Das war gar nicht so einfach. Als interessanter Junggeselle wurde er von einigen Mädchen unter den Gästen regelrecht angeschwärmt. Er war hochmusikalisch, verstand sich deshalb gut mit Emmy Arnold und wurde rasch so etwas wie der Charles Wesley der Neuwerk-Bewegung. Seine Lieder wurden bewegt und begeistert gesungen. Als die Paulsche Villa am 1. Advent 1920 endlich vom Dach bis zum Keller in Besitz genommen war, da erklang zum ersten Mal sein Lied „Wir sind im heilgen Warten zuhaus“. Er zählte schon bald zum innersten Kreis der Gemeinschaft. Andere mit ihm: Eva Oehlke, vormals Otto Herpels Sekretärin. Gertrud Cordes, Tochter des Fleestedter Kaufmanns Friedrich Wilhelm Cordes, die schon zu Pfingsten in Schlüchtern ihre Bereitschaft erklärt hatte, ohne Wenn und Aber in Gemeinschaft zu leben. Für Emmy Arnold und Else von Hollander beglückend: Monika von Hollander, die jüngste der fünf Geschwister, stieß nach einigen Monaten ebenfalls zur Gemeinschaft.

Der „innere Kreis“ der Sannerzer Hausgemeinschaft, 1921 (von links: Emmy und Eberhard Arnold, Suse Hungar, Else von Hollander, Gertrud Cordes, Eva Oehlke, Otto Salomon)

Das Winterhalbjahr 1920/21 sah naturgemäß etwas weniger Gäste. Eberhard Arnold, eben erst gesundheitlich wiederhergestellt, fühlte sich frei, nach einem Jahr selbstauferlegter Pause wieder Einladungen zu Vorträgen anzunehmen. Er hat diese Einladungen stets als Chance zur Evangelisation verstanden. Am 25. Januar sprach er im Audimax der Universität München über „Weltrevolution und Welterlösung". Der Organisator des Vortrags, ein Student namens Friedrich Berber aus dem Umfeld von Georg Merz, war nicht schlecht erstaunt über den Aufzug des Redners, der nämlich „trotz winterlicher Kälte nur ein kurzes Höschen trug und seine nackten behaarten Beine vor einer akademischen Welt zur Schau trug". Bei aller Verlegenheit war Friedrich Berber aber auch beeindruckt. Er schildert seinen Gast als einen Menschen von überströmender Liebe und großem persönlichen Mut.

Im März hielt Eberhard Arnold eine ganze Staffel von Vorträgen im rheinischen Düren, im April fast dieselbe Reihe im Frankfurter Volksbildungsheim. Im Juli sprach er in Göttingen, im Oktober in Mannheim. Ausnahmslos jeder dieser Vorträge ist eine leidenschaftliche Einladung, Jesus Christus anzunehmen, mit dem alten Leben zu brechen und Ernst zu machen mit der Nachfolge. So kraftvoll, so einleuchtend, so begeistert von und begeisternd für Jesus Christus hat Eberhard Arnold vorher nur selten gesprochen. Was war denn Wundersames passiert? Das Lebenszeugnis stützte seine Aussagen. Da war tatsächlich die sprühende Lebensenergie, von der er sprach. Einzelne waren schon von der ersten Begegnung so gepackt, dass sie kurz darauf den Weg nach Sannerz fanden, um mehr zu hören und zu sehen. So wie die junge Lehrerin Gertrud Dalgas, die Eberhard Arnold im April in Frankfurt hörte: Wochen später nahm sie an der Pfingsttagung in Schlüchtern teil („ich bin die kleine blonde Norddeutsche, die dir auf dem Heimweg am Arm hing"), kam dann auf einige Wochen nach Sannerz und schloss sich im Oktober fest der Gemeinschaft an – auf Lebenszeit, ohne dass sie das damals versprochen hätte, aber genau so kam es.

Es muss aber deutlich betont werden: Eberhard Arnold warb in seinen Vorträgen für die Nachfolge Jesu, nicht für Sannerz oder für das Leben in Gemeinschaft. Seine Persönlichkeit war Werbung genug für den Lebensweg, den er eingeschlagen hatte. Auch das hat dazu beigetragen, dass ab Frühjahr 1921 ein nicht endender Strom von Besuchern nach Sannerz kam. Die meisten Gäste mussten sich mit Feldbett und Strohsack als Nachtlager zufrieden geben. Ganze Wandervogel-

Gruppen meldeten sich an, blieben ein Wochenende oder länger, gingen wieder. Neugierige BKler, alte Freunde, schrullige Einzelgänger wie der Anarchist Fritz Schwalbe und der ewig lustige Hans Fiehler („Woher kommen Sie denn?" – „Aus dem Zuchthaus." – „Und Sie?" – „Aus dem Irrenhaus") – übers Jahr verteilt mehr als 2.500 Gäste.

Wiederholt schrieb Eberhard Arnold in dieser Zeit: „Wir sind alle ungeheuer angespannt", oder auch: „Bin vollständig in Anspruch genommen." In Briefen beklagte er, er könne kaum einmal so intensiv auf Einzelne eingehen, wie er das eigentlich wolle. Aber das konnte auch nur er so sehen. Tatsächlich hat er Hunderte seelsorglicher Gespräche geführt. Briefwechsel über Wochen und Monate zeugen davon, wie fürsorglich er das Schicksal einzelner Besucher weiterverfolgt hat. Zwischen Vortragsreisen und den Pflichten in der Hausgemeinschaft hat er zahllose junge Leute beraten, Fanatiker gebremst, Zauderer ermutigt, Zweifler um Vertrauen gebeten. In seitenlangen Briefen hat er das Wesen der Lebensgemeinschaft erklärt, Missverständnisse ausgeräumt und Argwohn zerstreut: „Uns ist Siedlung und Hausgemeinschaft kein Mittel für irgend einen Zweck, auch nicht für einen religiösen Zweck, sondern es liegt umgekehrt. Das, was man bei uns Siedlung nennt, ist die unvermeidliche Folge, die Frucht eines innerlich wachsenden Keimes."

Neue Spuren

Anfang 1921 entspann sich zwischen Sannerz und dem Tabor College, Hillsboro, Kansas, USA, ein Briefwechsel – einer von zahllosen Briefwechseln in diesen Monaten, und nichts deutete darauf hin, dass gerade dieser Kontakt weitreichende Folgen haben würde. Ein Philologieprofessor namens J. G. Evert interessierte sich für „Das Neue Werk" und bestellte ein paar Bücher aus dem Neuwerk-Verlag. Er gab sich als Mennonit zu erkennen und machte Eberhard Arnold auf zwei christlich-kommunistische Lebensgemeinschaften aufmerksam: auf einen „Hutterischen Bruderhof" in Alexandria, South Dakota, und auf eine Siedlung von „Amischen" in Iowa. Außerdem legte er seinem Brief eine Bittschrift der Hutterischen Bruderhöfe an den amerikanischen Präsidenten Wilson aus dem Jahr 1917 bei. Darin hatten die Hutterer an den Präsidenten appelliert, ihre Gewissensbindung zu achten und die hutterischen Brüder vom Militärdienst freizustellen. Erst durch diesen Brief ist Eberhard Arnold darauf aufmerksam geworden, dass es tatsächlich noch lebendige hutterische Gemeinden gab und dass diese bis in die Gegenwart dem Friedenszeugnis ihrer Vorfahren treu geblieben waren. Er druckte die Petition im Mai 1921 im „Neuen Werk“ ab. Kurze Zeit später erschien im „Neuen Werk“ auch eine freie Übersetzung von J. G. Everts Versdichtung „The Martyrs of Alcatraz“ unter dem Titel „Die Hutterischen Bruderhöfer im Militärkerker von Amerika“.

Eberhard Arnold hat nicht sofort Kontakt zu den offensichtlich existierenden hutterischen Gemeinden in Nordamerika gesucht. Aber nun hatte er Informationen aus erster Hand. Nun gab es Namen: David Hofer, Elias Walter, Josef Kleinsasser, die Vorsteher der drei hutterischen Gemeinderichtungen, oder soll man sie Schulen nennen: der „Lehrerleut“, der „Dariusleut“ und der „Schmiedeleut“. Dieses Wissen wurde vorübergehend von anderen Ereignissen überlagert und in den Hintergrund gedrängt, ging aber nicht mehr verloren.

Jahr der Krisen

Das Jahr 1922 begann mit einem unausgesprochenen Vorwurf. Bei der Jahreswendtagung der Neuwerk-Mitarbeiter in Schlüchtern stand ganz offensichtlich der Argwohn im Raum, die Sannerzer Hausgemeinschaft halte sich für etwas Besseres oder da werde gar der Versuch unternommen, den Himmel auf die Erde herabzuzwingen. Eberhard Arnold sah sich genötigt, vor Leuten wie Georg Merz, Hermann Schafft, Georg Flemmig und Karl Barth (!) zu betonen, Sannerz sei „nichts Besonderes, sondern ein Haus unter Millionen.“

Die nächste Prüfung kam von unerwarteter Seite. Otto Salomon wurde immer unzufriedener mit sich selbst und mit der Gemeinschaft. Er hing Goethes Idee von „Wahlverwandtschaften“ an – die Mitglieder der Gemeinschaft müssten einander auch von der geistigen Ebene, der Herkunft, der Erziehung her entsprechen. Es behagte ihm gar nicht, dass seiner Ansicht nach „so viele Wertlose“ in die Gemeinschaft aufgenommen wurden. Sein nächster Schritt war so gesehen nur folgerichtig: im Februar 1922 besuchte er Georg Flemmig in Schlüchtern und gründete mit diesem zusammen eine „Bruderschaft des Offenen Rings“, eine Art Jungmännerbund. Er verließ Sannerz und zog nach Schlüchtern um. Beides zusammen – die Gründung der „Bruderschaft“ und der Ausstieg Otto Salomons aus dem innersten Kreis traf die Gemeinschaft wie ein Keulenschlag. Gertrud Dalgas, selbst erst ein paar Monate dabei, sprach von Treuebruch und hatte damit nicht ganz unrecht: Es gab ja schon eine Bruderschaft des Offenen Rings – das war die „Urgemeinde“. Und die bestand zu diesem Zeitpunkt noch! – Emmy Arnold nahm es am schwersten. Sie kam jahrelang nicht darüber hinweg, dass „ausgerechnet Otto“ das Gemeinschaftsleben drangegeben hatte.

Dann geriet der Verlag in schweres Wetter. Der Krieg hatte die Staatsfinanzen ruiniert, nach Kriegsende hatte die Inflation eingesetzt, zunächst schleichend, dann galoppierend. Die Preise für Zeitschriften und Bücher mussten immer rascher angepasst – sprich erhöht – werden. Gut für säumige Zahler, schlecht für ehrliche Geschäftsleute, die pünktlich ihre Verpflichtungen erfüllten. Die Kapitaldecke des Neuwerk-Verlags wurde angesichts des Währungsverfalls immer dünner, die Genossenschafter unruhig, ohne dass Eberhard Arnold als Geschäftsführer großen Einfluss auf den Lauf der Dinge gehabt hätte.

Im Frühjahr schien es, als würden viele Probleme unter den Strahlen der Frühlingssonne einfach verdunsten. Heinrich Schultheis gab sein Pfarramt in Gelnhaar endgültig auf und zog zu Ostern mit seiner Familie im „Sonnherzhaus“ ein. So sehr sich Eberhard Arnolds politische Haltung von der des „roten Pfarrers“ unterschied, so herzlich war das persönliche Verhältnis. Die folgenden frohen Wochen wurden nur getrübt von Auseinandersetzungen auf der Neuwerk-Pfingsttagung in Wallroth bei Schlüchtern. Der Nürnberger Pfarrer Wilhelm Stählin[18] war der Hauptredner in diesem Jahr. Stählin hatte kurz zuvor mit dem Buch „Fieber und Heil in der Jugendbewegung“ das Ende der schwärmerischen Aufbruchphase und die Rückkehr in die bürgerlichen Verhältnisse beschworen. In Wallroth traf er mit seinen Thesen auf eine Neuwerkbewegung, in der sich spätestens seit Marburg 1920 die Gewichte verschoben hatten. Mehr Wirklichkeitssinn – Utopien aufgeben – in die verkrusteten Bewegungen hinein und sie durchsäuern (Hermann Schafft); das war die allgemeine Stimmung, die nun

18 Kurz nach der Wallrother Tagung gründete Stählin in Berneuchen/Pommern die Michaelsbruderschaft, einen Pfarrerbund.

offen zum Ausdruck kam, auch bei Leuten wie Otto Herpel und dem Schweizer Pfarrer Emil Blum, der seit kurzem die Gemeinschaftssiedlung Habertshof leitete. Eberhard Arnold, nicht ohne Sinn für Dramatik, erklärte daraufhin die Neuwerk-Bewegung für tot. Der Keil (= die Bewegung) habe den morschen Baum (= das Staatskirchentum, das Traditionschristentum, den bürgerlichen Materialismus) nicht spalten können und sei selbst zersplittert. Aber auch die Bruchstücke des Keils könnten noch etwas bewirken. Die „so fromm scheinende Ergebenheit in die Gegebenheiten" brandmarkte er als Götzendienst. Seine Worte in der Aussprache und noch mehr sein Kommentar „Zum augenblicklichen Stand der Neuwerksache" in der Juni-Ausgabe des „Neuen Werks" löste Widerspruch und Kopfschütteln aus. Wenigstens innerhalb der Sannerzer Hausgemeinschaft war man sich einig über den eingeschlagenen Weg – noch.

In manchen Köpfen ging die Wallrother Saat schon nach wenigen Tagen auf. Im Juni 1922 stellte der holländische Pazifist Kees Boeke der Gemeinschaft einen ansehnlichen Betrag zum Ankauf eines größeren Gutes zur Verfügung – 180.000 Reichsmark. Die Scheuermühle im fränkischen Ruppoden, 20 km von Sannerz entfernt, wurde besichtigt. Groß genug, um zum Beispiel die Kinderarbeit auszuweiten. Zum Kauf kam es nur deshalb nicht, weil sich die Hausgemeinschaft nicht einig wurde: Kaufen, einfach loslegen, elternlose Kinder aufnehmen, frisch gewagt? So war es bisher immer gelaufen. Oder erst gründlich planen, Rücklagen schaffen, den Unterhalt sichern? – Damit wars im Grunde schon passiert: Rückfall in altes Sicherheitsdenken, unvereinbar mit der vertrauensvollen Gelassenheit der Bergpredigt: „Sorgt euch nicht (…). – Seht die Vögel unter dem Himmel – sie säen nicht, sie ernten nicht, sie sammeln nicht in die Scheunen, und euer himmlischer Vater ernährt sie doch."

Es gab auch andere Warnzeichen: In der mittlerweile 23 Erwachsene zählenden Hausgemeinschaft fühlte sich niemand so recht für dringende Haushaltsaufgaben verantwortlich; die Hingabe an die Gemeinschaft hatte bei manchen merklich nachgelassen. Ebenso wie Emmy hat auch Eberhard Arnold all diese Signale wahrgenommen; Briefe zeugen davon. Dieselben Briefe belegen aber auch seine unerschütterliche Hoffnung, dass die Lähmung überwunden, dass „der lebendig machende Geist umso gewaltiger hervortreten" werde.

Vorwürfe

Den ganzen Monat Juli verbrachten Eberhard und Emmy Arnold mit Else von Hollander und den Kindern auf Einladung von Kees und Betty Boeke in Bilthoven bei Utrecht. Es war der erste längere Familienurlaub seit 1914. Die Leitung der Gemeinschaft lag in der Zwischenzeit bei Heinrich und Elisabeth Schultheis. Anfangs lief es nicht weniger harmonisch, als wenn die Arnolds in Sannerz gewesen wären. Das entsprach genau Eberhard Arnolds Wunsch: „Es müsste nach meinem Gefühl dahin kommen, dass der gemeinsame Geist so stark das Wesentliche in uns herausarbeitet, dass zwar im Ausdruck der Gaben starke und lebendige Unterschiede bestehen, dass aber doch die Zeugnisse aller dieser Gaben nur ein Zeugnis ergeben."

In der zweiten Juli-Hälfte wurde dem Neuwerk-Verlag ein Bankkredit gekündigt. Unter einigen Mitgliedern der Hausgemeinschaft, bei Heinrich und Elisabeth Schultheis angefangen, löste diese Nachricht Panik aus. Im Gästekreis, der überhaupt nicht in die Verlagsangelegenheiten eingeweiht war, schossen die wildesten Gerüchte ins Kraut. Heinrich Schultheis schrieb einen dringenden Brief nach Bilthoven: Die Arnolds sollten sofort zurückkehren. Eberhard Arnold antwortete nicht sofort. In der Stille suchte er Klarheit zu gewinnen. Erst dann schrieb er: Er wolle den Hollandaufenthalt wie vorgesehen am 1. August abschließen und zum Fälligkeitstermin des Kredits wieder in Sannerz sein; und er vertraue darauf, dass auch die nötigen Mittel zur Fortsetzung der Arbeit rechtzeitig zur Verfügung stehen würden. Gertrud Dalgas hat eindrücklich geschildert, wie Eberhard Arnolds Antwort in der Gemeinschaft aufgenommen wurde: „Wir saßen auf der vorderen Veranda an zwei langen Tischen zu beiden Seiten der Eingangstür. Ich wurde gebeten, Eberhards Antwort vorzulesen. Nach der Verlesung standen alle, die mit mir auf der gleichen Seite saßen, auf und setzten sich zu den anderen. Ich blieb ganz allein. In diesem Augenblick wurde mir bewusst: hier sind zwei Haltungen zu dem Leben aus dem Evangelium. Die des Glaubens, der das Unmögliche möglich macht, und die des menschlichen Verstandes".

In den folgenden Tagen gingen noch mehrere Briefe von Sannerz nach Bilthoven ab. Vorwurfsvolle von Heinrich Schultheis im Namen der Gemeinschaft, bedrückte von Gertrud Dalgas. Die Hollandfahrer waren also recht gut über die Katastrophenstimmung zu Hause unterrichtet. Eberhard Arnold schien unerschüttert und schrieb zuversichtlich an Gertrud Dalgas: „Fasse Mut! Wir dürfen das Kleine nicht mehr sehen. Das Große muss uns so ergreifen, dass es auch das Kleine durchdringt und verändert (…). – Unser Leben wird nicht enger, sondern weiter werden; nicht umgrenzter, sondern uferloser; nicht angeordneter, sondern flutender; nicht pedantischer, sondern großzügiger …"

Die Arnolds kehrten am 2. August aus den Niederlanden zurück. Beim Aufbruch in Bilthoven hatte Eberhard Arnold von Maria Mojen, einer indonesischen Fürstentochter[19], einen Briefumschlag in die Hand gedrückt bekommen – „für die Sache". Es war eine stattliche Summe holländischer Gulden darin. Am folgenden Morgen in Frankfurt angekommen, ging er geradewegs zur Gläubigerbank des Neuwerk-Verlags, wechselte das Geld ein und erhielt genau den Betrag, der zur Ablösung des gekündigten Kredits nötig war. Ein neuer Kredit wurde gewährt. Mittags gings weiter nach Schlüchtern. Am Bahnhof warteten Monika von Hollander, Suse Hungar und Gertrud Dalgas mit bedrückten Mienen. In Sannerz selbst wurde den Ankömmlingen ein sehr kühler Empfang bereitet. Für die Kinder gab es Kuchen – die seien nicht schuldig, hieß es unter den Kritikern. Für die Erwachsenen nur Wassersuppe.

Für abends um acht war eine Versammlung anberaumt. Heinrich Schultheis hatte dazu nicht nur die Mitglieder der Gemeinschaft eingeladen, es nahmen auch Helfer und Gäste teil, die zum Teil erst seit Tagen in Sannerz waren. Die Versammlung saß in der Essstube auf dem Fußboden (Stühle galten in dieser Phase des Gemeinschaftslebens als „bürgerlich"). Vor den geöffneten Fenstern sammelten sich DCSVer, die eigentlich zur regionalen Studententagung in Schlüchtern angereist waren, und andere Gaffer. Dann brach eine Flut von Anklagen los. Verantwortungslosigkeit, betrügerische Wirtschaftsführung, das waren noch die mildesten Vorwürfe. Als dann auch noch einer der Zaungäste von draußen hereinrief, er habe gehört, Eber-

19 Die hier geknüpfte Freundschaft zu Maria Mojen hielt viele Jahre lang. Sie bewährte sich 1934, als Maria Mojen einem Freund Eberhard Arnolds einen Kuraufenthalt im Tessin vermittelte.

hard Arnold sei mit der Kasse durchgebrannt, da griff dieser zum ersten Mal in die Debatte ein. Er forderte, unwahre Gerüchte wie dieses müssten deutlich zurückgewiesen werden. Ein entsprechendes Protokoll wurde noch in der Nacht ausgearbeitet, am nächsten Morgen gaben alle Mitglieder der Neuwerkgemeinschaft per Unterschrift eine Ehrenerklärung für Eberhard Arnold ab und erklärten sich gemeinsam verantwortlich für die Entwicklung der Gemeinschaft bis zu diesem Tag. – Fast unglaublich: am Abend sprach Eberhard Arnold wie schon lange geplant vor der DCSV-Konferenz über den Kolosserbrief, sichtlich mitgenommen zwar, aber völlig konzentriert. Er hielt den neugierigsten und herausforderndsten Blicken stand und streifte die Vorgänge in Sannerz mit keinem Wort.

Die kleinstmögliche Zahl

Ein Revisionskomitee des Neuwerk-Verlags hatte Eberhard Arnold und Else von Hollander im Mai eine ordentliche Geschäftsführung bescheinigt. Der Vorwurf geschäftlichen Fehlverhaltens war also bald vom Tisch. Dennoch blieben Bitterkeit und ein irrationaler Hass. Der Hass konzentrierte sich auf Eberhard Arnold; die Wenigen, die zu ihm hielten, bekamen Spott und Lieblosigkeiten zu spüren. Ein Gast notierte: „Menschen weinen hier den ganzen Tag; andere sind auf dem Weg, wahnsinnig zu werden – arme Sonnenherzen!". – Die Genossenschaft wurde weiter abgewickelt. Heinrich Schultheis und der Kassierer Kurt Ernst Harder waren auch alleine zeichnungsberechtigt; sie wussten zwei Drittel der Gemeinschaft auf ihrer Seite und zogen die täglichen Geschäfte an sich. Eberhard Arnold hat nichts gegen diesen kalten Putsch unternommen; die Beleidigungen und Wutausbrüche bisheriger „Brüder und Schwestern" ertrug er schweigend. Gertrud Dalgas schrieb später, sie habe diese Haltung „mit zitternder Ehrfurcht" beobachtet.

Nur wenn unbekümmert über die Umwandlung oder gar Auflösung der Gemeinschaft beraten wurde, griff Eberhard Arnold in die beschämenden Palaver ein. Mit einem kleinen Rest von Mitgliedern war er sich einig, dass die Gemeinschaft im ursprünglichen Sinn weitergeführt werden sollte. Damit spitzte sich alles auf die Frage zu, welche von beiden Gruppen das Haus in Sannerz übernehmen sollte. Das hing mit dem Fortbestand des „Neuwerk-Vereins Sannerz" zusammen. Denn Eberhard und Emmy Arnold hatten seinerzeit im Namen dieses Vereins den Pachtvertrag mit Konrad Paul unterschrieben. Für den Fortbestand des Vereins und damit des Vertrags waren mindestens sieben Mitglieder notwendig. Als es ans Zählen ging, blieben von 23 Mitgliedern übrig: Eberhard und Emmy Arnold, Else von Hollander, Monika von Hollander, Suse Hungar, Gertrud Dalgas – und Paul Hummel[20]. Die kleinstmögliche Zahl.

20 Paul Hummel verließ die Gemeinschaft nur wenige Wochen später.

X.

Neuanfang

Nachdem die Frage nach der Zukunft des Neuwerk-Vereins Sannerz entschieden war, vergingen noch sechs unerträgliche Wochen, dann wurde es bedrückend ruhig. Die Gruppe um Heinrich Schultheis zog im Oktober nach Gelnhaar in ein ehemaliges Töchterinstitut um. Andere versuchten, wieder an ihre frühere bürgerliche Existenz anzuknüpfen. Die meisten Titel des Verlags ebenso wie die Zeitschrift „Das neue Werk" übernahm die Siedlungsgemeinschaft Habertshof. Zurück blieben ein geplünderter Haushalt, verwaiste Ställe (die Rinder waren von zwei halbstarken Gästen weit unter Wert an einen Viehhändler verschachert worden) und ein kleiner Kreis von Unentwegten.

Eberhard Arnold und Else von Hollander führten die Verlagsarbeit fast nahtlos fort unter dem Namen „Gemeinschafts-Verlag Eberhard Arnold" (ab Mai 1924 „Eberhard Arnold Verlag, Sannerz und Leipzig"). Das war überlebenswichtig und überhaupt nur möglich, weil Kees Boeke die immer noch vorhandenen Stiftungsgelder ausdrücklich für die Fortführung der Gemeinschafts- und Verlagsarbeit im pazifistischen und urchristlichen Sinn verwendet sehen wollte. Aus dem mittlerweile sehr attraktiven Sortiment von Neuwerkbüchern blieben dem Verlag nur sechs Titel: Max Bürcks „Vom Staatskirchentum zur Menschheitsreligion", Julius Goldsteins aufsehenerregendes Buch „Rasse und Politik" über die Wurzeln und Hintergründe des Antisemitismus, Eugen Jäckhs Blumhardt-Auswahlbuch, das Legendenbändchen von Fritz Schloß und Eberhard Arnolds Druckschrift „Liebesleben und Liebe"; Otto Herpel überließ die Rechte an seinem Zinzendorf-Buch „Über Glauben und Leben" ebenfalls der Sannerzer Gemeinschaft. Das Manuskript der von ihm betreuten Hans-Denck-Monografie lieferte er Anfang 1923 in Sannerz ab mit bedrückter Miene und den Worten: „Eberhard, die Toten gräbt man aus; die Lebenden gräbt man ein." Bis zu seinem überraschenden Tod im Jahr 1925 blieb er mit den Arnolds befreundet.

Ursachen

War Eberhard Arnolds Haltung in der Augustkrise 1922 wirklich weltfremd und verantwortungslos, oder gar verlogen und betrügerisch, wie es ihm vorgeworfen worden ist? Ist seine Haltung nachvollziehbar, oder bleibt sie unerklärlich, Sonderweg eines starrköpfigen Spinners, von der Mehrheit bedauernd ausgeschieden?

Wenn man das Wort weltfremd einmal ernst nimmt: ja, dieser Mann hat seine Maßstäbe aus einer anderen Welt bezogen. „Die lebendige Erfahrung des gegenwärtigen Christus ist uns identisch mit der lebendigen Erwartung seines Kommens, so dass uns das Erreichte, das Geschaffte, wie es sich auch nennen mag, gleichgültig ist gegenüber dem Gegenwärtigen und Kommenden …" – „Unser inneres Feuer, ja, auch unser Enthusiasmus, auch die Seele, auch der Eros, alles muss zusammenfließen mit dem großen einen Licht, mit dem Herzen Gottes, mit Jesus Christus, muss aus ihm neu geboren neues Leben gewinnen (…). – Alles, was Begierde, Besitzwille, Eigenmächtigkeit, Einzelanspruch ist, vergeht in diesem Sonnenfeuer. Die eine, die alte Welt, vergeht (…), die andere, die neue Schöpfung wird geboren mit ihrer hingebenden, umfassenden, schenkenden Gottesliebe und Gottesfreude". Solche Ansichten sind in der Tat dieser Welt fremd. Im Augenblick der höchsten Anspannung, als in Sannerz die meisten um die wirtschaftliche Zukunft bangten, gab er die Losung aus: „Arbeit aus Freude, Lebensunterhalt aus Vertrauen". Verantwortungslos?

Der Schlüchterner Fabrikant Max Wolf hat es in der Generalversammlung des Neuwerk-Verlags am 4. August auf den Punkt gebracht: „Was Eberhard von den übrigen Genossen trennt, ist seine Überzeugung, dass der Glaube alle irdischen Verhältnisse bestimmen muss, auch die Wirtschaft". Dem Landrat von Fulda hat Eberhard Arnold vier Jahre später auf dessen neugieriges Nachfragen erklärt: „Die dortigen" – die große Mehrheit der Hausgemeinschaft – „wollten das Wunder nicht auch als Grundlage der wirtschaftlichen Existenz anerkennen". Er selbst hat die wirtschaftliche Existenz nie von Wundern abhängig gemacht, aber er hat Wunder zumindest nicht ausgeschlossen – und hat welche erlebt. Lüge, Betrug, Taschenspielerei?

Eberhard Arnold hatte keine Wahl. Er hätte alles verraten müssen, was ihm wichtig und seit vielen Jahren lebensbestimmend gewesen war, wenn er mit der Mehrheit gegangen wäre. Wem hätte das genützt? Niemandem. Wem hätte es geschadet? All denen, die mit dem Lebensversuch in Sannerz und dem persönlichen Vorbild Eberhard Arnolds die Hoffnung auf einen gangbaren Weg glaubwürdiger Jesusnachfolge verbunden haben.

Stören und befremden mag das Pathos, mit dem Eberhard Arnold 1935 auf die Neuwerkkrise zurückblickte: „Bald auf der ersten Strecke des eingeschlagenen Weges sind (…) feindselige Zeiten der Erprobung über uns gekommen, in denen nähere und fernere Freundeskreise, die uns tief ans Herz gewachsen waren, sich abwandten und zu Feinden des Weges wurden (…). – Mochte uns die Mehrzahl aller Freunde rechts und links verlassen, mochten ganze Scharen von der hochgehobenen Fahne der Einheit und Freiheit desertiert sein, es konnte nichts mehr ändern: Mitsamt den eigenen und den anderen, uns anvertrauten Kindern mussten wir weiter, weiter vorwärts, mussten wir hindurch, dem Ziel entgegen!" – Feinde des Weges? Scharenweise Fahnenflucht? Das klingt hart, das klingt maßlos. Ist es aber objektiv betrachtet nicht. Eberhard Arnold hat Jesus und seine Botschaft auch darin ernst genommen, dass er mit Schwierigkeiten und Anfeindungen rechnete. Das Evangelium polarisiert, fordert ein ganzes Ja, und ein halbes Ja ist ein ganzes Nein. Hier waren nun Menschen, die hatten ihr Ja schon ausgesprochen. Die hatten bereits ihr Leben drangegeben für die gemeinsame Sache. Hatten gemeinsam die Gegenwart des auferstandenen Christus in der Sannerzer Hausgemeinschaft erlebt und gefeiert. Da war schon ein Grad von Vertrauen erreicht, hinter den man nicht mehr zurück kann, ohne tiefe Wunden zu schlagen und selbst zu erleiden. Sie sind zum Teil wirklich erbitterte Kritiker und Gegner geworden. Andere haben die gemeinsame Zeit in Sannerz kurzerhand aus ihrer Biografie gestrichen. Wie soll man das anders nennen als Verleugnung, Flucht, oder wie Gertrud Dalgas es nannte: Verrat? Eberhard Arnolds Enttäuschung ist begründet, und zugleich ist Erleichterung spürbar: „hindurch", die Krise ist überwunden, das Leben ist weitergegangen, „dem Ziel entgegen". Einem großen Ziel, einem Ziel, das für alle Prüfungen entschädigt, das täglich erlebbar ist – „Einheit und Freiheit".

Moralischer Sieger?

Bevor wir den Weg Eberhard Arnolds weiterverfolgen: Was ist aus den vormaligen Weggenossen geworden, und welchen Kurs nahm die Neuwerk-Bewegung? Der Siedlungsversuch der Gruppe um Heinrich Schultheis war schon nach wenigen Monaten zu Ende. Die Zeitschrift „Das neue Werk" hat unter der Leitung von Hermann Schafft und dem geringfügig veränderten Titel „Neuwerk" einen seriösen, wirtschaftlich gesunden Kurs eingeschlagen, konnte aber nie wieder so weite Kreise ziehen und solche Diskussionen auslösen wie in den stürmischen Anfangsjahren. Der von den „Realisten" gepriesene Habertshof wurde zum Volkshochschulheim umgewandelt, erfüllte zwar immer noch eine wichtige, auch von Eberhard Arnold unterstützte Funktion, aber es war unverkennbar: das Ideal wurde zur Institution, die Bewegung zum Betrieb. Eberhard Arnold trat denn auch im Mai 1931 aus der Habertshof-Genossenschaft aus. 1934 haben die Nationalsozialisten den Habertshof der Hitlerjugend einverleibt und so in den Dienst ihrer neuen Gesellschaftsordnung gestellt.

Eberhard Arnold hat keine Genugtuung und erst recht keinen Triumph über diese Entwicklung empfunden. Schadenfreude und Rechthaberei waren ihm wesensfremd. Sein Verhältnis zur Neuwerk-Bewegung insgesamt hatte er schon nach der Wallrother Pfingsttagung neu beschrieben. Er blieb auch nach der Augustkrise dabei: die Sannerzer Hausgemeinschaft verstand er als Bruchstück des „zersplitterten Keils"; auch die Bruchstücke könnten jeweils für sich weiter wirken. Die Gemeinschaft blieb auch weiterhin ganz offiziell der „Neuwerk-Verein Sannerz e.V." – vielleicht der merkwürdigste, sicher der ursprünglichste unter den anderen regionalen und städtischen Neuwerkkreisen.

Wie Eberhard Arnold die Krise persönlich durchgestanden hat, das lassen am ehesten seine Gedichte erahnen. „Dämmrung flutet" nimmt in 14 Strophen die bitteren Erfahrungen der Augusttage auf: Leidenschaft, Leere, Neid und Zank, Gift, Sprachverwirrung, Bruderkämpfe. In der achten Strophe steht ganz unvermittelt: „Der Morgen naht." Der Sonnenaufgang als Gleichnis für den Durchbruch der klärenden Wahrheit und den Sieg der Liebe. Am Ende heißt es kurz und knapp: „Der Herr regiert.“[21] Diese Gewissheit hat verhindert, dass er sich selbstzerstörerischem Grübeln hingab. Auch er war davon bedroht, nicht nur Emmy; auch er war dagegen nicht immun, keine Frage. Mehr als ein halbes Jahr lang, so scheint es, hat er immer wieder Schübe von Selbstzweifeln und Schwermut niedergekämpft. Erst zu Pfingsten 1923 fühlte er sich wieder froh und frei, Ulrich von Hutten zu zitieren: „Es ist eine Lust zu leben, die Geister wachen auf!“; erst im Mai 1923 konnte er den erlösenden Satz formulieren: „Ich fange wieder an zu leben.“

Auch Eberhard Arnold war also kein Held. Der Bruch ging ihm an die Kräfte und manchmal über die Kräfte. Dass er dennoch eine solche Selbstbeherrschung nach außen aufgebracht hat, dass stets die Zuversicht obsiegt hat, kann nur aus seinem Glauben erklärt werden. Er war auf eine schwer fassbare Weise auf die Auseinandersetzung vorbereitet; er ist eben nicht ahnungslos von den Anklagen überrascht worden; er hat über die Krise hinausgeblickt, noch ehe sie auf dem Höhepunkt war. Wie ist das möglich? Eine denkbare Antwort wäre: Er hat vom Ende her gedacht.

Blumhardt

An dieser Stelle muss der Einfluss der beiden Blumhardts auf Eberhard Arnolds Glauben und Denken zur Sprache kommen.

Johann Christoph Blumhardt (1805–1880) hat als Pfarrer in Möttlingen im Nordschwarzwald die Gewalt dämonischer Mächte erlebt, aber noch überwältigender die befreiende Kraft Jesu Christi. „Jesus ist Sieger“ hieß sein Wahlspruch. In seinem Pfarrbezirk brach eine Buß- und Erweckungsbewegung aus, begleitet von Krankenheilungen. Blumhardt nahm die Aussagen Jesu über das beginnende Reich Gottes besonders ernst; „Reich Gottes“ wurde in seiner Theologie zum Schlüsselbegriff. Er hat diese Theologie nicht im Studierzimmer entwickelt, sie entsprang vielmehr den seelsorglichen Erfahrungen in Möttlingen und später, nachdem ihm die Kirchenbehörden das Wirken dort immer mehr erschwert hatten, in Bad Boll am Rand der Schwäbi-

---

21 Eberhard Arnold hat offenbar schon während seines Aufenthalts in Bilthoven im Juli 1922, also *vor* dem offenen Ausbruch der Krise, über das Wesen des Lichts und die Bildsprache im sogenannten Prolog des Johannesevangeliums (Joh 1,1–18) meditiert.

schen Alb. Der Sohn Christoph Friedrich Blumhardt (* 1842) ist in die Fußstapfen seines Vaters getreten und hat die Reich-Gottes-Theologie noch weiter verfeinert.

Entscheidend: Blumhardt Vater und Sohn bestanden darauf, dass das Reich Gottes nicht erst im Jenseits, sondern hier und jetzt wirksam werden muss. Vertröstung aufs Jenseits hielten sie für eine Verkürzung und Verdrehung des Evangeliums. Christoph F. Blumhardt ging so weit, dass er sich mit Krankheit, vorzeitigem Tod und ungerechten Verhältnissen nicht abfinden wollte. Sein Engagement für die der Kirche entfremdeten Arbeiter führte ihn in die Sozialdemokratische Partei; einige Jahre saß er als Abgeordneter der SPD im württembergischen Landtag. Das parlamentarische Protokoll, das Gezänk und Intrigenspiel der Parteien blieben ihm aber fremd; als Bürger und Gesandter des Reiches Gottes fühlte er sich anderen Gesetzen und anderen Spielregeln verpflichtet. Christoph F. Blumhardt starb 1919. An der Wirkungsstätte der Blumhardts in Bad Boll war noch jahrelang das Lebenszeugnis und der Geist der beiden Männer spürbar.

Eberhard Arnold hat sich vermutlich schon 1910 im Zusammenhang mit der Lektüre Hermann Kutters, spätestens aber während des Weltkrieges mit dem Wirken und den Schriften der Blumhardts auseinandergesetzt. Seine Argumentation auf der Studentenkonferenz in Bad Oeynhausen und Saarow 1919 enthält unüberhörbar Anklänge an die Reich-Gottes-Theologie von Blumhardt Vater und Sohn. Das Vorbild des jüngeren Blumhardt hat ihm möglicherweise die letzte Scheu vor der Auseinandersetzung mit Sozialismus, Kommunismus und der proletarischen Bewegung genommen. Gegen Ende seiner Berliner Zeit hat er sich vergeblich darum bemüht, ein Blumhardt-Buch im Furche-Verlag unterzubringen. Als er 1920 mit Otto Herpel die Schwerpunkte für die Arbeit des Neuwerk-Verlags festlegte, war einer dieser Schwerpunkte das Zeugnis der beiden Blumhardts. In Karl Barths monumentaler „Römerbrief"-Auslegung erkannte er mühelos die Rückgriffe auf Johann Christoph Blumhardt; wohl auch deshalb hat er so beharrlich um Barths Mitarbeit am „Neuen Werk" geworben, weil er darin seine innere Nähe zu Barth erkannte.

Anfang 1921 konnte Eberhard Arnold Christoph Blumhardts Mitarbeiter und literarischen Nachlassverwalter, den Öhringer Stadtpfarrer Eugen Jäckh, als Herausgeber eines Blumhardt-Auswahlbuches gewinnen. Jäckh hat Sannerz im Juli 1921 besucht und schrieb kurz darauf über Eberhard Arnold: „... sauber vom Selbst, sauber von fremden Beimischungen, politischen, parteimäßigen, mystischen (Steiner!) und anderen". Das Bändchen „Blumhardt: Vom Reich Gottes" erschien zu Weihnachten 1921.

Die Gedanken der Blumhardts über das Reich Gottes haben sich im Leben, im Reden und Auftreten Eberhard Arnolds deutlich niedergeschlagen. Sie haben sich mit seinem eigenen Verständnis der Bergpredigt und der Reden Jesu nahtlos verbunden. Er lebte in lebendiger Erwartung des Kommenden und sprach nicht nur davon. Er rechnete greifbar mit der Gegenwart des Gottesreiches. Johannes Harder, ein Baptist, der in den Jahren 1923 und 1924 wiederholt in Sannerz zu Gast war, erinnerte sich später so an Eberhard Arnold: „Dieser Mann lebte einfach existenziell in der Zukunft. Seine Sehnsucht nach der neuen Erde bedeutete den Wunsch, dass der Himmel aufhören möchte, ein bloßes Jenseits zu sein, und zu einem Diesseits würde. Die Bitte im Herrengebet: ‚Dein Reich komme' habe ich kaum von jemand so beten gehört wie von diesem Asketen."[22] – Das ist eines der Geheimnisse des Lebens und Glaubens von Eberhard Arnold.

Versöhnungsbund

Das „Sonnherzhaus" in Sannerz wurde Anfang der 20er Jahre unter Eberhard Arnolds Leitung sehr rasch ein Ort der internationalen Begegnung und Versöhnung. Seit der Zeit der Steglitzer Offenen Abende hatte Eberhard Arnold Verbindung zu deutschen und englischen Quäkern: Walter Koch, John Stephens, Joan Mary Fry. Quäker hatten 1914 in England die „Fellowship of Reconciliation" gegründet, den Versöhnungsbund. Nach dem Krieg betrieb vor allem der niederländische Quäker Kees Boeke den Aufbau einer internationalen Plattform. Diese fand sich unter dem Motto „Christliche Internationale" im Herbst 1919 in Bilthoven bei Utrecht am Wohnsitz von Kees und Betty Boeke zusammen. Deutsche Vertreter waren Walter Koch und Friedrich Siegmund-Schultze; Otto Herpel veröffentlichte einen ausführlichen Bericht am 19. Dezember 1919 im „Neuen Werk".

22 J. Harder, Aufbruch ohne Ende: Geschichten meines Lebens, S. 103

Eberhard Arnold verpasste zwar auch die zweite Konferenz im Juli 1920 (die Einladung war auf dem Postweg verlorengegangen); aber er schickte der Konferenz eine Botschaft und erklärte sich darin bereit zur Mitarbeit. Im Januar 1921 traf er dann selbst Vertreter der „Christlichen Internationale“ und des Versöhnungsbundes – zunächst in Sannerz und wenige Wochen später in Bilthoven. Dort begegnete er christlichen Pazifisten aus England, Frankreich, Belgien, den USA, aus Ungarn, Österreich und Dänemark. Manche der Teilnehmer konnte man schon kurze Zeit später als Besucher in Sannerz antreffen. Eberhard Arnold seinerseits engagierte sich im Vorstand des Versöhnungsbundes und als Referent bei nationalen Versöhnungsbund-Konferenzen: so 1924 in Freudenstadt, 1925 auf dem Habertshof und 1926 in Oberammergau. Es blieb nicht allein bei Worten – „Die Tat ist wesentlicher als die Erklärung der Tat“. In Zeiten sozialer Unruhen ging Eberhard Arnold auch schon einmal zwischen die drohend einander gegenüberstehenden Parteien – Reichswehr hier, Arbeiter da, nur mit einer weißen Fahne, seinem Mut und seiner Beredsamkeit ausgerüstet, getreu dem Vorbild Jesu: Wer um die eigene Haut fürchtet, kann nicht glaubhaft Frieden stiften; wer immer einen Sicherheitsabstand hält, dringt nicht zu den Menschen durch.

Der eigentliche Prüfstein war das Zusammenleben in der Gemeinschaft. Das hat Eberhard Arnold deutlich erkannt: „Wer Hass aus der Welt schaffen will, muss aufhören zu hassen und anfangen zu lieben. Wenn im kleinen Kreise diese Liebe nicht geübt wird, dann ist der Pazifismus Phrase. Die Friedensgesinnung muss im täglichen Leben erprobt werden. Es interessiert uns kein allgemeiner Pazifismus, sondern nur ein solcher, der das ganze Leben durchdringen will durch den Geist des Guten.“ Eberhard Arnold war ja selbst auch eine entschlossene und kämpferische Natur, konnte laut werden, konnte dann auch verletzen. Gertrud Dalgas berichtete einmal, er habe bei jedem Abendmahl für seine temperamentvolle Art um Verzeihung gebeten.

Eberhard Arnolds Einsatz für Versöhnung, aber auch die weitere Entwicklung der Hausgemeinschaft in Sannerz ist nicht denkbar ohne die Freundschaft mit Kees und Betty Boeke und ohne deren Vorbild. Kees Boeke wurde 1894 in Alkmaar geboren, ist aber in England in erwecklichen Quäkerkreisen aufgewachsen und ist dort zum Glauben an Jesus Christus gekommen. Zu einem Glauben, der sich – wie bei

Eberhard Arnold auch – nach außen wandte. Kees Boeke wurde Ingenieur, hat dann einige Zeit an einer Missionsschule in Syrien gearbeitet und war zu Beginn des Weltkrieges nach England zurückgekehrt. Dort hat er Beatrice „Betty" Cadbury kennengelernt, die Tochter eines bekannten Süßwarenfabrikanten und christlichen Sozialreformers. Sie brachte ein beträchtliches Vermögen in die Ehe mit. Kees und Betty Boeke gingen in ihren sozialreformerischen Gedanken weit über Cadbury hinaus; sie lehnten jede Art von Geldwirtschaft ab und richteten mit Bettys Erbe eine gemeinnützige Stiftung ein. Ihr Pazifismus war radikal und kämpferisch; sie bezahlten keine Steuern (Kees Boeke kam deshalb mehrmals in Beugehaft), zogen Friedenslieder singend durch niederländische Städte und agitierten mit einer eigenen Zeitschrift für Abrüstung. In Bilthoven sammelten sie eine „Christliche Bruderschaft" und bauten das „Bruderschaftshaus". Von all dem konnte sich Eberhard Arnold 1921 selbst ein Bild machen. Gelder aus der Boekeschen Stiftung halfen der Hausgemeinschaft im August 1922 zu überleben und erlaubten dem „Gemeinschaftsverlag Eberhard Arnold" den Neuanfang; Druckaufträge für die Zeitschrift „De Streeder" und für ein christlich-pazifistisches Liederbuch in holländischer Sprache brachten dem „Gemeinschaftsverlag" Arbeit und Einkommen in der schwierigen Aufbauphase.

Auch in der Kinderarbeit in Sannerz und in Eberhard Arnolds pädagogischem Konzept finden sich Wechselwirkungen mit Kees Boekes Arbeit im „Bruderschaftshaus". Kees Boeke hat sich ohne entsprechendes Studium, aber aus Leidenschaft mit Erziehungsfragen befasst. Als Eberhard Arnold ihn kennenlernte, hatte er gerade seine vier Töchter von der Bilthovener Montessori-Schule genommen und begonnen, sie selbst zu unterrichten. Eberhard und Emmy Arnold sind seinem Beispiel mit wenigen Monaten Verzögerung gefolgt. 1926 gründete er eine Reformschule; in den Niederlanden gilt er als einer der originellsten, ungewöhnlichsten Pädagogen des 20. Jahrhunderts. Inwiefern Eberhard Arnolds Erziehungsmethode wieder auf Kees Boeke zurückgewirkt hat – das ist eine gründlichere Untersuchung wert, würde aber den Rahmen dieses Buches sprengen.[23]

---

23 Der Kontakt zwischen Eberhard Arnold und Kees Boeke riss 1926 fast vollständig ab, als die „Christliche Bruderschaft" in Bilthoven unter ähnlichen Umständen wie die Sannerzer

Kindergemeinde

Die Fürsorge für heimatlose Kinder war ein Motiv bei der Gründung der Sannerzer Hausgemeinschaft. Nach der Wallrother Tagung schrieb Eberhard Arnold öffentlich im „Neuen Werk", der spezifische Auftrag des Sannerzer Gemeinschaftslebens sei es unter anderem, „den Kindern eine freie, unter dem Einfluss des Geistes Gottes stehende Erziehung und Lebensausrüstung zu geben". An der Frage nach der Dringlichkeit der Kinderarbeit entzündete sich der Streit ums Geld und um die wirtschaftlichen Prinzipien, die im August 1922 zum Bruch geführt haben. Dienst an den Kindern, Ringen um die Kindheit – das blieb auch beim Neuaufbau seit Herbst 1922 ein Hauptanliegen der Gemeinschaft.

Eberhard Arnold hat die Arbeit mit Kindern auch deshalb überaus ernst genommen, weil er bei Jesus so viel Achtung vor der kindlichen Seele, so viel Lob für kindlichen Glauben gefunden hat. „Alles, worum die Jugend ringt: die letzte Wahrheit und Schlichtheit, das Bleiben im Kinderland und die Glut der vollen Liebe, das Leben im echten Gemeinschaftsgeist – ist in Wahrheit nur möglich, wenn Christus uns ganz durchdringt und beherrscht", schrieb er Ende 1920. Kind sein, Kind bleiben, Kind werden, um recht glauben zu können, wie Jesus es sagt; das hat ihn all die Jahre des Gemeinschaftslebens über immer wieder beschäftigt.

„Wir wollen keine Anstalt, sondern eine große Familie, die Kindergemeinschaft in der Gemeinschaft der Erwachsenen", so kennzeichnete Eberhard Arnold den Platz der Kinder innerhalb der Hausgemeinschaft. Sie wurden ihrem Alter entsprechend gefordert und gefördert. Sie bekamen frühzeitig kleine überschaubare Aufgaben im Haus, im Garten, in der Tierhaltung. Sie konnten je nach Neigung Musikinstrumente erlernen, sich handwerklich oder künstlerisch betätigen: das hat die Gemeinschaft auch in knappen Zeiten möglich gemacht (wann ging es überhaupt anders als knapp her?). Sie konnten die Natur erkunden und die Umgebung entdecken. Rechts und links des Fuldatals gab es jede Menge Geschichte zum Anfassen. Die musste erwan-

Gemeinschaft 1922 zerbrach. Kees Boeke hat in der Folge den Pazifismus, das christliche Gemeinschaftsideal und schließlich auch seinen Glauben aufgegeben, 1933 wollte er ausdrücklich „nur noch Schulreformer" sein.

dert werden; da hätte ein trockener Vortrag nicht halb so viel bewirkt. Gertrud Dalgas (für Kinder und Erwachsene stets „Trudi") war eine ausgeprägte Frohnatur und hatte ein Händchen für Kinder. Und Eberhard Arnold hatte den Blick für diese Begabung.

Er selbst hat immer die Nähe der Kinder gesucht. Auch und gerade die der Pflegekinder. Für die war er genauso „Eberpapa" wie für Emy-Ma, Hardy, Heini, Hans-Hermann und Monika („Mö"). So berichtet zum Beispiel Sophie Löber, Jahrgang 1915, die unter ihrem Mädchennamen Sophie Schwing im Frühjahr 1924 nach Sannerz kam: „Er war ein überaus natürlicher Mensch, nicht etwa sehr gelehrt uns gegenüber. Er war sehr einfach und ist auf unsere kindliche Sprache eingegangen. Er wollte nicht, dass wir nur nachsprechen, was wir hörten. Es war ihm sehr wichtig, dass wir unsere eigenen Gedanken ausdrückten, auch wenn es einfach war." Kein Gewissenszwang, vor allem nicht in Glaubensfragen. Eberhard Arnold hat es sich nicht nehmen lassen, die Kinder in sogenannten „Morgenstunden" in die Bibel einzuführen. Er hielt sie dazu an, mit religiösen Worten und Wendungen sparsam umzugehen. „Das Religiöse, da sprach man wenig drüber. Das war eine ehrfürchtige Sache", erzählt Rudi Hildel, ein anderes Gemeinschaftskind.

Mit einigen der Älteren paukte Eberhard Arnold Latein. Er gab sich viel Mühe, den Kindern den Sinn und die Vorzüge solchen Wissens zu erklären. Für Sport und für Späße war er immer zu haben. Im Winter baute er mit den Großen zusammen eine halsbrecherische Schlittenbahn. „Er hat von uns Mut verlangt", erzählt Sophie Löber; „wir mussten etwas wagen. Weichlichkeit gab es nicht. Und wir mussten sehr tapfer sein." Trotz seiner achtunggebietenden Größe hatten die Kinder keine Scheu vor ihm. Drohen, Zwang, Suggestion – das war ihm zuwider. Er teilte die Abscheu der Jugendbewegung „gegen die Gewalttätigkeit der Erzieher, die der Jugend das Gute einbläuen wollten". Er konnte bestimmt auftreten, zum Beispiel in Sachen Ordnung, berichtet Rudi Hildel: „Er war ein Mensch der Ordnung und hat das immer vertreten unter uns." Zugleich hielt Eberhard Arnold jede Form von körperlicher oder seelischer Gewalt für eine Bankrotterklärung. Zeit für die Kinder der Gemeinschaft hat er sich auch dann genommen, wenn er dafür abends die entsprechende Stunde dranhängen musste. Er war stets über die Erlebnisse, die Fortschritte, die kleinen und größeren Sorgen jedes und jeder Einzelnen auf dem Laufenden. Sein Prinzip: „Erziehung ist Erweckung. Das innerste Geheimnis aller Lebensgebiete muss den Kindern erschlossen werden! Ihr Instinkt für das Wesentliche und Göttliche in allen Dingen und hinter allen Dingen muss wach und stark gemacht werden."

Staunend haben Eberhard Arnold und die Erzieherinnen beobachtet, wie es in der Kinderschar tatsächlich zu einer solchen „freien Erweckung des Christusgewissens" kam und wie daraus eine „freie sich selbst leitende Gemeinde" wurde: die Kindergemeinde. Innerhalb der Kindergemeinde gab es dann noch einmal Bewegung; aus eigenem Antrieb heraus formierten sich Heini und seine nächsten Altersgenossen zum „Sonnentrupp", dichteten Jesuslieder, erstellten einen Ehrenkodex, übernahmen Verantwortung und überraschten die Erwachsenen mit tiefgründigen Erkenntnissen und einfallsreichen Vorschlägen. Ein kämpferischer, ein vorwärtsdrängender Kreis war das. Die Gemeinschaftskinder schlossen freimütig Bekanntschaften im Dorf, nahmen Nachbarkinder selbstverständlich in ihr Spielen und Singen hinein und verständigten sich selbst mit den Zöglingen einer katholischen Erziehungsanstalt am Ort mühelos. Sannerz war nur ein kleines Dorf, aber eine Insel war es nicht, und eingesperrt wurde in der Hausgemeinschaft niemand. Für die Kinder war „Sonnherz" der freiheitlichste, fröhlichste Platz der Welt.

Sonnenlieder

„Unsere ‚Sonnenlieder für Menschheitsfriede und Gottesgemeinschaft' sind das stärkste und neueste Friedenszeugnis unserer Arbeit", schrieb Eberhard Arnold am 8. Mai 1924 an Friedrich Wilhelm Foerster: „Durch alle unsere Lieder geht der starke Ton des Friedensglaubens und der Friedenserwartung." Da hatte der Eberhard-Arnold-Verlag soeben die „Sonnenlieder" ausgeliefert; ein Buch mit 100 Liedern aus acht Jahrhunderten. Kaum ein anderes Dokument verrät mehr über das Leben in der Neuwerk-Gemeinschaft Sannerz, über die Geistesströme, die dort zusammenflossen, und zugleich über die Menschen, die dort in den ersten Jahren ein- und ausgingen. Wenn man nichts anderes über Eberhard und Emmy Arnold wüsste, als dass diese Liedersammlung auf ihr Leben und ihre gemeinsame Arbeit zurückgeht – was würde man daraus alles schließen können:

- Sannerz muss ein inspirierender Ort gewesen sein. 25 dieser „Sonnenlieder“ sind in den dreieinhalb Jahren Gemeinschaftsleben seit Sommer 1920 entstanden. Feurige Lieder, grenzenlose Zuversicht verbreitend, tiefe Erfahrungen und schwere Krisen widerspiegelnd.
- Humorvolle, feinsinnige Menschen müssen es gewesen sein, die dort lebten, solche Lieder schrieben und sangen.
- Naturverbunden müssen sie gewesen sein, gut zu Fuß, Frühaufsteher („Einen goldnen Wanderstab“, „Wir wollen zu Land ausfahren“, „Früh, wenn die Hähne krähn“).
- Sie müssen Zugang zu wissenschaftlichen Bibliotheken gehabt haben. Sie waren interessiert an der Geschichte der Reformation (Täuferlieder aus dem 16. Jahrhundert, Urfassungen von Lutherchorälen), an der Herrnhuter Brüdergemeine, an Gläubigen und Heiligen und Mystikern aller Jahrhunderte (Ambrosius, Franziskus, Tersteegen …).
- Sie waren dem Neupietismus und der Heiligungsbewegung verbunden (das beweisen die Nachdrucke aus einschlägigen Gesangbüchern wie den „Reichsliedern“ und dem „Rettungsjubel“).
- Sie waren sozial engagiert. Kriegsgegner. Friedliebend. Forderten die Überwindung der Klassengegensätze und erwarteten, dass das Reich Gottes anbricht. Bald. Vermutlich sind die „Sonnenlieder“ das einzige Liederbuch, in dem „Brüder, zur Sonne, zur Freiheit“ (mit einer christlich-pazifistisch umgedichteten dritten Strophe) friedlich eingerahmt wird von „Morgenglanz der Ewigkeit“ und „Auf, denn die Nacht wird kommen“.

Das Buch verkaufte sich glänzend, trotz oder gerade wegen seiner Mischung und Ausrichtung. Seine Wirkung kann gar nicht überschätzt werden. Selbst Carl Franklin Arnold hat seinem Sohn Anerkennung gezollt: „Ich bin von Herzen froh, dass dies schöne und wohlgestaltete Gebilde in die Welt hinausgetreten ist. Ich danke Dir für das wertvolle Geschenk, das durch Einband, Papier, Druck, Notenstich, Bilderschmuck mit heller Freude erfüllt. (…) In gedankenreichen Symbolen tritt dem Betrachter die Sinnesart der Sannerzer vor Augen. (…) Darf nicht damit zurückhalten, dass mir vieles an dem Buch fremd ist und wohl immer fremd bleiben wird. (…) Ich ehre Deine Tendenz allumfassender Liebe – nur darf sie nicht zur Ungerechtigkeit gegen andere werden."

Ganz nebenbei zeigt dieser Brief: Der Vater hat seinen Frieden mit dem Lebensweg Eberhard Arnolds gemacht. Er konnte sich zwar immer noch nicht abfinden mit „Pazifismus, Kommunismus, Philosemitismus, Kirchenverneinung, Abstinenzzwang" und betete weiter allabendlich für das Seelenheil seiner ungetauften Enkel, aber auf wissenschaftlichem Gebiet hat er seinen Sohn längst als ebenbürtig anerkannt. Schon seit der Furche-Zeit pflegten die beiden einen regen Austausch von Literaturhinweisen, Einschätzungen, Büchern und Artikeln.

Zuwachs

Eberhard Arnold hielt auch weiterhin aufsehenerregende Vorträge: in Frankfurt, in Hannover, in Leipzig, wiederholt in Stuttgart – und in Nordhausen am Harz. Dort gab es eine rege baptistische Jugendgruppe um das Ehepaar Adolf und Martha Braun, Teil einer breiteren baptistischen Jugendbewegung: der „Weggenossen". Adolf Braun, Jahrgang 1893, war Landmesser von Beruf und betrieb eine kleine Landwirtschaft. Als Soldat im Weltkrieg hatte er „Der Krieg, ein Aufruf zur Innerlichkeit" gelesen. Er war befreundet mit Heinrich Euler, einem Baptistenpastor und „Urgemeinde"-Mitglied der ersten Stunde. Mit Eberhard Arnold stand er seit Januar 1923 in Briefkontakt. Er hat Sannerz wiederholt besucht, alleine und mit jungen „Weggenossen". Im Januar und März 1924 hat er Eberhard Arnold zu Vorträgen nach Nordhausen geholt und hat ihm die Tür zu weiteren Vorträgen in sächsischen Baptistenkreisen geöffnet. Was ihn selbst bewegte, und was er von Eberhard Arnold hörte, das waren Gedanken ein und desselben Ursprungs. „Nach Taten schreit die Welt, nicht nach Traktaten", so lud Adolf Braun im Juni 1924 zu einer Tagung auf der Breitewitzer Mühle in Gräfenhainichen ein: „Es kommt nicht darauf an, dass wir viel wissen, viel organisieren, viel leisten – aber auf die Kraft kommt es an!"

Eberhard Arnold hielt bei dieser Tagung zwar auch einen Vortrag. Vor allem aber las er aus alten hutterischen Bekenntnissen und Gemeindeordnungen vor. Anschließend begleiteten Adolf und Martha Braun den Gastredner zurück nach Sannerz. Dort beschlossen sie, der Gemeinschaft beizutreten. Mit ihren beiden kleinen Töchtern zogen sie im Oktober 1924 in Sannerz ein. Die erste Familie, die sich nach der Krise im Herbst 1922 der Gemeinschaft anschloss.

XI.

Die „Wegwarte"

Als Adolf und Martha Braun in Sannerz einzogen, da brachten sie nicht nur ihre Kinder mit, sondern auch ihre Verbindungen zu den „Weggenossen" der baptistischen Jugend. Und mittelbar auch die „Wegwarte", als Zeitschrift der baptistischen Jugendbewegung 1923 gegründet, von Maria Großmann herausgegeben und redigiert. Im Mai 1925 zog sich Maria Großmann im besten Einvernehmen aus der Schriftleitung zurück; ab Juni wurde das Blatt vom Eberhard-Arnold-Verlag herausgegeben, Adolf Braun übernahm die Schriftleitung. Damit hatte die Gemeinschaft endlich wieder ein Organ, um Freunde zu gewinnen und zu informieren und ihre Anliegen zur Debatte zu stellen. Die Auflage war vor der Übernahme nicht hoch und wurde es auch nachher nie, erreichte jedenfalls nicht die Auflage des „Neuen Werks". Auffallend selten sind „Wegwarte"-Artikel mit Eberhard Arnold gezeichnet. Auffallend oft erkennt man aber seine Sprache in Artikeln der „Hausgemeinschaft Sannerz". Wie früher die „Furche" und dann „Das neue Werk" trug nun die „Wegwarte" die Spuren von Eberhard Arnolds Entwicklung. Aber es war diesmal nicht nur seine persönliche Entwicklung, er sprach immer öfter für die Gemeinschaft. Bezeichnenderweise verstand er sich nicht als Leiter der Gemeinschaft, sondern als „Wortführer". Er führte das Wort, er formulierte die gemeinsame Überzeugung der Gemeinschaft. Er brachte es auf den Punkt, was die Gemeinschaft beseelte, bedrückte, bewegte. Fast unmerklich hat er sich dabei immer mehr zurückgenommen. Und trotzdem war das, was er nun sagte und schrieb, deutlich, gewichtig, hatte scharfe Konturen. Eberhard Arnold, so scheint es, ist mehr und mehr in der Gemeinschaft aufgegangen. Nicht zum Schaden seiner Persönlichkeit.

Gemeinde

Das große Thema im fünften Lebensjahrzehnt Eberhard Arnolds heißt: Gemeinde. Was ist das, Gemeinde? Was ist das Wesen von Gemeinde? Wie, wo, wann ereignet sich Gemeinde? Nicht, dass er früher keine Vorstellung davon gehabt hätte. Was Gemeinde nicht ist, das hat er schon früh formuliert: „Nicht Kirche, nicht Sekte". Gemeinde war schon bisher für ihn etwas Übernatürliches, etwas, das jeden menschlichen Verstand sprengt. Er hat sich nicht angemaßt, dieses Geheimnis auszuloten. Er wurde ganz einfach Chronist, hat Worte gesucht für das, was sich im Gemeinschaftsleben in Sannerz zugetragen hat. Kein Vergleich war ihm zu blumig, wenn es um das Geheimnis der Gemeinde ging: die Gemeinde keimt und blüht im Verborgenen; sie ist eine stille Wirklichkeit; sie ist „das edelste und zarteste Gebilde aller Gemeinschaftsmöglichkeiten auf der Erde". Er prägte die Formel von der „werdenden Gemeinde": „Ein Bund der freiwilligen Hingabe, der um die Gemeinde kämpft." Gemeinde ist also immer im Entstehen, muss erkämpft, erworben werden. „Das Leben in Gemeinschaft kann nicht mit der Gemeinde Christi selbst verwechselt werden. (...) Das Geheimnis der Gemeinde ist mehr und anders." Nämlich? Es dringt in die Gemeinschaft ein, „sooft jenes unbeschreiblich verlangende Offensein und Bereitsein geschenkt wird, in dem Gott allein handeln und sprechen will". – Wenn sich das Geheimnis ereignet, dann ist es also ein Geschenk; man kann es nicht erzwingen, man kann nicht darüber verfügen. Zu Ostern 1925 berichtet Eberhard Arnold in einem Rundbrief an die Freunde und Förderer der Gemeinschaft von solchen Momenten: „Manchmal kam es zu Erschütterungen, dass von Gott her etwas durchbrach. Es kam zu Gemeinschaftserlebnissen tiefster Art. Wir fühlten unsere Schuld und zugleich Gnade, die von Christus selbst zu uns kommt. Es ging etwas von dem aus: Das Reich Gottes ist mitten unter euch."

Eberhard Arnold war sich bewusst, dass dieses Gemeindeerleben nicht an Formen gebunden war, also auch nicht an einen bestimmten Lebensweg wie den der Gütergemeinschaft. Er sprach im gleichen Zusammenhang vom „unerhörten Reichtum verschiedensten Auftrags und verschiedener Begabung". Er war aufgeschlossen für jede Bewegung und Gruppe, wenn sie nur „auf Christus hinführt und wirklich dem Ganzen, der Gemeinde, dem kommenden Reich dient". Je mehr er in Sannerz und anderswo die „unsichtbare Wirklichkeit und Einheit der Gemeinde" spürte, um so mehr empfand er „Ehrfurcht vor der Gemeinde und ihren Menschen". Mit heiliger Scheu und Zurückhaltung hat er versucht, auch andere diese Ehrfurcht zu lehren. Gegen Ende seines Lebens wurde ihm diese Aufgabe immer wichtiger.

Geistesverwandte Bewegungen hat Eberhard Arnold stets mit großem Interesse verfolgt. Zum einen entsprach das seiner eigenen Erwartung: genau so, durch die Entstehung kleiner Zellen, Gruppen, „Bündnisse der Arbeit", Siedlungen überall im Land, werde sich das Reich Gottes ausbreiten. Zellgemeinschaften, die „stille und verborgene kleinste Lebensbeziehungen" aufbauen und am Ende organisch als „Gemeinschaft der Glieder zu einem einzigen Leib" zusammenwachsen, das war seine Vision vom werdenden Reich Gottes. Er hatte keine Sorge, dass man diesen „einzigen Leib" künstlich zusammenschrauben oder -kleben könnte. Wenn Einheit entsteht, dann nur durch Gottes Geist. Nur „aus dem Liebesgeist des Schöpfers" kann „letzte Einheit geschenkt" werden.

Wiederum hat es Eberhard Arnold nicht beim Philosophieren belassen. Die nächstliegende Möglichkeit, auf Einheit zu dringen, bot sich beim Habertshof. Vom ersten Tag in Sannerz an hat er das Gespräch mit Max Zink, dem Leiter des Habertshofes, gesucht und Möglichkeiten zur Annäherung, zur Zusammenarbeit, zum Austausch erkundet. Im Februar 1922 erging an die Siedlungsgenossenschaft Habertshof der Vorschlag zur „sofortigen bedingungslosen Vereinigung". Damit legte Eberhard Arnold sein Schicksal und das der Sannerzer Gemeinschaft in die Hand der Habertshöfer. Die Gemeinschaft war in diesem Augenblick tatsächlich bereit, mit Mann und Maus auf den Habertshof überzusiedeln, die eigene Arbeit dort einzugliedern, sich ein- und unterzuordnen. Indessen, der Habertshof lehnte den Vorschlag ab. Nach der Neuwerkkrise im Spätsommer 1922 hatte sich die Frage ohnehin erledigt.

Die nächste Chance bot sich im August 1924 nach der Tagung der „Weggenossen" auf der Breitewitzer Mühle. Eberhard Arnold formulierte im Beisein von Martha und Adolf Braun einen Brief „an die werdende Gemeinde Neu-Sonnefeld": „Wir richten an Euch die dringende Aufforderung, mit uns gemeinsam zu leben und zu arbeiten, dass wir fortan im täglichen Leben und in allen Dingen einstimmig vorgehen. Alle Einzelfragen treten dem tiefen Bewusstsein der Einmütigkeit gegenüber zurück. Einstimmigkeit wird uns in allen Dingen geschenkt werden." – Auch hier wieder: keine Bedingungen, keine

Frage ausgeklammert. Übersiedlung von Sannerz nach Neu-Sonnefeld oder umgekehrt oder komplett neuer Aufbau an einem dritten Ort – um der Einheit willen hätte sich die „Neuwerkgemeinschaft Sonnherz" auf alles eingelassen.

Auch dieser Anlauf ging ins Leere. An sachlichen Fragen wird die Vereinigung kaum gescheitert sein. Möglicherweise ist Eberhard Arnold nicht nur der Vorarbeiter, sondern zugleich auch ein Hindernis für die Vereinigung gewesen. Wer hätte denn eine vereinigte Siedlung Sannerz/Habertshof leiten sollen? Welche Rolle hätte er in einer vereinigten Neu-Sonnefelder/Sannerzer Jugend gespielt? Wäre da noch Platz geblieben für Hans Klassen, den Leiter der Neu-Sonnefelder? Auch bei anderen Gelegenheiten haben seine Eigenarten eine engere Zusammenarbeit mit anderen starken Persönlichkeiten verhindert. Er hat es trotzdem immer wieder versucht, um der Sache willen.

Freideutsch

Was mit anderen christlichen Siedlungsgemeinschaften nicht gelang, wäre beinahe mit Teilen der Freideutschen Jugend geglückt: Einheit im Willen und in der Tat. Um seinen leidenschaftlichen Einsatz in der Freideutschen Bewegung zu verstehen, muss man bis ins Jahr 1920 zurückblenden: „Ich stehe zu ihnen so, wie ein Missionar in Japan zu geistesangeregten religiös interessierten dortigen Kreisen stehen würde", so hat er damals seine Verbindungen zu den Freideutschen verteidigt; „Ich bin dankbar für jede offene Tür, die ich bei verhältnismäßig wahrhaftigen, schlichten und empfänglichen Menschen finden kann, und eine solche ist mir hier gegeben." – Seit wann er auch formell Mitglied des „Freideutschen Bundes" war, ist nicht mehr zu ermitteln.

Knapp zehn Jahre nach dem ersten „Fest der deutschen Jugend" luden der „Freideutsche Bund" und verwandte Bewegungen wieder zu einer Jugendtagung auf dem Hohen Meißner ein. Im Vorbereitungsausschuss saß auch Eberhard Arnold, zusammen mit dem Leiter des Bundes Knud Ahlborn, mit Leuten wie Karl Udo Iderhoff, Normann Körber, Erich Mohr und anderen. Etwa 2.500 junge und junggebliebene Leute folgten der Einladung. Die Tagung fiel in die Zeit des Ruhrkampfes. Nationale Empörung und trotzige Solidarität einte die doch sehr unterschiedlichen Gruppen im Vorfeld der Tagung: „Unser

Deutschland, tief gedemütigt und misshandelt, soll der aufkommenden, neuen Welt zeigen, dass es dem Aufbau einer besseren Menschheitsordnung dienen will." Als man sich dann vom 30. August bis 2. September 1923 erst auf dem Ludwigstein und dann auf dem Hohen Meißner traf, war die beschworene Einheit schnell dahin. Einige Arbeitsgruppen wurden von parteikommunistischen Jugendvertretern gesprengt, die Tagung verlief streckenweise chaotisch. Eberhard Arnold kommentierte in einem Artikel für die „DCSV-Mitteilungen": „Die Jugendbewegung in allen ihren Teilen lebt und bleibt in ihrer zerklüfteten Zerrissenheit ein Schauplatz, auf dem die letzten Mächte um Entscheidung ringen. (…) In Wahrheit stellt die gesamte Bewegung ein religiöses Ringen und Suchen dar." – Er würdigte das „freideutsche Bekenntnis zur Wahrhaftigkeit": „Es gibt keinen Entschluss zur Wahrhaftigkeit, an dem nicht Gott selbst Interesse hätte. Wer aus der Wahrheit ist, wird die Stunde erleben, in der er die Stimme hört, die die Wahrheit ist." Er sah die Freideutsche Bewegung auf einem guten Weg; der „kommunistische Drang zur letzten Schlacht" sei auf der Meißnertagung ebenso zurückgewiesen worden wie die Versuche „alter Führer", die Bewegung auf ein bestimmtes politisches Programm festzulegen.

Als Ergebnis der Tagung entstand ein Dokument, das in wesentlichen Formulierungen die Handschrift Eberhard Arnolds trägt. Der „Ruf an uns" ist ein Aufruf zur Tat angesichts der damals gegenwärtigen Not:

„Wir glauben an eine Zukunft der Volks- und Menschheitsgemeinschaft, die die verantwortliche Freiheit des Einzelnen für das Ganze weckt (…). – Wir glauben, dass aus der Erschütterung von den letzten Tiefen her die innere Vollmacht kommen muss, ohne die unsere Aktivität wesenlos und wirkungslos ist. Wir halten darum für die wichtigste Aufgabe der freideutschen Bewegung, angesichts der ewigen, unter uns unvollendeten Wahrheit zu leben (…). – Es gilt, dass sich jetzt Sendscharen bilden zu brüderlicher Hilfeleistung in allen Nöten (…) als Künder der ewigen kommenden Ordnung!"

Unterzeichnet wurde der Aufruf außer von Eberhard Arnold auch von Ferdinand Goebel, Erich Mohr, Karl Sachse und Hugo Tlustek – aber nicht von Knud Ahlborn. Was hinderte ihn? Er verfolgte ehrgeizigere Ziele. Er wollte aus dem Bund eine Art Orden „innerlichst zusammenstehender, weltanschaulich übereinstehender Menschen" machen. Die einzelnen Gruppen und Gliederungen des Freideutschen Bundes wollte er auf gemeinsame politische Richtlinien festlegen. Sein Entwurf enthielt ein Bekenntnis zur Weimarer Verfassung; die Unterzeichner des „Rufs" aber bezeugten, dass sie „für das öffentliche Leben eine andere Ordnung wollen, als sie heute besteht". – Darüber hinaus behagte ihm der ganze Kurs des Freideutschen Bundes nicht mehr. Er wollte der stark nachdrängenden jungen Generation Zügel anlegen und den Einfluss der Gründer – im Wesentlichen seinen eigenen Einfluss – sichern. Er legte Eberhard Arnold seine Pläne dar: „Hie Jugendarbeit – hie Manneswerk". Das lief auf eine Spaltung des Bundes hinaus. Es kam zu einem mustergültigen Skandal. Die Stationen: Eberhard Arnold und der Berliner Kreis des „Freideutschen Bundes" um Erich Mohr forderten eine außerordentliche „Bundestagung". Knud Ahlborn und Ferdinand Goebel (der mittlerweile umgekippt war) drohten mit dem Ausschluss der Rebellen; außerdem erklärten sie die umstrittenen politischen Richtlinien ex cathedra für bindend. Zu Silvester gab es zwar eine Krisensitzung des Bundesvorstands in Hamburg, aber die wurde von Ahlborn und Goebel hintertrieben und boykottiert. Der Tragödie letzter Akt: An Ostern 1924 fanden gleich zwei Freideutsche Bundestagungen statt. Ahlborn und Goebel sammelten ihre Anhänger in Jena; Erich Mohr und die anderen „Rufer" luden zur selben Zeit auf die Jugendburg Ludwigstein ein. Das war die Geburtsstunde des „Freideutschen Werkbundes."

Eberhard Arnold feierte Ostern im Kreis der „werdenden Gemeinde Sonnherz". Wenige Tage später trat er aus dem Freideutschen Bund Ahlborns aus – und zu Pfingsten zusammen mit allen erwachsenen Mitgliedern der Gemeinschaft in den Freideutschen Werkbund ein. Im Juli berief ihn der Vorstand auf Vorschlag von Erich Mohr zum Leiter des „Ältestenkreises". Damit wurde Eberhard Arnold neben Erich Mohr zum Gestalter des Freideutschen Werkbundes.

Was hat ihn an diesem Kreis gereizt, was hat ihn dort sieben Jahre und länger gehalten? Was außer der Freundschaft mit Erich Mohr, die immer herzlicher wurde? Zum Beispiel, dass er dort immer mit aufmerksam gespitzten Ohren rechnen konnte. Lebhafte, offene Aussprachen, Streit in der Sache, Einheit im gemeinsamen Drang zu „echter Menschwerdung". Die Anhänger des Freideutschen Werkbundes, so scheint es, sind keiner noch so folgenschweren Frage ausgewichen, sei sie religiös oder politisch gewesen. Das war derselbe Menschenschlag, der die stürmische Anfangszeit der Neuwerk-Bewegung geprägt hatte. An diesen Idealisten hat er die Aufgabe wahrgenommen, die er schon 1920 beschrieben hat: „Es kommt viel darauf an, dass wir diesen Gottsuchern in der rechten Weise den einzigen Weg zeigen, der der Christus ist". Der Freideutsche Werkbund ließ sich das gefallen, getreu seiner Gründungserklärung zu Ostern 1924: „An den großen Kündern und Gestaltern der ewigen Mächte wollen wir uns bilden." Zu diesen großen Kündern und Gestaltern wurden Laotse, Tolstoi, Goethe, Gandhi und andere gezählt – und immer wieder Jesus Christus. Diesen Willen, neben vielen anderen auch auf Jesus zu hören und von seiner Lebensart, seiner Gesinnung und Lehre zu lernen, hat Eberhard Arnold erkannt und nach Kräften gefördert. Er und andere Mitglieder der Hausgemeinschaft haben die menschliche Beziehung zum „Werkbund" ständig vertieft, und zugleich hat die Gemeinschaft dem Werkbund organisatorisch geholfen. Tagungen und Arbeitswochen wurden in Sannerz abgehalten. Im Frühjahr 1925 erwog der Werkbund, in Sannerz ein Haus zu kaufen und als „Bundesheim" herzurichten. Die Idee wurde nur wegen Geldmangels nicht verwirklicht. Im Januar 1926 stellte der Werkbund den „Freideutschen Rundbrief" ein und nahm Eberhard Arnolds Angebot an, die Mitteilungen des Bundes künftig in der „Wegwarte" abzudrucken. Gruppen und einzelne Mitglieder des Werkbundes haben Patenschaften für Pflegekinder der Hausgemeinschaft übernommen. Und das alles in einer Zeit, als Eberhard Arnold in den Kirchen, in der DCSV und in Gemeinschaftskreisen meist vergeblich um Verständnis für seinen Weg geworben hat und die Sannerzer Gemeinschaft auch innerhalb der Neuwerk-Bewegung immer weiter an den Rand gedrängt wurde.

Geisteskampf

Eberhard Arnold sah in der Jugendbewegung den Kampf letzter Mächte. Was meinte er damit? „Ein tiefster Kampf der Geister spielt sich hier ab, ein Vorgefecht des großen Entscheidungskampfes zwischen dem kommenden Christus und der antichristlichen Menschheitserhöhung." Dieser Kampf letzter Mächte und Geister manifestierte sich hin und wieder inmitten der Sannerzer Hausgemeinschaft.

So schrieb Eberhard Arnold im Sommer 1921 an Normann Körber: „Der Strom der Menschen bringt uns viel Dämonisches und viel Göttliches ins Haus. Wir stehen beständig in letzten Kämpfen." Eberhard Arnold war auf der Hut. Verhaltensweisen oder Äußerungen, die den Gemeinschaftsgeist verletzten, hat er nicht geduldet. Wenn Besucher ungute geistige Elemente ins Gespräch brachten, trat er dem sofort und entschieden entgegen. Dämonen oder, wie es in den Evangelien heißt, unreine Geister waren für ihn nicht nur Einbildung; er hat sie genauso ernst genommen, wie er mit dem Sieg Jesu Christi über solche Mächte rechnete. Erfahrungen wie die der Blumhardts in Möttlingen und Bad Boll blieben nicht aus. Emmy Arnold berichtet in ihren Lebenserinnerungen wiederholt von Besuchern, die die offene und wahrhaftige Atmosphäre in der Gemeinschaft nicht ertragen konnten, die in Momenten der Andacht und tiefster Sammlung zu zwanghaften Störern wurden oder eine maßlos verzerrte Fratze zeigten. Eberhard Arnold hat mit Festigkeit und Liebe versucht, solchen Menschen zu helfen. Manche ließen sich nicht helfen und wurden aufgefordert, die Gemeinschaft zu verlassen. Manchmal waren die fremden Elemente erst nach tage- oder gar wochenlangem Kampf überwunden, und dann schlug sich das in Gedichten Eberhard Arnolds nieder, wie etwa im März 1925:

> „Auf zum Gefechte klar, auf zu der Lichtes-Schar, alle vereint!
> Greift die Dämonen an, brechet dem Lichte Bahn!
> Gebt eure Freiheit dran, Streiter zu sein!"

Den längsten und härtesten Kampf haben Eberhard Arnold und die Sannerzer Hausgemeinschaft um Lotte Henze geführt, eine junge Frau, die 1924 aus dem baptistischen Jugendkreis um Adolf und Martha Braun nach Sannerz gekommen war. Eberhard Arnolds Bericht spart alle Einzelheiten aus, die Sensationsgelüste befriedigen könnten:

„Unserer kleinen Lebensgemeinschaft war es eine wesentliche Hilfe, dass wir nicht nur von Blumhardt her, sondern noch viel mehr von den ersten Christen der ersten Jahrhunderte her die Kraft der Dämonenüberwindung aufleuchten sahen. Die finsteren Erscheinungen und erschreckenden Lästerungen, das Toben und Rasen, der Besitzanspruch des Bösen auf den gequälten Menschen, der Angriff gegen den Glauben und gegen die Gläubigen – das alles kann nicht anders gebrochen werden als durch den Namen Jesu Christi, durch das Bezeugen seiner Geschichte von der Jungfrauengeburt über seine Worte und Taten bis zu seinem Kreuz und Auferstehen, nur durch die Kraft, die Vollmacht des Heiligen Geistes. Menschen können hier nichts tun. Einzelseelsorge ist durchaus unzureichend. Die Gemeinde, vertreten durch eine noch so kleine Schar hingegebener Glaubender, ist allein befugt und bevollmächtigt, diesen Geistern zu gebieten. (…) Als wir den Sieg Gottes erlebt hatten – es war die denkwürdigste Silvesternacht –, waren einige von uns zu einem Glaubenserlebnis Gottes und zu einem Bewusstsein der menschlichen Kleinheit gekommen, wie sie es vorher nicht gekannt haben. (…) Gewisser als je ist es uns geworden, dass das Reich Gottes nur in Kraft besteht."

Wieder war es also Aufgabe der Gemeinde und nicht die Leistung oder gar der Verdienst eines Einzelnen, und es war Gottes Sieg und nicht Eberhard Arnolds Triumph. – Nur in diesem einen Fall hat Eberhard Arnold offen von Besessenheit gesprochen. Meist hat er solche Erscheinungen nur sehr zurückhaltend beurteilt. Dafür war ihm die Sache viel zu ernst. Entscheidend war, dass Eberhard Arnold solche „Vorgefechte" in einen viel größeren Zusammenhang eingeordnet hat. Das hat ihm und der Gemeinschaft wenige Jahre später geholfen, die dämonische Grimasse hinter den Aufmärschen der Nationalsozialisten zu erkennen, als die meisten anderen noch „Heil" brüllten.

Quellen

1924 nahm Eberhard Arnold ein ungemein ehrgeiziges verlegerisches Projekt in Angriff: „Quellen – Lebensbücherei christlicher Zeugnisse aller Jahrhunderte." Die Idee dazu hatte er schon jahrelang mit sich herumgetragen. Ihm schwebte eine Reihe von insgesamt 100 Bänden vor. Christliche Denker und Autoren aller Schattierungen sollten zu Wort kommen, angefangen bei den Kirchenvätern bis in die Gegenwart. Widersprüchliches, scheinbar Unvereinbares nicht ausgenommen (das gehörte regelrecht zum Konzept): Ignatius von Loyola neben „Ketzern" wie Johann Hus und John Wyclif. Pietisten, Mystiker, Erneuerer und Verteidiger des Glaubens. Sie alle sollten „Christus in seiner Gesamt-Gemeinde" widerspiegeln, und deshalb hatte er die Idee, den Büchern Einbände in allen Farben des Regenbogens mitzugeben. Für den „Eberhard-Arnold-Verlag" allein war das Projekt eine oder auch zwei Nummern zu groß. Deshalb gewann er den Berliner Hochweg-Verlag für Produktion und Vertrieb; die Gesamtherausgeberschaft übernahm er selbst. Als Berater versuchte er anfangs Karl Barth zu gewinnen. Otto Herpels Zinzendorf-Band, der ja schon vorlag, wurde kurzerhand in die Reihe eingegliedert und neu aufgelegt. So kam es, dass der Quellen-Band 7 vor allen anderen fertig war. Als Autoren konnte Eberhard Arnold sachkundige Theologen und zum Teil hochspezialisierte Wissenschaftler gewinnen. Noch 1925 erschien Alfred Wiesenhütters Buch über den Mystiker Jakob Böhme (Quellenband 5/6) und Hermann Ulrichs Auswahlbuch „Kierkegaard 1 – Die Werke“ (Band 9/10). 1926 erschienen in kurzer Folge Alexander Beyers „Franz von Assisi“ (Band 2), Karl J. Obenauers „Novalis“ (Band 8) und „Johann von Staupitz“ (Band 3/4) des jüdischen Gelehrten Alfred Jeremias. Und erst im Dezember 1926 Quellenband 1: „Die ersten Christen nach dem Tode der Apostel“; frühchristliche Schriften, zusammengestellt, neu übersetzt und kommentiert von Eberhard Arnold.

Für die Sannerzer Hausgemeinschaft bedeutete das „Quellen“-Projekt zum einen gesicherte Beschäftigung auf Jahre hinaus, zum anderen eine unerschöpfliche Quelle geistlicher Anstöße. Alle wurden einbezogen, Korrekturabzüge beim Marmeladekochen oder beim Sortieren von Kartoffeln vorgelesen. Als Eberhard Arnold an den „Ersten Christen“ arbeitete, ließ er die Gemeinschaft mitentscheiden, welche Auszüge der frühchristlichen Schriften in das Buch aufgenommen werden sollten.

Überhaupt war dieses Buch eine Fleißarbeit sondergleichen. Eberhard Arnold und Else von Hollander haben Hunderte von apokryphen Schriften ausgewertet, Dutzende von sogenannten „Herrenworten“ zusammengesucht (das sind Aussagen, die Jesus zugeschrieben werden, die aber in den vier Evangelien des Neuen Testaments nicht enthalten sind), sind versteckten Hinweisen in den Schriften der Kirchenväter des 3. und 4. Jahrhunderts nachgegangen, und schließlich hat Eberhard Arnold die wissenschaftlichen Ausgaben der apokryphen Briefe in eine auch für Laien verständliche Form gebracht. Man kann das Buch auch heute noch in die Hand nehmen und fühlt sich schlagartig zurückversetzt in die Zeit der Triumphbögen und Säulenhallen, in die Zeit der Christenverfolgungen und der Märtyrer, in die

Zeit der werdenden Kirche. Eberhard Arnold hat den Dokumenten einen atemberaubenden Abriss der frühen Christenheit vom Jahr 70 bis etwa ins Jahr 180 vorangestellt. Wer sich nie mit den Ursprüngen des Christentums befasst hat – hier bekommt er einen lebendigen Eindruck von der ungeheuren Kraft, die der Glaube an Jesus Christus gehabt hat, und von der Bewegung, die er ausgelöst hat.

Eberhard Arnold schrieb dazu: „Dem Herausgeber ergibt sich aus dem Gotteszeugnis der ersten Zeit eine klar bestimmte Glaubens- und Lebenshaltung, wie sie im Gegensatz zu den späteren Erstarrungen und Veränderungen von der ursprünglichen lebendigen Wahrheit her wirksam bleibt." Man kann diese Glaubens- und Lebenshaltung Punkt für Punkt im Leben Eberhard Arnolds wiederentdecken: Glaubenstaufe und Wehrlosigkeit, der Liebeskommunismus und die Gütergemeinschaft, der „Gesandten"-Status der Gläubigen …

Eberhard Arnold hat „Die ersten Christen nach dem Tode der Apostel" seinen Eltern gewidmet; das Vorwort enthält eine besondere Liebeserklärung an seinen Vater. Carl Franklin Arnold starb nur wenige Monate nach dem Erscheinen des Buches, am 23. April 1927.

Bruderhof

Kaum zu glauben, aber neben allem Einsatz in der Hausgemeinschaft, im Freideutschen Werkbund, in der Arbeit an den „Quellen" und an den „Ersten Christen" hatte Eberhard Arnold noch Muße und Konzentration übrig für das Studium der reformatorischen Täufer, insbesondere der hutterischen Brüder. Die Zeit der intensiven Suche nach täuferischen Schriften fällt mit Eberhard Arnolds verstärktem Interesse für das Geheimnis der Gemeinde zusammen. Eine „werdende Gemeinde" braucht eine Ordnung. Eine Lebensgemeinschaft braucht Spielregeln. Dass sich Eberhard Arnold ausgerechnet für die Ordnungen einer Gruppe interessierte, die in Mitteleuropa seit 200 Jahren erloschen war, kann nicht wirklich überraschen. Er hat ja auch bei den „ersten Christen nach dem Tode der Apostel" Vorbilder gefunden, hat sich auch bisher schon Anregungen bei der Herrnhuter Brüdergemeine, bei den Quäkern, bei den Waldensern und anderen Bewegungen geholt.

Im Frühjahr 1926 wird offenkundig, wie stark sich Eberhard Arnold mittlerweile mit den hutterischen Brüdern identifiziert. Da wird klar, dass er sich nicht nur flüchtig mit dem Leben und dem Schicksal der hutterischen Gemeinden seit 1528 auseinandergesetzt haben kann. Ein Brief aus dieser Zeit ist das erste Dokument, in dem Eberhard Arnold vom „Bruderhof" spricht – und dabei die Hausgemeinschaft „Sonnherz" in Sannerz meint. Bruderhof: das war die Siedlungsform der hutterischen Brüder in Mähren, später in Siebenbürgen, in Russland und schließlich in Amerika. Wenn Eberhard Arnold die Sannerzer Hausgemeinschaft so nennt, dann muss dem ein langer Prozess vorausgegangen sein. Die Gemeinschaft muss sich längst über diesen Weg einig gewesen sein. Denn der Weg, den die hutterischen Gemeinden vorgezeichnet haben, ist steinig und anspruchsvoll. Er verlangt, dass sich die Mitglieder völlig einordnen und jeden Eigensinn kreuzigen. „Das Geheimnis besteht in der Freiheit der Selbstbestimmung als in der Hingabe an das Ganze", schrieb Eberhard Arnold im Oktober 1925 im Namen der Hausgemeinschaft; „Feuer-Martyrium ist das Wesen des Gemeinschaftslebens: die tägliche Opferung aller Kräfte und aller Rechte, aller sonst so selbstverständlichen Forderungen, die man an das Leben zu stellen pflegt." Wie kann sich jemand freiwillig auf so etwas einlassen? Auch darauf gab er eine einleuchtende und erschöpfende Antwort: „Nicht wir Menschen sind die Triebkräfte; wir wurden getrieben und werden weitergedrängt."

Umzug in die Rhön

Mit dem steten Wachstum der Gemeinschaft seit 1924 war die Paulsche Villa in Sannerz allmählich zu eng geworden. „Wir wollen von hier fort, und zwar bald", schrieb Eberhard Arnold Anfang 1926 an einen Freund. „Wir streben nach der Gegend um Jena, jedenfalls nach Mitteldeutschland." Kurze Zeit später fasste er ein Gut in Schätzendorf am Rand der Lüneburger Heide ins Auge. Auch dieser Plan ist nicht weiter gediehen. – Traugott von Stackelberg hat ihn bei einem Besuch in Sannerz auf das Kurhaus in Bad Boll aufmerksam gemacht, das gerade zum Verkauf stand. Er war ganz begeistert von der Idee, die Sannerzer könnten die Arbeit von Christoph Blumhardt fortführen. Eberhard Arnold wehrte ab: „Es gibt viele christliche Anstalten; wir wollen aber eine Gemeinschaft von Familien, die auf Christus gegründet sind."

Im Spätsommer wurde es dann konkret: wenige Kilometer nordöstlich von Sannerz, auf der Gemarkung des Städtchens Neuhof, stand ein ziemlich heruntergewirtschaftetes, aber großes Hofgut zum Verkauf – der Hansehof, der größte in einer Ansammlung von sieben Hofgütern, den sogenannten Sparhöfen. Die Gemeinschaft entschloss sich zum Kauf, ohne dass jemand eine Ahnung gehabt hätte, wo die Summe von 26.000 Mark herkommen sollte. „Ein Glaubensschritt", befand Eberhard Arnold, als er am 19. November 1926 in Fulda den Kaufvertrag unterschrieb.[24] Da war erst die Anzahlung von 10.000 Mark gesichert.

Was Eberhard Arnold und die übrigen Mitglieder des Neuwerkvereins e.V. Sannerz angeht, so war nicht der Umzug in die Rhön das wesentliche Ereignis. Bedeutender, weil endgültig war die Selbstverpflichtung, die die Mitglieder in einer feierlichen Versammlung „am 5. Dezember 1926 im Neuwerkhaus abends 8 Uhr" eingingen: Der eigens zu diesem Zweck benannte stellvertretende Vorstand beauftragte Eberhard und Emmy Arnold, Gertrud Dalgas und Adolf Braun „mit der lebenslänglichen Durchführung der Gemeinschaftsarbeit auf dem Bruderhof der Sparhöfe, Gemarkung Veitsteinbach, Kreis Fulda". Als Merkmale und Inhalte der Gemeinschaftsarbeit wurden festgeschrieben: die „Offene Tür", der „Lebens- und Güterkommunismus der Urgemeinde Christi", die Verlagsarbeit und nicht zuletzt die Kindergemeinde. Künftig sollten nur noch solche Menschen in die Mitgliedschaft des Vereins aufgenommen werden, „die für immer diese gemeinsame Lebenshaltung durchhalten wollen". Die umständlichen Formulierungen mussten dem deutschen Vereins- und Vertragsrecht genügen. Ein unpassender Rahmen für das, was da vereinbart wurde. Mehr als 300 Jahre nach der Vertreibung der letzten Hutterer aus Mähren gab es im deutschsprachigen Mitteleuropa wieder eine hutterische Bruderschaft.

---

24 Zitiert nach Emmy Arnold, *Gegen den Strom*, S. 85.

XII.

Viele Mäuler, wenig Geld

Um die Jahreswende 1926/27 bezog eine erste Gruppe von Gemeinschaftern den Rhönbruderhof, angeführt von Adolf und Martha Braun. Die Kinder folgten am 15. Mai 1927. Das Paulsche Haus in Sannerz blieb aber noch bis Ende September bewohnt, auch der Verlag arbeitete zunächst dort weiter. Eberhard Arnold und die Gemeinschaft mussten sich mit einem Problem neuer Art befassen: Wie können Geisteseinheit und „völlige Gemeinschaft" über eine Entfernung von 20 Kilometern bewahrt werden, ohne Telefon? Das war schon eine Belastungsprobe. Alle waren froh, als diese Zeit zu Ende ging. Am 29. September wurde in Sannerz noch einmal groß gefeiert; Monika von Hollander und Georg Barth verlobten sich. Dann zogen auch die letzten in die Rhön.

Eberhard Arnold sollte recht behalten: der Kauf des Hansehofes war ein Glaubensschritt. Dieser Glaube wurde ihm und der Gemeinschaft nun aber fast täglich abverlangt, so drückend war die Armut. Kam die Gemeinschaft dank eingelagerter Vorräte gut über den Winter, dann wurden spätestens im Frühjahr die Lebensmittel knapp. Finanziell lebten die Bruderhöfer von der Hand in den Mund. Manche Gönner bekamen unvermittelt weiche Knie und forderten ihre Darlehen zurück, wenn es gerade am wenigsten in den Haushaltsplan passte. Wechsel konnten oft erst im letzten Moment abgelöst werden. Der Gerichtsvollzieher, ein Herr Schreiner, kam fast wöchentlich, um irgend ein Möbelstück oder eins der Nutztiere zu pfänden. Eberhard Arnold flachste, Herr Schreiner könne auch ohne das übliche Jahr Noviziat sofort in die Bruderschaft eintreten, er sei ja ohnehin ständiger Gast. Hans-Joachim Schoeps, auch er ein häufiger Besucher der Gemeinschaft, hat die Lebensumstände auf dem Rhönbruderhof in seinen Lebenserinnerungen so geschildert: „Selten lässt sich ein Bibelwort so realistisch anwenden: im Schweiße ihres Angesichtes aßen sie dort oben das Brot, das sie der kärglichen Erde abgewannen. Erzielte die Gemeinwirtschaft einmal Überschüsse, wurden sie weggeschenkt an andere, die noch ärmer waren (…). – Seit den Ebioniten im Ostjordanland hat es wohl nie wieder eine Gemeinschaft gegeben, die so grundsätzlich unrationell gewirtschaftet hat.“[25]

Eberhard Arnold ist in den Aufbaujahren in der Rhön wohl oder übel zum Bettler geworden. Kein Brief ging mehr hinaus, ohne dass er eindringlich die Not geschildert und um Unterstützung gebeten hätte. Nie für sich, immer für andere: für die Pflegekinder. Für Verlagsprojekte. Für die Versorgung der Gäste, die der Bruderhof aus innerer Überzeugung grundsätzlich nicht abweisen dürfe. Um der Sache willen hat er alte und neue Freunde bei jeder Gelegenheit bekniet. Auch Emmy kam um diese Aufgabe nicht herum. In einer Art Hausordnung nennt Eberhard Arnold unter den gemeinsamen Aufgaben der „Hausmutter“ und des Wortführers, „dass für unsere dringendste Not und für die Bezahlung unserer Schulden Geld geworben wird, wenn wir dadurch in keiner Weise in eine menschliche Abhängigkeit geraten (…). – Nur bleibt es stets unser Wille und unsere Bitte zu Gott, dass dieses Betteln bei Freunden aufhören darf und soll, sobald Arbeit und Ausbau des Bruderhofes uns die ärmste und einfachste Lebensmöglichkeit, auch für Gäste und dazuzunehmende Kinder gewähren“. Die „Offene Tür“ sollte um keinen Preis zugeschlagen werden. Eberhard Arnold hat nie ein Hehl daraus gemacht, dass ihn das Spendenwerben und Betteln große Überwindung kostete: „Es war uns gegen die Natur, unendlich schwer, dass wir genötigt waren, das franziskanische Bettlertum im großen Stil zu betreiben.“

Merkwürdig, dass sich ausgerechnet in diesen Jahren härtester wirtschaftlicher Not und mangelhafter Ernährung – zu wenig Fett, zu wenig Eiweiß – so viele Menschen zum Gemeinschaftsleben hingezogen fühlten. Zwischen 1926 und 1930 ist die Gemeinschaft von 30 auf 70 Köpfe gewachsen, hat Eberhard Arnold insgesamt 15 Taufen vollzogen und mehrere Paare in der Gemeinschaft getraut.

Freudlos waren die ersten Jahre auf dem Rhönbruderhof bestimmt nicht. Zum Beispiel bekam die Gemeinschaft eine Kutsche samt Zugpferd geschenkt. Und plötzlich entdeckten die Bruderhöfer in ihrem Wortführer den Pferdeliebhaber. „Er ist sehr gewagt gefahren, und seine Frau hat oft Angst gehabt, mit ihm zu fahren“, erinnert sich Sophie

25 H. J. Schoeps, *Rückblicke. Die letzten dreißig Jahre*, S. 44.

Löber; „es konnte nicht schnell genug gehen. Das war seine Natur". Was ihm recht war, sollte auch den Kindern billig sein. Er erklärte Reiten zum Bestandteil des Bruderhof-Erziehungsprogramms.

Überhaupt die Kinder. Bei aller Armut war für Kinder immer Platz, für die Kinder war keine Mark zu schade, Kinder wurden zuerst bekocht, für Kinder waren immer Milch und Eier da, auch wenn den Erwachsenen der Magen knurrte. Das erste Haus, das auf dem Rhönbruderhof neu gebaut wurde, war das Kinderhaus. Es wurde 1928 eingeweiht. Typisch die Umstände: am Tag der Einweihung wurde wieder mal durch eine überraschende Spende die Zwangsversteigerung des Hofes abgewendet.

Bruderhof-Erziehung

Was hat Eberhard Arnold in seinem Leben Messbares geleistet? So unangemessen die Frage erscheint – wollte man sie beantworten, man müsste neben seinen Büchern, neben seiner verlegerischen und publizistischen Arbeit vor allem die Bruderhof-Pädagogik nennen. Gewiss, an der Erziehungsarbeit waren immer auch andere beteiligt. Aber die Grundlinien, die Prinzipien, das geistige Fundament, die Ziele und Methoden der Bruderhof-Erziehung sind unbestreitbar seine Leistung. Das Problem: So erfolgreich und überzeugend die Bruderhof-Pädagogik ist – man kann sie nicht übertragen. Man kann nur einzelne Gesichtspunkte, nicht aber die Grundzüge kopieren. Denn die Bruderhof-Erziehung hängt untrennbar mit dem Gemeinschaftsleben zusammen. In Sannerz hat Eberhard Arnold diese Erziehungsmethode entwickelt. Auf dem Rhönbruderhof kam sie vollends zur Entfaltung. Sie wurde weithin anerkannt, auch von den Schulbehörden; im Januar 1928 erhielt der Bruderhof offiziell die Erlaubnis, eine private Volks- und Mittelschule einzurichten. Bis dahin haben die Kinder eine Art Hausunterricht erhalten.

„Unsere Erziehungsarbeit beruht auf dem Glauben, dass der lebendige Christus in einem jeden von innen her alle guten Entschlüsse und Kräfte hervorrufen will. Alle besten Kräfte warten in den Kindern auf ihr Wachwerden", schrieb Eberhard Arnold. „Wahrhafte Erziehung kann nicht anders geleistet werden, als wenn zwischen Lehrern und Schülern Vertrauensgemeinschaft besteht. Eine solche Erziehung muss in Gemeinschaft geschehen. Nicht die Eltern und Lehrer allein sollen die Erziehenden sein, sondern der gesamte Lebenskreis soll als erzieherisches Beispiel glücklichen Lebens auf das Kind einwirken. Kinder müssen in einem großen Lebenszusammenhang aufwachsen."

Ob Eltern oder Lehrer, väterliche oder mütterliche Freunde – bevor sie Kinder lehren können, sollen die Erzieher erst von den Kindern lernen, hat Eberhard Arnold gefordert: „Wenn wir Kinder wirklich lieben und mit ihnen wirklich leben, sehen wir in ihnen eine Fähigkeit, die wir selbst verloren haben. Es ist die Fähigkeit, dass sich das Kind in das, was es sieht und erlebt, völlig hingibt, gerade wenn es ‚nur zu spielen' scheint. Das echte Kind ist frei von jeder Selbstbetrachtung. (…) Man könnte sagen: Unsere Führer können nur Kinder sein; denn wir wollen so werden, wie echte Kinder sind. Deshalb freuen wir uns mit den Kindern an ihrer Freude an den Blumen und den Wäldern, an den Pferden, Hunden, Kühen, Ziegen und Kaninchen, an den Rehen und Vögeln und was es sonst an Lebendigem gibt. (…) Wir freuen uns an ihrer spielenden Arbeit oder an ihrem arbeitendem Spiel. Das Kind lernt in der spielenden Freude an seiner Beschäftigung das Gestalten, das Bilden von Werten, das Schaffen der Kultur. (…) Wir können ein Kind nur dann zur Ordnung, zur Sauberkeit, zur Wahrhaftigkeit, zur Liebe, zum geistigen Interesse oder zur körperlichen Zucht erziehen, wenn wir Erzieher von dem Gottesgeheimnis des Kindes so berührt und angetan sind, dass es uns innerlichst ergreift …"

Immer wieder hat Eberhard Arnold darauf hingewiesen, dass Verantwortung für Kinder eine heilige Aufgabe ist: „Erziehungsarbeit ist Dienst der Anbetung. Es handelt sich um die Ehrfurcht vor dem göttlichen Geheimnis, vor der Gottesähnlichkeit, die hier noch nicht völlig verschüttet ist." – Und deshalb verbieten sich im Umgang mit Kindern Zwang und Argwohn. Die Erzieher sollen nicht kleinlich sein, aber auch nicht nachlässig; Gewalt ist niemals das Mittel der Wahl, aber Festigkeit kann sehr wohl gefordert sein. Positiv ausgedrückt: „Kinderarbeit ist vertrauend, anregend und aufrichtend."

Von Gleichmacherei oder gar Gleichschritt hat Eberhard Arnold nichts gehalten. „Anstelle aller uniformen Erziehung achten wir das Persönliche und Eigentümliche in einem jeden Kind. (…) Was dem Kind nicht von Geburt an mitgegeben ist, was ihm nicht bei dem Erwachen seines Geisteslebens von innen her zukommt, (…) darf ihm niemals aufgezwungen werden." – „Ob ein Kind vorzugsweise zu körperlicher Arbeit oder hauptsächlich zu geistiger Betätigung bestimmt ist, und welche besondere Art von Leistung ihm entspricht, muss so früh als möglich erkannt werden. Nur dann wird dem Kind eine freie Kraftentfaltung ermöglicht werden. Schon beim Spielen des Kindes kann im frühesten Alter sein besonderes Wesen offenbar werden."

Nur scheinbar ein Widerspruch: mit vielen anderen Reformpädagogen hat Eberhard Arnold gefordert, dass jedes Kind mit seinen jeweiligen Begabungen die gleiche Wertschätzung erfahren soll. Handwerkliches Können sei auf keinen Fall weniger wert als geistige Leistungen. Deshalb war es selbstverständlich, „dass die Handarbeit in unserer Erziehungsgemeinschaft einen wichtigen Platz einnehmen muss". Seit 1923 half der damals 22-jährige Georg Barth, diese Forderung einzulösen. Er kam zunächst auf Zeit, dann auf Dauer als Werklehrer in der Kindergemeinde. Eine Werkstatt wurde einzig und allein für die schöpferische Arbeit mit Kindern eingerichtet: dort konnten sie schnitzen, sägen und drechseln. Kerzenständer, Leuchter, Holzpuppen und Tierfiguren, Laternen, Lesezeichen, Brieföffner und Puzzles – die Kindergemeinde leistete mit ihren kunsthandwerklichen Arbeiten bald einen kleinen, dennoch beachtlichen Beitrag zum Unterhalt der Gemeinschaft.

Im Rückgriff auf Blaise Pascal hat Eberhard Arnold behauptet, es gebe eine Einheitsbeziehung zwischen allen Lehrfächern. Es müsse möglich sein, in allen Fächern – von Mathematik bis Musik, von Sprachen bis Sport – „den Einheitsgeist der Schöpfung und Neuschöpfung aufzuweisen". Die Kinder sollten „den Naturzusammenhang und den Menschheitszusammenhang, die Einheit und die Gemeinsamkeit allen Lebens" begreifen. Das war zugleich sein Rezept gegen ermüdende Übungen. „Statt Anhäufens und Auswendiglernens von Tatsachen wird der innerste Sinn der Tatsachenzusammenhänge erschlossen. – Hier wird nicht der Weg vom Stoff zum Geist gesucht, sondern hier wird der Weg des Geistes zum Stoff gefasst."

Ob eine Erziehungsmethode erfolgreich ist oder untauglich, ob ein Erzieher seiner Aufgabe gerecht wird oder nicht, das können ja wohl vor allem die beurteilen, die eine entsprechende Erziehung erfahren haben. Zwei Stimmen von Bruderhof-Kindern aus den Aufbaujahren über den Erzieher Eberhard Arnold: „Ich war in zwei Waisenhäusern gewesen und war todunglücklich, wieder in ein drittes zu kommen.

Aber gleich in den ersten Tagen fühlte ich mich vollkommen zuhause. Eberhard war ein ziemlich großer Mann und hat uns Kindern einen großen Eindruck gemacht. Aber nie habe ich mich vor ihm gefürchtet" (Rudi Hildel – er kam im Mai 1927 im Alter von sieben Jahren nach Sannerz). –

„Er war sehr väterlich. Er hatte eine wirkliche Autorität, aber nie etwas Pressendes. Ich habe auch nie Angst vor ihm gehabt, denn wir fühlten einfach, dass da eine große Liebe durch ihn wirkte. Wenn er uns einmal rangenommen hatte, wo er wohl auch mal die Stimme heben konnte, dann wussten wir, dass wir es verdient hatten. Aber dann war die Sache erledigt, und man hat sich frei gefühlt. Ich habe immer gefühlt: er kann mir ins Herz gucken" (Lotti Ahrend-Magee; sie kam 1931 als Siebenjährige mit ihrer Mutter auf den Rhönbruderhof).

Damit rühren wir an den eigentümlichsten Zug in Eberhard Arnolds Erziehungsgedanken. Er hat die „Unberührbarkeit" der Kinder wiederentdeckt. Sein Lehrmeister war dabei nicht Pestalozzi und nicht Fröbel, sondern Jesus von Nazareth. „Einem Menschen, der eines dieser kleinen Kinder verführt, dass es kein Kind mehr sein kann, dem wäre es besser, dass er mit einem Mühlstein um den Hals ertränkt würde." „Nehmt euch in Acht, dass ihr nicht eines dieser Kinder gering schätzt, denn ich sage euch, ihre Engel haben allezeit bei meinem Vater Zutritt": Eberhard Arnold hat solche Aussagen Jesu mit einem atemberaubenden Ernst gelesen. Im Alter von 45 Jahren, als Vater einer annähernd erwachsenen Tochter, zweier halbwüchsiger Söhne und zweier weiterer Kinder bekannte er, „nur Weise und Heilige" seien zur Erziehung fähig: „‚Wir sind unreiner Lippen'. Unsere Hingabe ist nicht vorbehaltlos. Unsere Wahrhaftigkeit ist gebrochen. Unsere Liebe ist nicht völlig. Unsere Güte ist nicht absichtslos. Wir sind nicht frei von liebewidrigem Eigenwillen und Eigentum. So ist es das Kind, das uns zum Evangelium führt. Die Aufgabe, die wir dem Kind gegenüber haben, zeigt uns, dass wir zu schlecht sind, um in diesem heiligen Sinn auch nur ein einziges Kind erziehen zu können. Nur dann kann man Kinder erziehen, nur dann kann man mit ihnen leben, wenn man wie ein Kind vor Gott steht."

Hutterische Schriften

Im Januar 1926 erhielt Eberhard Arnold durch den Wiener Historiker und Täuferforscher Robert Friedmann die Adresse von Elias Walter, dem Ältesten der Hutterischen Darius-Gemeinden: Stand Off Colony, Route No. 1, MaCleod, Alberta, Kanada. Damit konnte er die Spur wieder aufnehmen, die Professor J. G. Evert 1921 gelegt hatte. Er schickte – vermutlich im Sommer 1926 – einen langen, maschinengeschriebenen Brief über den Atlantik. Elias Walter ließ sich ein dreiviertel Jahr lang Zeit. Als seine Antwort endlich eintraf, waren es nur vier kleine Briefseiten. Im ersten Augenblick empfanden alle so etwas wie Enttäuschung. Wenig später traf dann ein Bündel mit alten hutterischen Schriften aus Kanada ein. Und das war erst der Anfang.

Schon jahrelang vorher haben Eberhard Arnold und Else von Hollander Universitätsbibliotheken und Archive durchstöbert, wo immer sie hutterische Schriften oder andere Dokumente der Täuferbewegung vermuten konnten. Die ganze Gemeinschaft wurde in diese Entdeckungsreise mit einbezogen. So notierte Eberhard Arnold eines Tages: „Wormsprozess von 1637 abgeschrieben bei uns! Entstanden 1557 …“ – Dahinter verbirgt sich die Prozessakte von Peter Riedemann, dem Nachfolger Jakob Hutters in der geistlichen Leitung der Mährischen Täufer. Die Schrift umfasst 355 Seiten. Sie wurde auf dem Rhönbruderhof gewissenhaft kopiert, Seite für Seite. Das wirkt umständlich, war aber oft die einzige Möglichkeit, an den Inhalt solcher einmaliger Dokumente heranzukommen. Selbst die Schulkinder übten sich im Abschreiben alter Dokumente. – Später ist Eberhard Arnold aufgegangen, dass die Gemeinschaft sich damit unbewusst in eine weitere althutterische Tradition eingereiht hat: „Väterschriften“ wurden und werden in den hutterischen Gemeinschaften wieder und wieder abgeschrieben. – Auf diesem Weg gelangten Zeugnisse einer bewegenden und reichen geistlichen Geschichte auf den Rhönbruderhof: Tagebücher und Briefe aus den Kerkern der Inquisition. Katechismen. Predigten und Bibelauslegungen (sogenannte „Lehren“). Lieder, in Zeiten härtester Verfolgung entstanden. – Von verschiedenen Seiten bekam der Bruderhof wertvolle Dokumente geschenkt. So im Frühjahr 1929 das „Corpus Schwenkfeldianorum“ von einem Gelehrten aus Wolfenbüttel. Einmal kaufte die Gemeinschaft sogar eine Reihe originaler Handschriften an, obwohl es zur selben Zeit am Nötigsten fehlte. Aber was ist denn das Nötigste in einer Gemeinschaft, die sich auf Jesus beruft und nach außen hin immer bekannt hat, dass der Mensch nicht vom Brot allein lebt?

Anfang 1928 finden wir Eberhard Arnold fieberhaft auf der Suche nach hutterischen Handwerker- und Schulordnungen. Das war einmal ein Gebot der Umstände: es galt, das Zusammenleben und -arbeiten von 50 großen und kleinen Menschen zu organisieren. Zum anderen war es aber auch kindliche Neugier: wenn man Gelegenheit hätte, das alltägliche Leben auf dem Rhönbruderhof mit den alten hutterischen Traditionen zu vergleichen – ob sich dort auch so verblüffende Übereinstimmungen finden würden wie in den großen geistlichen Linien Gütergemeinschaft, Glaubenstaufe, Wehrlosigkeit?

In den entsprechenden Jahrgängen der „Wegwarte“ schimmert manches von diesem Leben mit historischen hutterischen Schriften durch. Ein paar der edelsten Lesefrüchte wurden dort abgedruckt: im Dezember 1927 ein Gedicht aus Voglers Katechismus von 1625. Ab Januar 1928 in mehreren Folgen ein „Sendbrief über brüderliche Gemeinschaft, das höchste Gebot der Liebe betreffend“ von Andreas Ehrenpreis aus dem Jahr 1652.

Freunde

Von den Hunderten von Freunden und Briefpartnern Eberhard Arnolds in den 20er Jahren sind einige deshalb erwähnenswert, weil viele sie kennen, aber kaum jemand so gut, wie Eberhard Arnold sie kannte. Und andere deshalb, weil niemand sie kannte – aber in der Umgebung Eberhard Arnolds sind sie zu Persönlichkeiten gereift.

Fürst Günther von Schönburg-Waldenburg gehörte seinerzeit ohne Frage zur ersten Kategorie. Als Eberhard Arnold ihn kennenlernte, war er noch jung, aber bereits Witwer. Im Oktober 1923 stellte er Schloss Waldenburg für eine Jugendführertagung des „Reichsverbandes der Evangelischen Jungmännerbünde/CVJM“ zur Verfügung. Eberhard Arnold traf dort alte Bekannte wieder: Erich Stange, DCSV-Kommilitone aus den Kriegsjahren und inzwischen Reichswart der Jungmännerbünde; Karl von Prosch, den Dresdener Generalsekretär des CVJM, Freund Eberhard Arnolds aus den Jahren vor dem Krieg; Paul Le Seur, Weber, Stein und andere. Unter den schwarzbefrackten bürgerlichen Herren war Eberhard Arnold in seinen Cordsamt-Kniebundhosen eindeutig der Exot. Wohl auch deshalb suchte der Fürst gerade mit ihm die Unterhaltung. Er hat Sannerz kurze Zeit später besucht. Eberhard Arnold war damals sehr darum besorgt, dass die Paulsche Villa für den Gast schön hergerichtet wurde. Nicht etwa, weil er bessere Lebensumstände vortäuschen wollte (die Armut ließ sich ohnehin nicht verbergen), sondern aus Rücksicht. Der Fürst sei so beengte Verhältnisse, so karge Mahlzeiten usw. nicht gewöhnt, meinte er. Günther von Schönburg-Waldenburg genoss die natürliche, offene Gesellschaft. Künftig traf regelmäßig zu Ostern ein großes Paket für die Kinder ein. Wenn mal wieder das Geld knapp wurde, half er mit Darlehen oder großzügigen Spenden (so auch beim Kauf des Sparhofs). Am Wohl und Wehe des Bruderhofes hat er lebhaft Anteil genommen. Wenn Eberhard Arnold in Sachsen Vorträge zu halten hatte, war auf Schloss Waldenburg immer ein Zimmer für Emmy und ihn hergerichtet. Über den Fürsten entstanden enge und dauerhafte Kontakte zu sozial engagierten Pfarrern in der Umgebung. In den 20er Jahren wurde Eberhard Arnold in keine andere Stadt Deutschlands so oft eingeladen wie gerade nach Lichtenstein in Sachsen.

Auf einer anderen Ebene spielte sich die Freundschaft mit Martin Buber ab. Eberhard Arnold hat Bubers Schriften während des Krieges studiert und hat ihn 1918 in der „Furche“ als „Propheten der neuen jüdischen Bewegung“ bezeichnet. Einen ersten persönlichen Kontakt hat es schon damals gegeben. 1921 lebte die Verbindung wieder auf. Das geplante Landauer-Buch, das nur mit Bubers Hilfe hätte realisiert werden können, kam zwar nicht zustande. Aber Bubers Neugier an der „Neuwerk“-Bewegung war geweckt. Im Juli 1921 hat er Sannerz besucht und sich lange mit Eberhard Arnold ausgetauscht. Theologisch waren sie sich einig in ihren Vorbehalten gegenüber Karl Barth, und beider Verständnis vom Reich Gottes und vom Geheimnis der Gemeinde ist fast austauschbar – wäre da nicht Jesus von Nazareth: für den einen ein begnadeter, vollmächtiger Prophet, für den anderen der Herr der Gemeinde und der Welt. Martin Buber ist seit 1924 mehrmals auf Neuwerk-Tagungen mit Eberhard Arnold zusammengetroffen; beim „Weltjugendtreffen“ auf der Freusburg im August 1927 bereiteten Martin Buber und Eberhard Arnold mit Nikolaus Ehlen, Hermann Schafft und Alfons Paquet zusammen die Veranstaltungen über Weltanschauung und Religion vor. Ihr Verhältnis war von gegenseitiger Hochachtung geprägt; für eine noch engere Freundschaft war dieser Respekt schon fast zu groß.

Eine kernige Männerfreundschaft verband Eberhard Arnold mit dem Dichter und Kulturkritiker Hermann Buddensieg. Buddensieg war zehn Jahre jünger, ein Wandervogel und einer der Meißnerfahrer von 1913. Er war Kriegsteilnehmer und kehrte als zu 50 Prozent Kriegsbeschädigter nach Deutschland zurück. Man traf sich 1923 bei der zweiten Meißner-Tagung. Da hatte Hermann Buddensieg gerade eine Zeitschrift ins Leben gerufen: den „Rufer zur Wende". Buddensieg war scharfzüngig, humorvoll und konnte sehr genau beobachten. Er war ein Freideutscher im denkbar besten Sinn, kein Christ, fühlte sich aber in Eberhard Arnolds Nähe wohl und suchte regelmäßig seinen Rat. So kam es dann auch, dass „Der Rufer zur Wende" etwa zwei Jahre lang im Eberhard-Arnold-Verlag erschien. Als Hermann Buddensieg Ende der 20er Jahre Vater eines Sohnes wurde, nannte er ihn Tilmann-Eberhard, und Eberhard Arnold wurde Pate. Kein anderer Zeitgenosse hat Eberhard Arnold so geschildert wie der Sprachkünstler Hermann Buddensieg: „Nie werde ich das schelmische Leuchten deiner Augen, dein Schmunzeln mit dem verschmitzten Bärtchen, dein heiteres Lachen vergessen, wenn sich uns Absonderlichkeiten, Allzumenschliches zudrängten. Wir waren da oft des trockenen Tones satt und an keckem Witz, zuweilen auch Ironie taten wir das Notwendige, nicht um zu schmähen, nein, um zu reizen und zu wecken (…). – Wie haben wir oft herzlich gelacht, uns frei gelacht in einem wahrhaft homerischen Gelächter!"[26]

Und nun muss noch Leonhard Ragaz genannt werden. Ragaz kam ursprünglich aus Graubünden, war ein Schüler Hermann Kutters und hatte diesen nach dem Krieg als Vordenker und treibende Kraft in der religiös-sozialen Bewegung abgelöst. Seinen Lehrstuhl für Theologie hatte er aufgegeben, um als Gemeindepfarrer in einem Zürcher Arbeiterviertel zu wirken. Um ein Haar wären Eberhard Arnold und Leonhard Ragaz schon 1919 in Tambach zusammengetroffen. So lernten sie sich erst 1921 durch den Austausch von Artikeln und Briefen ken-

26 In: Emmy Arnold u. a.: *Eberhard Arnold. Aus seinem Leben und Schrifttum*, S. 43.

nen. Für Eberhard Arnold war Ragaz' Buch „Der Kampf um das Reich Gottes in Blumhardt Vater und Sohn" eine Offenbarung. Das ließ er Ragaz auch deutlich erkennen. Höfliche, freundschaftliche, schließlich brüderliche Grüße wechselten im Abstand von Wochen oder wenigen Monaten. 1926 war, soweit sich das beurteilen lässt, die geistige Einheit zwischen Eberhard Arnold und Leonhard Ragaz nahezu vollkommen. Ragaz erklärte im Artikel „Unser Weg" in der „Wegwarte" seinen Wunsch, „mit allen, die einen ähnlichen Weg gehen, verbunden zu werden zu der großen – wenn auch vor der Welt immer kleinen – Brüdergemeine auf Erden". Und Eberhard Arnold erklärte in derselben Ausgabe, der Rhönbruderhof stehe „Hand in Hand in einem Bruderbund", namentlich mit Leonhard Ragaz, Kees Boeke, den Hutterischen Bruderhöfen. Zu seinem 60. Geburtstag am 28. Juli 1928 bekam Ragaz ein Telegramm aus der Rhön: „60 Mitarbeiter und Kinder danken dem Lebenszeugnis ihres Vorkämpfers." Perfekte Übereinstimmung, sollte man meinen. Und doch bleibt manches an der Beziehung seltsam. Zum Beispiel hat Ragaz ein halbes Dutzend Mal seinen Besuch in Sannerz und später in der Rhön angekündigt. In nächster Nähe vorbeigefahren ist er oft, Station gemacht hat er nie. Ragaz und der Bruderhof: das Verhältnis war immer nur warm, nie richtig heiß. Diese Geschichte endet mit einem Missklang.

Gefährten

Freundschaft ist eine Sache. Das Leben mit einem Menschen teilen eine ganz andere. Und so kann man getrost behaupten: die jungen Frauen und Männer, die seit 1923 zur Gemeinschaft gestoßen sind, haben in Eberhard Arnolds Leben mehr Bedeutung gewonnen und sind ihrerseits von ihm mehr geprägt worden als alle namhaften Freunde und wohlgesinnten Begleiter außerhalb. Drei Beispiele für viele:

Irmgard Wegner gehörte 1921 zu einem Neuwerk-Kreis in Hannover. Erst las sie Eberhard Arnolds Artikel im „Neuen Werk", dann hörte sie ihn bei Vorträgen im Hannoveraner CVJM, 1923 kam sie zur Pfingsttagung nach Schlüchtern und meldete sich auf eine Anzeige hin im September als Hilfskraft für die Verlagsarbeit, zunächst für ein Jahr. Sie war zuständig für Eberhard Arnolds Korrespondenz. „Er war gründlich und exakt, jedoch ohne Pedanterie", berichtete sie. Er verlangte von ihr wie von allen anderen Mitarbeitern volle Hingabe und

Freude an der Arbeit. Aber zugleich erlebte sie ihn als fürsorglichen und aufmerksamen Freund. Irmgard Wegner heiratete Karl „Roland“ Keiderling, der im November 1922 nach Sannerz gekommen war. Sie hat Eberhard Arnold bis zu seinem Tod als Sekretärin zur Seite gestanden. Von den Erlebnissen aus zwölf Jahren in Eberhard Arnolds nächster Umgebung war sie Zeit ihres Lebens ausgefüllt.

Aus der Dresdener CVJM-Arbeit um Karl von Prosch kam Arno Martin. Er gehörte zu einer jugendbewegten Gruppe innerhalb des CVJM. Bei einer Vortragsreihe in den Annensälen in Dresden im Februar 1925 hörte er Eberhard Arnold sprechen. Und wie! Eberhard Arnold sprach frei, ging auch schon mal vom Podium ins Publikum, packte Zweifler bei der Schulter und fragte sie direkt ins Gesicht nach ihrer Meinung. Schließlich geriet er so in Hitze, dass er seine Jacke ablegte – das war damals unerhört. – 18 Monate später traf Arno Martin auf einer freideutschen Tagung wieder auf Eberhard Arnold. Der lud ihn ein, beim Aufbau des Rhönbruderhofes zu helfen. Arno Martin sagte zu und wusste in dem Moment, dass es kein Zurück geben würde. Im Advent 1926 kam er in Sannerz an, nur mit seinen Kleidern auf dem Leib und einem Rucksack. 1927 zählte er bereits zur Bruderschaft; im Juli 1928 wurde er auf dem Rhönbruderhof getauft. Er hat Eberhard Arnold oft kutschiert, wenn dieser auf Reisen ging und zum Bahnhof musste. Auf dem halbstündigen Weg ergaben sich oft vertrauensvolle Gespräche. Bald war Eberhard Arnold auch für Arno Martin einfach nur „Papa“.

Walter Hüssy, gebürtig aus Zürich, gehörte ursprünglich zur „Freischar“, einer religiös-sozialen Jugendgruppe, die schon 1920 mit der Neuwerk-Bewegung in Berührung stand. Er hatte schon einige Kommunen und Lebensgemeinschaften hinter sich, als er 1929 zum Bruderhof kam. Er suchte dort „wirkliche, freudige Bruderschaft in urchristlicher Weise“ und fand sie auch. Walter Hüssy war Gärtner; er hatte seine liebe Müh, in der rauhen Rhönluft Gemüse zu ziehen. Mit Eberhard Arnold verbindet er frohe Erinnerungen: „Er wollte, dass die Bruderschaft immer munter und lebendig ist und sich auseinandersetzt mit den Gegenwartsfragen oder mit Bewegungen durch alle Jahrhunderte hindurch. Und das gab eine ungeheure Lebendigkeit.“ – Walter Hüssy hat aber auch Erfahrungen mit Eberhard Arnold gemacht, die er auch nach Jahrzehnten nur mit hörbarer Erschütterung in der Stimme wiedergeben konnte: „Das Größte ist die Vergebung, wie man sie bei Eberhard Arnold erleben konnte. Ich habe ihn einmal sehr schwer verletzt. Aber wie er vergeben konnte, das kann man kaum beschreiben. Es war überwältigend. Seine eigene Person war einfach ausgeschaltet." – Walter Hüssy heiratete Gertrud Dalgas; Eberhard Arnold hat die beiden im Dezember 1931 getraut. Es war die sechste Hochzeit auf dem Rhönbruderhof.

Irmgard Keiderling, Arno Martin, Walter Hüssy: drei von insgesamt 71 Menschen, die ihr Leben mit Eberhard Arnold geteilt haben und diesem Weg treu geblieben sind. Sehr viel mehr haben wenigstens einige Jahre in Gemeinschaft mit ihm und seiner Familie gelebt.

Freideutsche Bruderschaft

Von den vielen Beziehungen, die Eberhard Arnold seit den frühen 20er Jahren gepflegt hat, unterscheidet sich die Freundschaft mit dem Berliner Lehrer Erich Mohr durch eine besondere Qualität. Vermutlich haben sich die beiden kurz nach Kriegsende im Umfeld von Friedrich Siegmund-Schultzes „Sozialer Arbeitsgemeinschaft" getroffen. Eberhard Arnold teilte mit Erich Mohr die Wertschätzung für Gustav Landauer und dessen Weitblick. Die beiden waren sich einig in der Liebe zu den sozial Benachteiligten und in der Hingabe an die Jugend. Erich Mohr hat wie Eberhard Arnold auch seit Anfang der 20er Jahre Versöhnungsarbeit betrieben; ihm lag besonders die Aussöhnung mit Frankreich am Herzen. In den Jahren nach der Gründung des Freideutschen Werkbundes hat Erich Mohr Eberhard Arnolds Gedanken bereitwilliger als jeder andere aufgenommen. Eberhard Arnold hat dafür gesorgt, dass sich zunächst die Hausgemeinschaft Sannerz und dann der Rhönbruderhof als rührige Ortsgruppe des Werkbundes eingesetzt hat. Erich Mohr hat seinerseits die Gemeinschaft bereitwillig als Modell für den „Werk"-Gedanken im Werkbund genommen. Nach einer Phase der Ermüdung im Lauf des Jahres 1925 zog der Werkbund mit. Auf dem „Bundestag" im Januar 1926 formulierte Erich Mohr als gemeinsame „Glaubensüberzeugung" des Freideutschen Werkbundes: „Wir glauben an die letzte Wirklichkeit der lebendigen Gemeinde. Von ihr aus erwarten wir das kommende Reich. (...) Es gilt, angesichts der ewigen, unter uns unvollendeten Wahrheit zu leben und überall den

Sinn für Gerechtigkeit und Wahrheit zu wecken und zu stärken. (...) Wir glauben an den Sieg der schöpferischen Liebesmächte."

Ostertagung in Eisenach, 1925

Im selben Zusammenhang stellte Erich Mohr eine Erklärung zur Diskussion, die das Verhältnis zwischen dem Werkbund und der Lebensgemeinschaft, damals noch in Sannerz, beschreiben sollte: „In folgerechter Fortführung der Linie vom Ludwigstein 1924 und Eisenach 1925 ist der Bund ein enges Arbeitsverhältnis mit dem Werk Eberhard Arnolds und der Sannerzer Gruppe eingegangen. Der Bund hält seine Stunde für gekommen, um in der gegenwärtigen Welt von der letzten Wirklichkeit der lebendigen Gemeinde durch Wort und Tat zu zeugen." Damit war nun ein vorher kaum vorstellbarer Grad von Vertrauen und Übereinstimmung erreicht. Das hat Eberhard Arnold erlaubt – mehr noch: es hat ihn geradezu gezwungen –, einen Schritt weiter zu gehen.

Im Sommer 1926 regte er die Gründung einer „Freideutschen Bruderschaft" an, „welche alle Freideutschen sammeln will, welche sich zu einem lebendigen Christusglauben bekennen". Das war ein Schritt zur Überwindung der Unverbindlichkeit und gewollten Unschärfe in den Grundsätzen des Freideutschen Werkbundes. Endlich Ross und Reiter nennen, nicht mehr nur „Gemeinde“, sondern Gemeinde Jesu Christi, nicht mehr nur „Reich“, sondern Reich Gottes sagen können! Es war auch ein Schritt über den engeren Kreis des Werkbundes hinaus: die Bruderschaft sollte auch Freideutschen aus anderen Bünden offenstehen. Zugleich war der Vorschlag pikant. „Freideutsche Bruderschaft“, das hieß: ein Bund im Bund. Ein Orden, ein Stoßtrupp, eine Elite – wie man es auch nennen will. Eberhard Arnolds feurigster Mitstreiter für die „Freideutsche Bruderschaft“, neben Erich Mohr, war Hans Joachim Schoeps. Ein Preuße jüdischer Abstammung, damals 17 Jahre jung und schon eine treibende Kraft in der freideutschen Bewegung. Er hat binnen weniger Jahre seine jüdische Identität gefunden und ist später bekanntlich ein bedeutender Religionswissenschaftler geworden. Das alles auf dem Umweg über das Freideutschtum und über die Begegnung mit dem „Geist der christlichen Liebe“, den er bei Eberhard Arnold, in Sannerz und auf dem Rhönbruderhof kennengelernt hat.

Die „Freideutsche Bruderschaft“ nahm im Oktober 1926 Gestalt an bei einem Treffen in der Jugendherberge Boblitz bei Lübbenau. Kurz darauf trommelte Hans-Joachim Schoeps in den „Freideutschen Jungscharen“ für den Bruderschaftsgedanken: „Alle, die sich im Geiste zur freideutschen Bruderschaft rechnen, werden aus dieser Zugehörigkeit die Pflicht empfinden müssen, den Geist der Bruderschaft und Liebe in alle ihre Lebenskreise hineinzutragen. (…) Ich bitte Euch, die Lebensgemeinschaft Sannerz als einen Zentralpunkt zu betrachten, in dem der Bruderschaftsgeist eine mögliche sichtbare Ausdrucksform gefunden hat.“

Auf die Spitze getrieben?

Die Freideutsche Bruderschaft ist nie mehr geworden als ein weitmaschiges Netz von Einzelnen. Streit innerhalb des Werkbundes über den Stellenwert des Bruderschaftsgedankens, ja auch schon über das Bekenntnis zur „werdenden Gemeinde“, war unausweichlich. Karl Sachse, ein Freideutscher der ersten Stunde, hat das Problem schon auf der Januartagung 1926 klar erkannt: „Ein Bund kann nur Menschenwerk sein, aber Gemeinde ist Gotteswerk. Gemeinde ist organisch, Bund ist menschlicher Versuch des Ausdrucks.“

Familie Arnold im Jahr 1927 (von links: Hans-Hermann, Emy-Margret, Emmy, Monika-Elisabeth, Eberhard, Heini, Hardy)

So liefen die Wege unmerklich wieder auseinander. Zur Jahreswende 1926/27 tagte zum letzten Mal eine Werkbundgruppe in der Rhön; 1928 gab es erstmals massive Einwände gegen den Kurs des Werkbundes, gegen Erich Mohr, gegen die „Wegwarte" als Sprachrohr des Bundes, gegen die „Sannerzer" (die längst keine mehr waren), gegen Hans-Joachim Schoeps als Leiter der Freideutschen Jungscharen usw. usw. 1929 war die Tätigkeit des FWB völlig eingeschlafen. Die Bundestagung im Januar 1930 markiert das Ende vom Lied. Ludwig Oppenheimer stellte die Grundsatzfrage: Entweder Bund oder Bruderschaft, Aktion oder Kontemplation. Eberhard Arnold wehrte sich zwar gegen diese Alternative, drang aber nicht mehr durch. Erich Mohr hoffte auf eine Wiederbelebung des toten Patienten FWB. Darauf Eberhard Arnold: „Nicht jeder Tod führt zur Auferstehung. Es ist die Entscheidungsfrage, ob es der Tod des Gekreuzigten ist, der führt zur Auferstehung." Auflösungsanträge folgten; die Kritiker räumten ein, sie seien an den selbstgesteckten hohen Zielen gescheitert, sie könnten keine Verantwortung für ein praktisches Werk wie den Bruderhof übernehmen. Der Freideutsche Werkbund hauchte sein

Leben aus, obwohl alle ihren guten Willen betonten. Die Verbindung zu Erich Mohr riss in der Folge ab.

Hat Eberhard Arnold zu viel verlangt von den Freideutschen? Hat er den Bogen überspannt? Objektiv betrachtet: Nein. Er stand in jedem Augenblick auf dem Boden der Meißnerformel: es war ein Gebot der inneren Wahrhaftigkeit, dass er auf Klärung gedrungen hat; er hat die Mitglieder des Werkbundes zur eigenen Bestimmung herausgefordert, er hat an ihre eigene Verantwortung appelliert. Mit allen notwendigen Folgen, die das haben musste. Das war sein Freundschaftsdienst an diesem Kreis. Der Werkbund ist letztlich daran gescheitert, dass die freideutschen Ideale mit gutem Willen und leidenschaftlichem Einsatz allein nicht zu erfüllen waren. – Auch in die andere Richtung muss gefragt werden: hat Eberhard Arnold nicht von der Gemeinschaft einen unmöglichen Spagat erwartet? Hutterische Gemeinde werden und freideutsch bleiben? Der Bruderhof als Verein, als Siedlungsgemeinschaft hätte und hat keine Probleme gehabt, sich weiterhin als Teil der freideutschen Bewegung zu verstehen. Allerdings: Von außen betrachtet erschien der Bruderhof immer mehr als Glaubensgemeinschaft. Das war auf die Dauer mit einer unverbindlichen Gesinnungsgemeinschaft wie dem Werkbund nicht zu vereinbaren.

XIII.

Auf den Spuren der Vergangenheit

Vielleicht war der „Sendbrief" von Andreas Ehrenpreis „über brüderliche Gemeinschaft das höchste Gebot der Liebe betreffend" der letzte Auslöser. Vielleicht war es der Artikel „The Hutterian Communities" von Bertha W. Clark über das Leben der hutterischen Gemeinden in Amerika. Was da aus dem 17. Jahrhundert in die Gegenwart drang an Ratschlägen und Einsichten, was dort von den immer noch lebendigen Gemeinden aus Nordamerika berichtet wurde, das entsprach völlig dem inneren Erleben der Bruderschaft. Aus den Reihen der Bruderschaft kam denn auch der Vorschlag, Nägel mit Köpfen zu machen – „Was hindert uns noch, dass wir uns mit diesen Hutterischen Brüdern vereinigen?"

Die Initiative ist diesmal also nicht von Eberhard Arnold ausgegangen. Aber er hat dann am 22. August 1928 im Namen der Bruderschaft einen Brief an Elias Walter aufgesetzt. Darin erklärt die Bruderschaft „in für immer entscheidender Bestimmtheit unseren festen, niemals zurückzunehmenden Willen", mit den hutterischen Gemeinden vereinigt zu werden. Mehr noch: die amerikanischen Gemeinden sollten am besten gleich zwei „Diener am Wort" nach Deutschland schicken, um die geistliche Leitung des Rhönbruderhofes zu übernehmen.

Sehr bald war klar: So einfach würde das alles nicht gehen. Elias Walter wies darauf hin, dass die Hutterischen Gemeinden gegenwärtig keine einheitliche Leitung hätten. Er schlug vor, man solle doch erst einmal die Vorsteher einiger anderer Höfe anschreiben. Gesagt, getan. Antwort kam, wenn überhaupt, dann immer nur von Elias Walter. Im Mai 1929 verfasste Eberhard Arnold einen kleinen „Sendbrief" in bester hutterischer Manier an alle Bruderhöfe in South Dakota, Manitoba und Alberta. Die entscheidenden Zeilen: „Zuerst Gott und nun Euch geben wir uns hin. Im Gehorsam des Glaubens, der Liebe und der Zucht wollen wir die Euren sein. Wie wir Gott baten, bitten wir nun Euch: Nehmt uns an! Beauftragt uns! Rüstet uns aus! Wie wir ohne Christus nichts tun können, so wollen wir auch ohne Euch nichts tun."

Zusammen mit dem Sendbrief ging ein 90 Seiten dickes Manuskript mit dem Titel „Aufbau und Ordnungen“ über den Atlantik – und die neubearbeiteten „Lebensbeweise lebendiger Gemeinden.“

Elias Walter jedenfalls nahm die Briefe aus der Rhön sehr wohlwollend auf. Im Herbst 1929 schrieb Eberhard Arnold an Robert Friedmann: „Elias Walter hat uns beauftragt und mit einigen Geldmitteln ausgestattet, dieses Buch“ – gemeint ist der Artikel von Bertha W. Clark, s. o. – „und seine anderen Veröffentlichungen des Huttertums in unserem Verlag herauszugeben“. – Unter anderem sollte Eberhard Arnold eine wissenschaftliche Ausgabe des „Kleinen Geschichtsbuchs“ erstellen – eine Herausforderung ersten Ranges; eine Arbeit, die mehrere Jahre in Anspruch nahm. Und ein Vertrauensbeweis.

Umgekehrt war auch Eberhard Arnold inzwischen voll und ganz für die Hutterischen Gemeinden eingenommen. An Robert Friedmann schrieb er: „Es ist das unerhört Große an der hutterischen Gemeinde, dass sie den Glauben zur Tat werden lässt, dass das Reich Gottes jetzt und hier in der tätigen Lebensgemeinschaft der Gemeinde Gerechtigkeit, Friede und Freude im Heiligen Geist (Römer 14,17) ist.“ Und an den amerikanischen mennonitischen Gelehrten John Horsch: „Mich hindert das Alter der Tradition und die damit so leicht einsetzende Ermüdung des Glaubens, der Liebe und der Christuserfahrung in keiner Weise, mit den jetzigen Hutterern die völlige Vereinigung zu suchen und zu glauben. (…) Ihr Bitten um den Heiligen Geist beweist, dass die Lebendigkeit der Wahrheit nicht erloschen ist und nicht erlöschen kann.“

Den Weg zur Vereinigung hatte ihm Elias Walter in der Zwischenzeit gewiesen: er würde nach Amerika reisen müssen, sich dort den Ältesten der Hutterischen Gemeinden stellen, sich auf Herz und Nieren durchleuchten lassen, Rede und Antwort stehen über sein Begehren, die Geschichte der Gemeinschaft, seinen persönlichen Glauben, seine Bibelkenntnis, sein Familienleben, seine Ansichten, und ganz am Ende würde – vielleicht! – die Vereinigung stehen.

Aber vorher gab es noch allerlei zu tun. Im Juni 1929 reiste Eberhard Arnold zu Prof. Loserth nach Graz, um die Herausgabe und Redaktion althutterischer Schriften zu besprechen. Im November hielt Eberhard Arnold eine Vortragsreihe in Robert Friedmanns Wiener „Tolstoiclub“

und besuchte abermals Loserth in Graz. Anschließend reiste er über Pressburg ins ungarische Sabatisch (1546 von Täufern begründet) und nach Velke Levary, einen anderen frühen Schauplatz der friedlichen Täuferbewegung. Er traf dort verweltlichte Nachfahren der Täufer, besichtigte alte hutterische Höfe und brachte aus den Archiven allerlei bemerkenswerte Dokumente mit. Auf dem Rückweg machte er in Herrnhut in der Lausitz Station. Sogar dort, im Archiv von Zinzendorfs Brüdergemeine, fand er zu seiner Überraschung eine wertvolle hutterische Schrift. Zum Frühjahr hin, als die Amerikareise allmählich greifbar wurde, geriet Eberhard Arnold regelrecht in Hochstimmung und steckte damit die ganze Gemeinschaft an. „Bei uns arbeiten zwei bis vier Kräfte unausgesetzt an den Abschriften und an dem Vergleichen alter Täuferbücher und Handschriften", notierte er am 19. Mai kurz vor der Abreise. Am 27. Mai fand auf dem Rhönbruderhof noch einmal eine große Feier statt – passenderweise eine Taufe, acht Novizen auf einmal wurden in die Bruderschaft aufgenommen.

Übers Meer

Am 30. Mai ging Eberhard Arnold in Bremen an Bord des Linienschiffs „Karlsruhe". Damit ihn das Empfangskomitee in New York auch erkennen würde, gab er vorher noch folgende Personenbeschreibung durch: „Ich bin an der Hutterischen Tracht erkennbar und bin über 1,80 groß und nicht allzu dünn." Am 12. Juni telegrafierte er aus Brooklyn: „Glücklich gelandet. Deiner und Eurer gedenkend. Eberhard."

In den ersten Tagen fühlte er sich wie ein Wundertier. Die Amerikaner lachten hinter ihm her wegen seiner Kniebundhosen und Sandalen. Amerikanische Großstädte fand er unerträglich, die Kleinstädte stillos. Das Land sei fest im Griff des Mammons, schrieb er nach Hause. Zum zweckfreien Bummeln war ihm selten zumute. Wieder einmal machte ihm das erblindete linke Auge zu schaffen. Die Überfahrt hatte er hauptsächlich liegend verbracht. Lesen strengte ihn ungemein an, Schreiben noch mehr. Trotzdem: „Ich glaube an Christus, der das innere Licht als des Leibes Licht und das äußere Auge für den Weg gut machen will." Dieser Weg war noch weit. Zunächst reiste er nach Scottdale, Pennsylvania, zu John Horsch. Von dort aus nach Chicago und weiter in den Mittleren Westen.

Auf den Hutterischen Bruderhöfen, jedenfalls auf manchen, sah man seinem Besuch mit Spannung entgegen. So schrieb zum Beispiel Peter Groß, „Diener am Wort“ auf dem Iberville-Bruderhof in Manitoba, an Elias Walter: „Wenn der alte Schmied Michel Vetter noch leben tät, da tät sein Geist ganz aufleben, und tät alle Mittel und Weg und Gelegenheit anwenden, um die Gemein in Deutschland aufzusuchen und sich mit ihnen bekannt zu machen, mit alledem, was zur Gemeinschaft gehört, geistlich und auch zeitlich.“ Andere hielten sich bedeckt. – Eberhard Arnold seinerseits war teils in Sorge, was die Brüder von ihm verlangen würden, insgesamt aber zuversichtlich. An Elias Walter schrieb er, er erwarte „keine Engel“ zu treffen. Und tatsächlich wurde er in Tabor, South Dakota, von Menschen aus Fleisch und Blut empfangen: der weißhäuptige Michel Waldner und sein Sohn Paul begleiteten ihn nach Bon Homme zum ältesten Bruderhof auf amerikanischem Boden.

Dariusleut, Lehrerleut, Schmiedeleut

In South Dakota gab es 1930 nur noch vier Bruderhöfe. Alle anderen Hutterer waren nach dem Weltkrieg nach Kanada übersiedelt, um der Wehrpflicht zu entgehen. Die vier verbliebenen Höfe in South Dakota bildeten eine Art hutterischen Mikrokosmos. Da waren auf engem Raum alle drei Gemeinderichtungen vertreten – ein Hof der Schmiedeleut, einer der Lehrerleut und zwei der Dariusleut. Eberhard Arnolds erste Eindrücke: „Die Brüder und Schwestern von Bon Homme sind sehr, sehr lieb zu mir (…). – Geist und Wirklichkeit des heutigen Huttertums übertreffen auch heute und hier bei Weitem meine und unsere Erwartungen (…). – Die Freude und der Frohsinn äußern sich in beständigem Humor behaglicher Gemütstiefe und in noch tieferen Glaubensworten aus den Schriften, aus Sprichwörtern und Erfahrungen. Die Einfachheit des Lebens ist noch ziemlich stilrein erhalten. Das ‚*Gebet*‘, die ‚*Lehr*‘ und die ‚*Lieder*‘ sind wunderbar klar und sachlich, ebenso die Gemeinschaftsbeschlüsse (…). – Aber schwer zu fassen ist für uns der Reichtum des Gutes und der Wirtschaft.“ Die Hutterer waren nicht weniger beeindruckt von ihm. Männlein und Weiblein, alt und jung, wollten wieder und wieder vom Rhönbruderhof und den Anfängen in Sannerz hören. Nach kaum einer Woche musste er sich in Pflege begeben. Das entzündete Auge zwang ihn für drei Wochen aufs

Krankenlager. Von den Dariusleuten auf dem Wolf-Creek-Bruderhof wurde er liebevoll umsorgt. So viel Ruhe fand er lange nicht wieder. Atemholen, Kräftesammeln vor einem unglaublichen Marathon, so scheint es im Nachhinein. Sechs Monate und mehr als 4.000 Kilometer per Bahn, im Pferdewagen und im Auto trennten ihn noch von seinem Ziel, der Vereinigung des Rhönbruderhofs mit den hutterischen Gemeinden. Aber das wusste er damals natürlich noch nicht.

Die erste Prüfung hatte er unmittelbar vor sich. Er musste David Hofer gewinnen, den greisen Ältesten der Lehrerleut, Vorsteher des Rockport-Bruderhofs. Der Mann war unter den Hutterern geachtet für seine Prinzipientreue und Gradlinigkeit, aber auch gefürchtet für seine Halsstarrigkeit und seine eigenwillige, schroffe Art. Als Eberhard Arnold am 21. Juli auf dem Rockport-Bruderhof eintraf, würdigte ihn der Alte keines Blickes. Die übrigen Bewohner des Hofes waren so liebevoll und wissbegierig wie die auf den anderen Höfen auch. Es dauerte Tage, bis David Hofer sich endlich herabließ, mit seinem Gast ein paar Worte zu wechseln.

Eberhard Arnold hat das Gespräch in seinem Tagebuch wiedergegeben: Er brachte sein Begehren vor – Vereinigung mit den Hutterischen Gemeinden auf der Grundlage der Ordnungen von Jakob Hutter und Peter Riedemann. „Es wäre Sünde für uns und hätte nicht den Segen Gottes, wenn wir auf eigene Faust für uns bleiben wollten." Und was musste er sich von dem ehrwürdigen, zornigen Greis anhören: „Da irrst du sehr. Der Herr hat sein Volk auf der weiten Erde, wo wir es nicht wissen. Wenn es nur überall die Wahrheit erkennt und tut." – Quintessenz: man muss nicht Hutterer werden, um Christ zu sein. – Zweiter Paukenschlag: „Statt auf unsere Altväter solltest du dich auf die Apostel und Propheten berufen, wie diese, die hutterischen Vorgänger, es getan haben." – Das war die Warnung vor der Traditionsfalle. Nur die Bibel kann gemeinsame Grundlage des Glaubens sein, sonst nichts. – Drittens: „Vereinigen willst du dich! Mit wem denn? Wir sind selbst nicht mehr vereinigt. Hier ist Dakota, dort Manitoba, dort Alberta. Hier sind wir Lehrerleut, dort die Schmiedeleut und dort die Dariusleut. Wo ist ihr Bischof? Wer richtet sich nach den Ältesten? Wenn du dich vereinigen willst, musst du versuchen, dich 33-mal mit 33 verschiedenen Gemeinden zu vereinigen." – Genau so ist es dann auch gekommen.

Nach dieser Lehrstunde sprach David Hofer nur noch wenig. Am letzten Tag aber kutschierte er Eberhard Arnold höchstpersönlich zum Bahnhof. Dort gab er ihm den Bescheid: er werde jede Entscheidung mittragen, die die Brüder in Kanada treffen würden. Das war kein Ja, aber ein Bekenntnis zur Einstimmigkeit.

Wenn Eberhard Arnold in den drei Wochen auf dem Wolf-Creek-Bruderhof am Auge behandelt worden ist, dann hat ihn der alte David Hofer in Rockport von einem anderen Leiden kuriert. Er hat ihm alle Illusionen geraubt. Er hat ihm die Maßstäbe zurechtgerückt. Er hat ihn auf die Quellen des Glaubens zurückverwiesen. Welcher andere hätte die Autorität gehabt, den 47-jährigen Doktor der Philosophie so abzukanzeln? Andere hutterische Älteste und Verantwortliche hat Eberhard Arnold sympathischer geschildert, mit den meisten hat er ein viel herzlicheres Verhältnis gefunden. Aber in wichtigen und kritischen Situationen hat er später oft auf Ratschläge von David Hofer zurückgegriffen.

Vorerst ging es weiter durch die Bruderhöfe in South Dakota. Wohin er auch kam, wurde er zugleich verwöhnt und gefordert. Ihm zuliebe kochten die Hausmütter Kaffee mit „wenig Wasser und viel Bohnen". Fast beschämt beim Gedanken an den eintönigen Speisezettel zuhause in der Rhön schilderte er im Tagebuch all die Herrlichkeiten, die ihm aufgetischt wurden – schon zum Frühstück „Fische, Käse, Wurst, Honig, Weißbrot, Butter, Kaffee, Hafergrütze mit Sahne und ein Glas Südwein …" Der Überfluss bekam ihm nach all den Jahren Sparhof-Diät gar nicht.

Umso mehr begeisterte er sich für die Schätze in den Bibliotheken der einzelnen Höfe. Reich beschenkt mit alten „Lehren" und anderen Schriften reiste er am 7. August 1930 weiter Richtung Norden. Joseph Stahl, Vorsteher des Lake-Byron-Bruderhofs, berichtete an Elias Walter: „Der liebe Arnold ist heute Morgen um 6 Uhr auf der Great Northern nach Winnipeg Man. zu den Brüdern abgereist, nachdem er 4 Tage bei uns war. (…) Es ist nicht zu sagen, was der Mann für ein Freude und Geist hat in unsern Altvätern ihren Schriften, man muss sich schämen. Es kommt mir vor, Arnold ist der zweite Jakob Hutter in allen Bemühungen, sonderlich gegen den Geiz und eigenen Geld in der Gemein."

Manitoba

Die zehn Bruderhöfe in Manitoba waren allesamt Schmiedeleut-Kolonien. „Die Liebe der Schmiedeleut zu mir und uns ist, wenn möglich, noch größer, als die der Ur-Bruderhöfe", schrieb Eberhard Arnold in sein Tagebuch und klagte, er habe hier noch viel weniger Ruhe als in South Dakota. Besonders beeindruckte ihn der Älteste der Schmiedeleut: „Josef Kleinsasser, Milltown, der bedeutsamste und tiefste Mensch und Christ, den ich bisher getroffen habe." Von der angeblichen Nachlässigkeit der Schmiedeleutgemeinden in Manitoba konnte er nur wenig entdecken. Er meinte zwar, die Nähe zur Großstadt Winnipeg biete tatsächlich allerlei Verlockungen. „Aber die überschwängliche Liebe und Dankbarkeit, mit der man mich hier begrüßt, beweist den Willen, die Sehnsucht, den Glauben und pulsierendes Leben." Umgekehrt machten sich auch die Leiter der Manitoba-Gemeinden ihre Gedanken über Eberhard Arnold. David Hofer, der zweite Älteste der Schmiedeleut und Vorsteher des James-Valley-Bruderhofs, schrieb an Elias Walter: „Er ist ein wahres Kind Gottes voll Liebe und christlichen Tugenden. Ihm zu lehren und unterweisen ist keine Rede, vielmehr haben wir von ihm zu lernen, denn ihm verlangt nur um das Wohl und Vereinigung unserer Gemeinden sammt der Ehre Gottes."

Am 14. September wurde es dann auf dem Rosedale-Bruderhof amtlich. Unter dem Vorsitz von Joseph Kleinsasser berieten die Diener am Wort der Schmiedeleut und teilten Eberhard Arnold schließlich mit: „Wir sind alle einstimmig zu dem Beschluss gekommen, dass wir deinem Begehren entsprechen. Wir sind alle für die Vereinigung." Joseph Kleinsasser als Ältester setzte einen Empfehlungsbrief an die Gemeinden in Alberta auf des Inhalts, dass die Schmiedeleut keine Hindernisse sähen, die der von Eberhard Arnold erbetenen Vereinigung entgegen stünden.

Alberta

Mit dem Brief in der Tasche traf Eberhard Arnold am 24. September auf dem Stand-Off-Bruderhof in Macleod, Alberta, ein und schrieb in sein Tagebuch: „Ich liebe den ehrwürdigen Vorkämpfer, unseren Pfadweiser Elias Walter von Herzen, er ließ sofort Joseph Kleinsassers Brief tippen und an die nächsten zwölf Alberta-Gemeinden senden."

Elias Walter war mindestens so ungeduldig wie sein Gast und hielt es für Zeitverschwendung, noch viel länger mit der „Einverleibung“ und „Bestätigung“ zum Dienst am Wort zu warten. Lieber hätte er Eberhard Arnold gleich zum Predigen auf die einzelnen Höfe geschickt. „Die Aufnahme als Hutterer kann ihm nicht verweigert werden, denn er ist ein Hutterer, wie wir heute unter uns keinen zweiten haben“, schrieb er am 5. Oktober an John Horsch. Aber alles musste seine gute hutterische Ordnung haben.

Zwei wollten es ganz genau wissen: Andreas Groß, Diener am Wort auf dem Lehrerleut-Bruderhof Old Elm Spring, und Christian Waldner vom Bruderhof West Raley, der Älteste der Dariusleut. Christian Waldner fragte den Gast aus Deutschland fünfeinhalb Stunden lang aus und schickte ihn dann ohne Auskunft wieder fort.

Eberhard Arnolds ursprünglicher Zeitplan geriet völlig aus den Fugen. Hatte er Anfang Oktober noch gehofft, zu Weihnachten wieder zuhause zu sein, so bat er in einem Brief am 23. Oktober um Nachsicht: „Es drängt mich mit jeder Faser nach Hause. Aber das Ziel dieser teuren und anstrengenden Reise darf durch unsere Ungeduld und Sehnsucht nicht gefährdet werden. Glaubt und betet weiter. Gott wird alles erhören.“ Der Kern des Problems: alle 18 Bruderhöfe in Alberta erwarteten seinen Besuch; vorher würde kein endgültiger Beschluss möglich sein. So machte er also wieder die Runde in einem geschlossenen Wagen, um das entzündete Auge zu schonen.

Die Tage waren ausgefüllt mit dem Kopieren von alten Handschriften und mit Sprechstunden. Ungläubiges Staunen, wenn Eberhard Arnold vom Rhönbruderhof erzählte, wo „selbst die Pfaffen lernen zu arbeiten“. Neugierige Fragen nach den Kindern und immer wieder nach seiner Frau: „Ist deine Emma auch recht dick?“ (das war das jahrhundertealte hutterische Ideal von Schönheit und Gesundheit). Wo er auch auftauchte, war er sofort von Zuhörern umringt. Einige Male musste er sich in seiner Not ein Hotelzimmer mieten, um wenigstens die dringendsten Briefe in Ruhe schreiben zu können.

In Manitoba hatte er es mit jungen, verschuldeten Kolonien im Aufbau zu tun gehabt. In Alberta traf er stellenweise auf großen Reichtum. Einmal durchquerte er fünf benachbarte Bruderhöfe – ein Gebiet von 800.000 Hektar, einen „Staat im Staate“, ein „kommunistisches Fürstentum“, wie er meinte. Dass reiche Einzelhöfe in aller Gemütsruhe zusahen, wie arme Höfe ums wirtschaftliche Überleben kämpften, war ihm unbegreiflich. Er hielt damit nicht hinterm Berg. „Euch betrügt heute der Teufel mit seinem verfluchten Eigentum auf weit raffiniertere Weise", sagte er auf verschiedenen Höfen; „euch versucht er nicht zum Einzeleigentum, euch kriegt er durch das Kollektiv-Eigentum". Die Geschwister hörten sich das alles mit großem Interesse an – „je schärfer ich spreche, umso glücklicher und dankbarer sind sie", aber so rasch änderte sich natürlich nichts. Das gehört zu den zwiespältigen Eindrücken, die Eberhard Arnold von den hutterischen Gemeinden in Amerika gewonnen hat: sie waren im Allgemeinen ungemein tüchtig, da war sprühendes Leben, lebendige Tradition. An wenigen einzelnen Stellen spürte er Ermüdung, Lässigkeit, Fatalismus. Das betraf Kleinigkeiten wie das pauschale Zehrgeld, das man Reisenden mitgab und das sie ohne weiteren Nachweis verwenden konnten (hier sah er ein Schlupfloch für das „Eigentumsteufelchen"). Das betraf die Frage nach dem verwaisten Amt des Gesamtältesten: die Diener am Wort konnten und wollten das Bischofsamt einfach nicht wiederbeleben. Das betraf schließlich die „Aussendung", die hutterische Mission, die in den 70 Jahren in Amerika völlig eingeschlafen war. Mit dem Ergebnis, dass die 33 Kolonien nur noch aus ca. 15 Sippen und Großfamilien bestanden.

Ordination

Vermutlich hätte sich die Rundreise noch einige Wochen länger hingezogen, wäre nicht Eberhard Arnolds Auge wieder schlimmer geworden. Die Einsicht, dass man ihn jetzt genug geprüft habe, brachte die Vorsteher der Lehrer- und der Dariusleut zum ersten Mal nach zwölf Jahren wieder an einen Tisch. So hatte am Ende auch diese leidige Krankheit ihr Gutes. Am 8. Dezember trafen sich die Ältesten und älteren Vorsteher der Gemeinden Albertas auf dem Stand-Off-Bruderhof und beschlossen die Vereinigung. Tags darauf wurde Eberhard Arnold durch die „Übergießungs-Taufe" nach hutterischem Brauch der Gemeinde „einverleibt". Christian Waldner und Elias Walter führten die Zeremonie durch. Noch eine Taufe? Alle Diener am Wort waren sich im Grunde einig, dass Eberhard Arnolds Glaubenstaufe durch Untertauchen ebenso gültig war, wie die Taufen in Sannerz und auf dem Rhönbruderhof. Sie wollten lediglich sicher gehen, dass nicht einer von den abwesenden „Dienern am Wort“ die Vereinigung wegen eines Zweifels in dieser Frage anfechten könnte. Eberhard Arnold hat die Übergießung nach einigem Zögern akzeptiert. Er hat sie gedeutet als Zeichen für die „Geistestaufe, die von oben her geschieht als eine Überschüttung, Übergießung und Umwehung und Durchwehung mit dem Heiligen Geist“. Mit ihm wurde zugleich die gesamte Bruderschaft des Rhönbruderhofs in die Gemeinschaft der Hutterischen Brüder aufgenommen.

Wenige Tage später versammelten sich an gleicher Stelle mehr als 20 Diener am Wort zur Ordination. Das heißt, er musste ja nicht erstmals für den Dienst am Wort „eingesetzt werden“, er war ja schon Wortführer des Rhönbruderhofs. Es handelte sich also darum, ihn in dieser Aufgabe zu bestätigen. Eberhard Arnold schrieb an Emmy: „Es ist als eine göttliche Bestätigung meines Reiseauftrags anzusehen, dass wir nun *der erste Bruderhof sind, der den Darius-, Schmiede- und Lehrerleut zugleich angehört.*“ Einige Tage zuvor hatte er ein Weihnachtspaket losgeschickt mit symbolischem Inhalt: Kopftücher (überwiegend gebrauchte, um den Einfuhrzoll zu sparen) für alle Frauen und Mädchen auf dem Rhönbruderhof, ein Geschenk der Frauen des Elm-Spring-Bruderhofs. Eberhard Arnold erklärte dazu: „… dass ihr durch diese *Ein-Tracht* Eure Liebe und Eure Zusammengehörigeit zu ihnen bekundet.“

Bei aller Freude war er doch auch enttäuscht, dass die Frage der wirtschaftlichen Unterstützung noch nicht geregelt war. Er entschloss sich, noch einmal von Hof zu Hof fahren und die Überlebenshilfe für den Rhönbruderhof zu sammeln. Eine weitere Marter für die Gesundheit. Drei Monate erforderte allein die Werbereise durch Alberta und Manitoba. Manche Höfe kamen ihm sehr weit entgegen und zeigten sich freigiebig, andere – nicht die ärmsten – speisten ihn mit guten Wünschen und kleinen Almosen ab: da war er wieder, der „Kollektiv-Egoismus“, den er so leidenschaftlich gegeißelt hatte. Immerhin, alle paar Wochen konnte er einige 100 Dollar in die Rhön schicken.

Die Frage nach der allernächsten Zukunft war eine Sache. Daneben hat sich Eberhard Arnold in diesen Wochen auch über die weitere Entwicklung des Rhönbruderhofes Gedanken gemacht. Anlass dazu war ein Vorschlag von Josef Stahl, dem Vorsteher des Lake-Byron-Bruderhofs in South Dakota. Warum nicht den Rhönbruderhof mit

Mann und Maus nach Amerika umsiedeln? Die Lake-Byron-Kolonie wollte ohnehin über kurz oder lang nach Alberta ziehen. Dann könnten die Deutschen Lake Byron pachten. Vorher allerdings sollte die wissenschaftliche Arbeit an den hutterischen Schriften abgeschlossen und sollten die „Eifrigen" gesammelt werden. – Die Frage ist bei der Vereinigung im Dezember noch einmal aufgekommen. Würde der Rhönbruderhof bereit sein, nach Amerika zu ziehen, wenn die Ältesten das für richtig hielten? Eberhard Arnold hat das ohne Zögern bejaht. Aber nun war er als „Diener am Wort" für Deutschland eingesetzt und hatte den Auftrag zum Ausbau des Bruderhofes dort. Und so schrieb er im Februar an Emmy: „Darin bin ich hier aufs tiefste bestärkt worden, (…) dass wir so lange wie irgend möglich in dem nun wieder so schwer leidenden und kämpfenden deutschen Land Europas bleiben sollen."

Trotz aller Strapazen der Vereinigungsreise stand für Eberhard Arnold nie in Frage, dass das Ziel den Einsatz lohnte. Vier Jahre später hat er sich im Rückblick dazu bekannt: „Die hutterischen Bruderhöfe überzeugten mich aufs allertiefste, dass hier die drei Artikel des Apostolikums zu einer Einheit geworden waren: das schöpferische Leben, das Erlösungsleben der vollen Vergebung aller Sünde und aller Abirrung und das gute Leben des Heiligen Geistes aus den Kräften der zukünftigen Welt. Das war so in einer wunderbaren Einheit dort gegeben, wie ich es heute in den christlichen Kreisen Europas durchaus nicht angetroffen habe."

Heimkehr

Am 1. Mai 1931 war Eberhard Arnold endlich wieder auf See; am 10. Mai traf er an Bord des Atlantikliners „Berlin" in Bremerhaven ein. Dort wurde er von Emmy und von Hans Zumpe erwartet. Auf der Heimreise in die Rhön besorgte er für die Bruderhofkinder „Pflastersteine" – eine spezielle Sorte Lebkuchen: die hatte er ihnen elf Monate vorher versprochen für ihre Hilfe beim Befestigen einer Straße zum Rhönbruderhof. Er hat es nicht vergessen.

Und das Ergebnis der Amerika-Reise? Da war zum einen das Dokument der Vereinigung mit den Hutterischen Gemeinden in Kanada und den USA, notariell beglaubigt. Das Papierstück gewann schon zwei Jahre später unschätzbare Bedeutung. Da war außerdem Erzählstoff für Wochen und Monate, und Anschauungsmaterial: Hutterische Trachten für Männer und Frauen. Fotos. Werkzeuge. Und natürlich die Kopftücher.

Der wissenschaftliche Ertrag kann nicht hoch genug angesetzt werden. Mehr als zwei Dutzend Pakete mit Hunderten von hutterischen Schriften, „Lehren", Sendbriefen und Büchern hat Eberhard Arnold im Lauf dieses knappen Jahres über den Atlantik geschickt, Schätze, die die einzelnen Höfe zum Teil so eifersüchtig gehütet hatten, dass sie nicht einmal untereinander von ihrer Existenz wussten. Der Rhönbruderhof beherbergte mit einem Mal die umfangreichste Bibliothek täuferischer Schriften in Europa. Es hat Jahre gebraucht, all diese Dokumente zu ordnen, zu vergleichen und auszuwerten.

Von den erhofften 25.000 Dollar zur Entschuldung und zum weiteren Aufbau des Rhönbruderhofs ist nur ein Bruchteil zusammengekommen. Insofern sicher eine Enttäuschung. Aber Eberhard Arnold stellte in einem seiner ersten Berichte vor der Bruderschaft klar: „Auch wenn wir völlig verarmte Gemeinschaften angetroffen hätten, hätte es für uns keinen Augenblick des Zögerns gegeben, uns mit diesen zu vereinigen."

Am ersten Abend nach seiner Rückkehr versammelte sich die Gemeinschaft im Freien. Die Kindergemeinde gab ein Schauspiel. Anschließend wurden Fackeln angezündet. Irmgard Keiderling schrieb gewissenhaft mit: „Wir bildeten einen großen Kreis um den kleinen Fackelkreis. Dann sprach Eberhard über die Einheit in Freiheit und Freiwilligkeit, und über die Freiheit in Einheit, gegen alle Gesetzlichkeit und gegen alle Halbherzigkeit. – Als nur noch zwei Fackeln hell brannten, ging Eberhard mitten in den Kreis hinein und stellte sie zusammen, so dass sie doppelt hell aufleuchteten, und sprach von unserer Vereinigung mit dem Huttertum, wobei beide Gruppen in ihrer Besonderheit sich ergänzen müssten, um doch ganz eins zu sein, wie es in einer wirklichen Ehe der Fall ist."

XIV.

Wie hutterisch darf ein Hutterer sein?

Die Vereinigung mit den hutterischen Gemeinden in Nordamerika hat Eberhard Arnold und die Rhönbruderhöfer in einen 400 Jahre alten Geistesstrom hineingenommen, hat ihnen buchstäblich eine neue Welt erschlossen. Das hat der kleinen Gemeinschaft im Herzen Deutschlands einen starken inneren Schub verliehen, und nichts weniger hatte sich Eberhard Arnold davon versprochen. „Es gibt auf der ganzen Welt, auch in den jetzt und heute bestehenden Lebensgemeinschaften nichts, was uns dem Wesen nach, dem Charakter und Geist nach entsprechender sein könnte und uns lebenskräftiger voranbringen und vertiefen könnte als die Bruderschaften, die man die Hutterischen nennt", teilte er nach seiner Rückkehr der versammelten Gemeinschaft mit. „So darf ich denn in vollem Bekenntnis zu unserem jugendbewegten Ursprung, zu unserem Erlebnis des Kommunismus und zu unserm Bergpredigt-Erlebnis dafür eintreten, dass wir diesen Weg bis zu Ende gehen wollen."

Damit hat er zugleich klar gestellt: die Vereinigung war ein selbstbewusster Schritt. Er selbst wollte seine Prägung, seine Geschichte, seinen geistlichen Werdegang nicht verleugnen, und die Gemeinschaft sollte die Jahre des gemeinsamen Wachstums auch nicht einfach vergessen. Das Wunder war ja gerade, dass zwei so unterschiedliche Bewegungen sich in einem Geist gefunden hatten: hier eine uralte, gewachsene, zahlenmäßig starke, und dort eine vergleichsweise winzige, neuzeitliche, lebensreformerische Gruppe, die sich aus der Erweckungs- und Jugendbewegung speiste und die das ursprüngliche Huttertum wiederentdeckt hat, das es so nirgends mehr gab – auch in den hutterischen Kolonien in Nordamerika nicht. Eberhard Arnold ist sich durch seine Amerikareise auch darüber klar geworden. Direkt nach seiner Rückkehr erklärte er der Bruderschaft: „Wir wollen nicht hutterisch werden im Sinne von 1692, wir wollen nicht hutterisch werden im Sinne von 1780, wir wollen auch nicht hutterisch werden im Sinne von 1930/31, sondern wir wollen hutterisch werden im Sinne von 1529–1589, im Sinne dieser ersten Jahre." Und war sich gleichzeitig bewusst, dass der Rhönbruderhof niemals bruchlos an diese Geschichte anknüpfen könnte. Denn das hätte zum Beispiel bedeutet: Abschied von Fotografien und Bildern, Abschied von den geliebten Musikinstrumenten, Abschied von den Liedern und Tänzen der fröhlichen Sannerzer Aufbaujahre. Übriggeblieben wäre ein freudloses, gesetzliches Zerrbild jener lebenssprühenden hutterischen Anfänge.

Tatsächlich hat es in den Jahren nach der Vereinigung in der Bruderschaft immer wieder einmal Anflüge von Bilderstürmerei gegeben, wollten einzelne Bruderhöfer noch hutterischer als hutterisch sein. Dann geriet Eberhard Arnold regelmäßig in Wallung. Noch in den letzten Monaten seines Lebens konnte man ihn poltern hören: „Wenn wir nur noch hutterische Altbrüder verstehen würden und jedem unser Bekenntnis vorsetzen, da werde ich nicht mitmachen, sondern werde dagegen protestieren, solange ich lebe", und dazu stampfte er dann erregt mit dem Stock auf den Boden. Andererseits hat er bis zum Schluss nicht daran rütteln lassen, dass die Vereinigung mit den hutterischen Gemeinden Nordamerikas genau zur rechten Zeit kam, dass sie dem Bruderhof überlebenswichtige Ordnungen an die Hand gegeben und Legitimität verliehen hat. Mit derselben Bestimmtheit pflegte er zu sagen: „Es ist mir wichtig, dass die Segnungen letztlich nach Ursache und Quelle von den Brüdern kommen und von dem ganz großen Sachzeugnis der apostolischen Sendung durch die Jahrhunderte, denn daher kommt es und nirgends anders her." Er lehrte also nicht die Vergötzung des Huttertums, aber er lehrte Achtung vor dem Huttertum. Deshalb wurden einzelne althutterische Traditionen auf dem Rhönbruderhof aufgegriffen, deshalb fanden zum Beispiel auch viele Lieder aus dem 16. und 17. Jahrhundert Eingang in den zweiten Band der „Sonnenlieder", die 1932 erschienen.

Die zweite Generation

Wohl schon vor der Amerikareise hat Eberhard Arnold geahnt, dass ihm nicht mehr sehr viel Zeit bleibt. Immer öfter und immer offener dachte er darüber nach, was nach seinem Tod aus der Gemeinschaft werden würde. „Das war im Stillen ein Hauptantrieb meiner so überaus beschwerlichen Reise, dass ich anstelle des Testamentes eines reichen Mannes unseren so beispiellos vertrauenden und selbstvergessenen Mitkämpfern und Mitarbeiterinnen über meinen Tod hinaus das Gemeinschaftsleben so tief, so stark und so fest als möglich sichern will", hatte er um Weihnachten 1930 in sein Reisetagebuch geschrieben. Er hat sich von der Vereinigung mit den Hutterischen Gemeinden einen kräftigen Wachstumsschub für den Rhönbruderhof versprochen und sollte damit recht behalten: tatsächlich hat der Bruderhof seit dem Jahr 1931 einen stetigen Zustrom von Menschen erfahren.

Auch über seine Nachfolge hat sich Eberhard Arnold auf der Amerikareise erstmals Gedanken gemacht. Kaum heimgekehrt, schlug er der Bruderschaft vor, Hans Zumpe als Gehilfen des Wortführers einzusetzen und nach einer Bewährungszeit zum „Diener am Wort" zu ordinieren – auch das ausdrücklich für den Fall seines plötzlichen Todes. Mit den Ältesten der Hutterischen Gemeinden hatte er vereinbart, dass möglichst bald zwei „Diener am Wort" den Rhönbruderhof besuchen und die Leitung teilweise oder ganz übernehmen sollten. Das alles waren naheliegende Antworten auf drängende, praktische Fragen.

Dahinter standen weiterreichende, prinzipielle Fragen. Zum Beispiel diese: Was wird aus den Kindern, die in der Gemeinschaft aufwachsen? Auch sie können nicht automatisch Mitglied werden, auch sie müssen sich eines Tages bewusst für diesen Weg entscheiden! Dieses Problem stellte sich erstmals Ende der 20er Jahre: Emy-Margret war schon in der Ausbildung, Hans Grimm, Gerd und Liesel Wegner, drei der Pflegekinder, machten ihren Schulabschluss. Wie sollte es mit ihnen weitergehen? Und so befand die Bruderschaft im August 1929, „dass nur diejenigen größeren Kinder auf dem Bruderhof bleiben können, die die Glaubensgrundlage, den Aufbau und die Ordnung der Gemeinde Gottes aufrichtig annehmen und bezeugen können."

Eberhard und Emmy Arnold vertraten gemeinsam die Haltung, dass die Jugendlichen auf jeden Fall eine Zeit außerhalb des Bruderhofs erleben sollten – als Chance zur Orientierung, als Möglichkeit, das Gemeinschaftsleben einmal mit Abstand zu betrachten. Sie haben sich dabei ausdrücklich auf Eva von Tiele-Winckler berufen, die keine ihrer Zöglinge in die Schwesternschaft aufgenommen hat, wenn sie sich nicht vorher fünf Jahre lang (!) außerhalb bewährt haben. Entsprechend wurde nun auch mit den Bruderhofkindern verfahren, die Kinder der Arnolds nicht ausgenommen. Hardy begann in Tübingen zu studieren. Heini absolvierte ab 1934 eine Ausbildung auf dem Strickhof, einer renommierten Landwirtschaftsschule bei Zürich.

Eberhard und Emmy Arnold haben glücklich erleben können, wie alle ihre Kinder den Weg in die Gemeinschaft gefunden haben: Emy-Margret wurde Erzieherin, übernahm nach ihrer Ausbildung die Betreuung des Kinderhorts auf dem Rhönbruderhof. Hardy zeigte schon früh eine ausgeprägte Gabe, anderen Menschen das Wesen des Evangeliums zu erklären. Heini war der Grübler und Mystiker unter den fünf Geschwistern. Er war ein hingebungsvoller Menschenfreund (und wurde später ein Menschenkenner seltener Größe). Auch die beiden jüngsten, Hans-Hermann und Monika Elisabeth, wuchsen zu charakterfesten, gläubigen Menschen heran. Und so schrieb Eberhard Arnold im Sommer 1934: „Wie bin ich meiner Emmy so dankbar, wie sie durch ihre Liebe und besonders durch ihre tägliche Fürbitte an unseren Kindern gewirkt hat! Und wie viele Gebete unserer geliebten Eltern und wie viele der längst abgerufenen Voreltern sind hier zur Erhörung gekommen!" – 1934 stieß obendrein noch sein Neffe Hermann Arnold („Meines einzigen Bruders einziger Sohn") zum Bruderhof. Das alles machte ihm Mut, gab ihm Vertrauen in die Zukunft der Kindergemeinde. Er hat sich aber nie der Wunschvorstellung hingegeben, dass *alle* Kinder mit dem Bruderhof-Leben glücklich werden würden oder den Ruf dazu hätten.

Eine weitere Frage hat Eberhard Arnold zunehmend beschäftigt: Was würde werden, sobald die Gründer einmal nicht mehr da wären? Ihm war klar, dass oftmals in der zweiten und dritten Generation einer Bewegung der Verfall einsetzt. „Es ist wahr, dass der Verlauf sehr oft so gewesen ist. Es ist aber dennoch kein zwingender Beweis, dass es immer so sein muss", sagte er in einer Diskussion mit Gästen auf dem Rhönbruderhof, und: „Diese Frage kann nur beantwortet werden mit dem Glauben an den Heiligen Geist." Er verwies auf die Geschichte der hutterischen Brüder, „die durch Jahrhunderte hindurch durch immer erneute Todesnot und neues Leben, durch immer neue Aussendung immer neue Kräfte zugeführt bekamen". Natürlich konnte er nicht mit Sicherheit *wissen*, dass sich diese Erfahrung auf dem Bruderhof bestätigen würde. Aber er wollte es *glauben*.

Er glaubte nicht an zwangsläufige Verkrustung und an Verfall. Im Gegenteil, er überraschte die Bruderschaft und selbst seine Frau immer wieder mit mutigen Visionen. So im Sommer 1932: „Oft scheint es noch in weiter Ferne zu liegen: ein Leben mit 1.000 Menschen, geschweige denn 100.000 in völliger Einheit und Friedenskraft. Mögen es viele oder wenige sein, die bewogen werden, das alte Leben zu verlassen und das wahre Leben zu suchen – wir sind entschlossen, uns mit ihnen zu vereinigen in der Erwartung des Reiches Gottes, das mehr als 100.000 umfasst." Die Bruderschaft, die damals gerade mal 50 erwachsene Mitglieder zählte, hörte ungläubig zu. Viele von ihnen haben es später miterlebt, wie die Bruderschaft nach Zeiten der Krise und Zeiten der Erneuerung auf 1.000 und mehr Glieder angewachsen ist.

Else von Hollander hätte keine Schwierigkeiten mit der Vorstellung von der großen „Friedensstadt" gehabt. Wo Emmy Realistin war, war sie Visionärin. Sie war eine starke Säule des Gemeinschaftslebens. Sie hat die kühnsten Gedanken Eberhard Arnolds mitgedacht. Sie hat die Entwicklung der folgenden Jahre womöglich noch früher als er vorausgesehen – das Wachstum, die Kämpfe, die Bedrohung durch einen antichristlichen Staat. Sie war, neben Emmy, Eberhard Arnolds loyalste Freundin. Von allen Mitgliedern der Bruderschaft war sie am meisten in seiner geistigen Welt zuhause – eine Theologin ohne Diplom, eine feurige Kämpferin wie er. Der gemeinsame Weg endete am 11. Januar 1932. Else von Hollander starb nach langer schwerer Krankheit; selbst im Sterben war sie noch eine kraftvolle Zeugin. Ihr Vermächtnis an die Bruderschaft und damit auch an Eberhard Arnold war Entschlossenheit und grenzenloses Vertrauen auf den eingeschlagenen Weg.

Würde und Bürde

Von der natürlichen Autorität Eberhard und Emmy Arnolds war bereits die Rede. Geistliche Autorität hatte er und hatte sie schon, bevor er in Amerika zum „Diener am Wort" ordiniert und Emmy als „Hausmutter" bestätigt worden war. Und doch scheint Eberhard Arnold unter den Händen der hutterischen Ältesten eine zusätzliche Kraft zugeflossen zu sein, jedenfalls empfand er es so. Sein Wort bekam noch mehr Gewicht. Sein Auftreten wurde noch fester, sein Urteil noch bestimmter, seine Wachsamkeit noch ausgeprägter. Das bekam als erstes die Bruderschaft zu spüren. „Woran ihm lag: wir sollten uns mit allen Bewegungen unserer Zeit auseinandersetzen. Aber er hat immer gesagt: wir dürfen nicht angekränkelt werden von diesen Bewegungen", erinnert sich eins der ehemaligen Pflegekinder. Und eine andere Bruderhöferin: „Wenn seine Frau Emmy sagte, ach iwo, er hat es doch gar nicht so gemeint, da konnte er ganz heftig werden. Es ging ihm darum, dass der Heilige Geist ganz klar durchkommt und wir uns nicht in menschlichen Gefühlen verlieren. Und deshalb war er so scharf."

Auf Außenstehende konnte er regelrecht einschüchternd wirken. Als im Spätsommer 1932 eine Gruppe junger Baptisten zu einem Arbeitseinsatz auf dem Bruderhof waren, kam es zu heftigen Auseinandersetzungen. Einzelne der jungen Männer begehrten heftig gegen Eberhard Arnold auf – er hielt entschlossen dagegen. Einen verwies er des Hofs, weil er in unerträglicher Weise den Gemeinschaftsgeist verletzt hatte. Auf die anderen wirkte das sehr autoritär, ja, fast diktatorisch. Eberhard Arnold aber machte aus seiner Enttäuschung keinen Hehl: Die jungen Leute hätten gegenüber der „Ehrfurcht vor dem Heiligen" fast völlig versagt. – Damit meinte er das Heilige des Lebens allgemein, damit meinte er aber auch die geistliche Würde des Leitungsamtes. Und diese Würde hat er sich ja nicht selber angemaßt, sie ist ihm nach neutestamentlichem Vorbild durch die hutterischen Ältesten übertragen worden.

Diese Würde verlieh ihm die Freiheit, auch den Brüdern in Amerika weiterhin ins Gewissen zu reden. So ließ er zum Beispiel nicht locker in seinem Bemühen, das Bischofsamt in den hutterischen Gemeinden wieder zu beleben. Kraft dieser Würde hat Eberhard Arnold nach seiner Amerikareise insgesamt zwölf Paare auf dem Bruderhof getraut, mehr als 60 Menschen getauft, mehr als 50 in die Bruderschaft aufgenommen. Darunter eine ganze Reihe Bruderhofkinder: Hans Grimm, Heini, Hardy, Emy-Margret, Monika, Sophie Schwing, Liesel und Gerd Wegner.

Die Würde erwies sich zugleich als Bürde. „Es ist eine so schwere und quälende Last, Wortführer oder ähnliches sein zu müssen. Wer danach noch so krampfhaft verlangt, kennt die Tragik und Not dieses, für uns schwache Menschen allzu heiligen Müssens nicht. Glückselig sind die, denen es nicht auferlegt ist", hatte er während der Amerikareise an Emmy geschrieben. In seinen Gesprächen mit den Althutterern war er immer wieder auf dieses Problem gestoßen. „Die Hutterer sagen hier oft: ‚Die (bei der Lehr) hinten sitzen, können nicht wissen, wie schwer es ist, vorn stehen zu müssen'", liest man im Reisetagebuch am 10. April 1931. Und später hat er diese geistliche Verantwortung mehr denn je auf sich lasten gefühlt. „Er war traurig, wenn er fühlte, dass wir so eng gedacht oder uns um uns selbst gedreht haben. Es hat ihm weh getan, wenn wir nicht den weiten Christusblick mit ihm hatten", erinnert sich Rudi Hildel.

Würde und Bürde waren unsichtbar. Eberhard Arnold trug keinen Talar, kein Beffchen, kein sonstiges Merkmal, das ihn von anderen Bruderhöfern unterschieden hätte, genausowenig wie sich Emmy Arnold äußerlich von anderen Frauen in der Gemeinschaft abhob. John Hoyland, der später die englische Ausgabe der „Ersten Christen" herausgab, schrieb nach einem einzigen Besuch in der Rhön: „Diese beiden Leiter, die nur gewöhnliche Einzelne inmitten all der anderen sind und keine äußere Autorität besitzen, haben die Gabe, die Dinge, zu denen der Geist Gottes die ganze Gemeinschaft führt, zu verstehen, in Worte zu fassen und durchzuführen." John Hoyland spricht weiter von der „Demut echter elterlicher Liebe", die er an den Arnolds beobachtet hat: „Die Führung zeigt sich in Freundlichkeit, nicht im Kommandieren."[27]

Bei alledem hat Eberhard Arnold immer deutlich ausgesprochen, dass geistliche Würde und die Eignung zu geistlichen Aufgaben niemals erarbeitet oder erworben werden kann, sondern buchstäblich nur *verliehen* wird. Er wählte seinen 50. Geburtstag als Anlass, um vor der versammelten Bruderschaft ein Bekenntnis abzulegen. Er sagte: „Mir ist am heutigen Tage besonders die Unfähigkeit und das ungeeignete eigene Wesen zum Bewusstsein gekommen, wenn ich daran denke, wie Gott mich schon in meinem 16. Lebensjahr gerufen hatte, und wie ich ihm im Wege gestanden habe, sodass vieles von dem, was Gott zweifellos durch seine Werkzeuge hat tun wollen, nicht hat getan werden können. – Noch ein Punkt bewegt mich sehr: die Machtlosigkeit des Menschen, auch dessen, dem irgendein Auftrag anvertraut ist. Gott allein ist mächtig. Wir sind durchaus ohnmächtig. Auch zu dem Werk, das uns aufgetragen ist, sind wir ohne alle Macht. Aber ich glaube, gerade das ist die einzige und tiefste Ursache, weshalb Gott uns berufen hat zu diesem Dienst, dass wir uns machtlos wissen."

---

27 Im Vorwort zur englischsprachigen Ausgabe von *Die ersten Christen nach dem Tode der Apostel*, die 1939 in Wiltshire erschien.

Mit dieser Haltung hat Eberhard Arnold den Bruderhof geleitet. Freunde, langjährige Weggefährten sahen ihn aus der Nähe oder aus der Ferne zu einer bischöflichen Gestalt reifen. Ihm selbst war jede Art von Bewunderung peinlich. „Hinweg mit aller Menschenehre!", lautet einer seiner markantesten Sätze.

Noch einmal: Innenland

Wann Eberhard Arnold begonnen hat, „Innenland" noch einmal völlig zu überarbeiten, ist nicht genau bekannt. Möglicherweise trug er sich schon vor der Amerikareise mit dem Gedanken an eine Neufassung. Aber erst ab 1931 wurde Kapitel um Kapitel druckfertig. Das Gerüst, die grobe Einteilung, einige besonders eindrückliche Bilder – viel mehr ist auf den ersten Blick nicht übriggeblieben von der 1918er Ausgabe. Das neue „Innenland" nennt sich immer noch einen „Wegweiser in die Seele der Bibel", zugleich gibt es aber auch einen Einblick in die Seele Eberhard Arnolds und spiegelt seine innere Entwicklung seit 1918 wider. Da haben sich die theologischen Konflikte der 20er Jahre niedergeschlagen. Da findet in den und zwischen den Zeilen die Auseinandersetzung mit Karl Barth und seinem „ganz anderen" Gott statt. Da wird mit der liberalen Verstandestheologie abgerechnet. Da werden Gedanken der Psychoanalyse Sigmund Freuds aufgenommen.

Man kann die Neufassung von „Innenland" aber auch als Protokoll des heraufdämmernden Unheils lesen. Von Seite zu Seite werden Eberhard Arnolds Ahnungen schärfer, seine Warnungen deutlicher. Sein Weitblick ist beklemmend. Monate vor der Machtergreifung, vor der Gleichschaltung der gesamten Gesellschaft durch die Nationalsozialisten, lange bevor das ganze teuflische Gesicht des Nationalsozialismus erkennbar wurde, hat er jeder Art von nationaler Selbsterlösung das Scheitern prophezeit, hat er die Vergötzung der Rasse gegeißelt, sah Unheil, Blut und Tod heraufziehen. Allerdings hatte auch seine Vorstellungskraft Grenzen. Die Verbrechen, die die Nationalsozialisten dann begangen haben, konnte Eberhard Arnold nicht denken. Einen Staat, der das Recht mit Füßen tritt und das Unrecht zur Norm erhebt – da versagte auch seine Vorstellungskraft. Nach dem 30. Januar 1933, als die Phantasie dann von der Wirklichkeit aufs Schlimmste überboten wurde, da mochte er nicht den Terror schildern, da wollte er dem Bösen nicht mehr Aufmerksamkeit erweisen als eben nötig, da wechselte er noch einmal die Blickrichtung. Absehen von den Gefahren, hinsehen auf das Geheimnis der Gemeinde, auf die Kräfte, die den Glaubenden in der Verfolgung widerstehen und ihren Feinden gegenübertreten helfen. Er hat auch hier persönliche Erfahrungen und Erfahrungen der hutterischen Bruderschaft vorweggenommen.

Die neue Fassung von „Licht und Feuer" wurde Ende 1932 fertiggestellt. Sie diente Eberhard Arnold und der Bruderschaft des Rhönbruderhofs in den nächsten beiden Jahren als Bekenntnisschrift. Wer dieses Kapitel nach dem 30. Januar 1933 aufmerksam durchblätterte, dem musste entweder angst und bange werden um das Schicksal des Autors – oder er befand sich auf der anderen Seite und begriff, dass der neue Staat niemals mit diesem Mann würde rechnen können. Denn was war da zu lesen:

– Da schreibt Eberhard Arnold eine kleine Geschichte des Hakenkreuzes, jenes nah- und fernöstlichen Sonnen- und Feuersymbols, das von den Nationalsozialisten zum Sinnbild ihrer Bewegung erkoren wurde. Zu Unrecht, hat Eberhard Arnold behauptet. Er wies die Spuren des Symbols in allen Kulturvölkern nach, reklamierte es für die gesamte Menschheit, ohne Rücksicht auf Rasse und Hautfarbe, ausdrücklich auch für die Juden.[28] Im Zeichen des Hakenkreuzes Judenhass zu predigen, gar Juden zu töten, musste demnach pervers erscheinen.
– Da schreibt er von der neuen Volksgemeinschaft, die aus allen Völkern gesammelt wird: von der Gemeinde Jesu. Eine Absage an die Vergötterung der Nation.[29]
– Da nennt er Jesus Christus das „Widerspiel aller Weltregenten", erklärt Obrigkeit und Christsein für unvereinbar, ruft zur Kriegsdienst- und Waffenverweigerung, zur Wehrlosigkeit, zur Feindesliebe auf.[30]
– Da erklärt er: „Wer sich für die Erwartung seines (Jesu) Reiches rüstet, bereitet sich in seinem Geist zur Feuertaufe des Martyriums."

---

28 E. Arnold, *Innenland*, S. 309f

29 Ebd., S. 318.

30 Ebd., S. 330, 337.

Mit Methodius, einem Märtyrer des frühen vierten Jahrhunderts, spricht er: „Fliehend der listigen Schlange tausendfache Schmeichelei erdulde ich Feuers Brand und wilder Tiere schrecklichen Anfall, dich erwartend vom Himmel her."[31]

– Da ruft er Jesus Christus als „den einen einzigen Führer" aus, dem allein die Christenheit folgen soll.[32]

Schon wenige Monate nach dem Erscheinen des Kapitels – „Licht und Feuer" wurde als einzelnes Traktat vertrieben – kamen Eberhard Arnolds Gedanken auf den Prüfstand. Nichts als Wind, nur Worte – oder tragfähige Überzeugung?

Heute die Juden, morgen die Christen

Wenn bis heute viele Menschen behaupten, man habe bis zuletzt nichts von den Verbrechen der Nationalsozialisten gewusst, der wahre Charakter des Regimes sei dem einfachen Volk verborgen geblieben, dann handelt es sich bei dieser Behauptung entweder um eine bewusste Lüge oder um einen offensichtlichen Fall von Verdrängung. Wie anders will man sonst erklären, dass schon zwei Monate nach Hitlers Regierungsantritt am Rand des idyllischen Fuldatals in einer abgelegenen Siedlung alle Bescheid wussten?

Am 25. März 1933, zwei Tage nach der Annahme des sogenannten „Ermächtigungsgesetzes" durch den Reichstag, zwei Tage auch, nachdem Adolf Hitler in seiner Rede vor dem Reichstag die Maske der Wohlanständigkeit endgültig hatte fallen lassen, versammelte sich die Bruderschaft des Rhönbruderhofs zur Feier des Abendmahls und zu einer der üblichen „Rundreden". Jeder und jede im Kreis konnte das Wort ergreifen, seine oder ihre inneren Eindrücke einbringen. Ein kurzer Auszug aus dem Protokoll dieser bemerkenswerten Stunde:

Emmy Arnold: „Wir müssen ganz genau wissen, was eigentlich geschieht. Es wird ja nichts geschrieben. Herr Gl. von Heubach (…) sagte, dass durch die Gemeinschaftskreise in Heubach ein Schnitt gehen soll, die einen mit Hitler, die anderen können das nicht aus

31 Ebd., S. 323.

32 Ebd., S. 346.

Gewissensgründen. Er sagte, dass das Wort Gerechtigkeit nicht ausgesprochen werden dürfe, dann wird man sofort Kommunist. Er wunderte sich, dass er noch nicht herausgeholt worden ist. Ein Schwiegervater von einer Frau aus Heubach sei in Fulda totgeschlagen worden. Jetzt würden die Juden verfolgt, dann kämen die Christen dran. …"

Else Boller: „Es ist dringend nötig, dass wir der Behörde klaren Wein einschenken, warum wir so leben und was wir wollen. Es sind furchtbare Worte in Hitlers Rede."

Eberhard Arnold: „Wir wollen nun gerade unsere ganze Arbeit in diesen Platz hineinlegen, solange wir ihn haben, ein Denkmal zur Ehre Gottes, dass wir bis zuletzt das Äußerste tun, was hier getan werden kann. (…) Es gehört zur Imitatio, dass wir bereit sind zu Gefangenschaft und Tod. Wir sind bereit aufzubrechen, auch bereit hier zu bleiben. Wir werden ohne einen besonders starken Anlass nicht fliehen. Wir werden den uns hier angewiesenen Platz behaupten, bis der Ruf zum Aufbruch uns direkt von Gott eingegeben ist. Deshalb bauen und arbeiten wir weiter. (…) Wir arbeiten so weiter, dass niemand sagen könnte: infolge der Veränderung der Regierung hat der Bruderhof seine Arbeitsmethode verändert. Wenn das jemand sagen könnte, dann hätte er uns der Feigheit und der Untreue mit Recht beschuldigt. (…) Ich glaube, dass man mit dieser Regierung sehr deutlich sprechen kann. (…) Wir müssen Gott darum bitten, dass dieser Zugang möglich wird, dass eine ganz offenherzige Aussprache uns gegeben wird. Dann müssen wir uns um Gefangene und Elende kümmern, bei authentischen Stellen erkundigen, das Äußerste tun, sehr aktiv werden, ohne Zeitschrift. Eine Zeitschrift können wir jetzt nicht herausgeben. Deshalb müssen wir den hutterischen Weg beschreiten, den Weg von Person zu Person, den Weg der persönlichen Anrede."

Hier hat Eberhard Arnold die Marschrichtung für die nächsten Jahre vorgegeben. Aushalten, nicht einschüchtern lassen, keinen Zentimeter ohne Not preisgeben – so hat der Bruderhof bis 1937 gearbeitet. Den Behörden offen und offensiv entgegentreten – nach diesem Prinzip sind Eberhard Arnold und einige andere Brüder bis in die oberen Etagen der nationalsozialistischen Regierung vorgedrungen und haben sich Gehör verschafft. Persönliche Verbindungen nutzen – zum Beispiel zu Normann Körber, dem Naturliebhaber und Freund aus Berliner und frühen Sannerzer Tagen, der mittlerweile im Regierungspräsidium in Kassel als Jurist arbeitete. Er verschaffte Eberhard Arnold wichtige Innenansichten aus der gleichgeschalteten Verwaltung. Gefangenen und Elenden helfen – allein das stellte sich als kaum machbar heraus. Allerdings wurde der Bruderhof nach 1933 für einige Menschen zur Fluchtburg, die sich anders wohl nie dem Zugriff der Nationalsozialisten hätten entziehen können. Friedel Sondheimer zum Beispiel, ein junger Jude, der 1931 zum Bruderhof gestoßen war. Für ihn und für andere hat Eberhard Arnold sein Kreuz hingehalten.

Die schlimmen Vorahnungen der ersten Monate trogen nicht. Im September 1933 wusste Eberhard Arnold durch einen Studentenpfarrer bereits von Konzentrationslagern, von willkürlichen Verhaftungen und Misshandlungen Unschuldiger und von der Leugnung allgemeiner Menschenrechte durch die Nationalsozialisten. Kurze Zeit später begann sich der Staat ganz offiziell für den Bruderhof zu interessieren.

Mit Schreiben vom 11. Oktober 1933 versuchte der sogenannte „Reichsbischof" Ludwig Müller[33] die Haltung des Bruderhofes auszuforschen: „Es würde den Herrn Reichsbischof interessieren zu erfahren, wie Sie und Ihre Gemeinschaft zum Christentum und zur Kirche stehen." Eberhard Arnolds Antwort war ebenso verbindlich wie klar: „An den Machtkämpfen der Staatspolitik, der Parteien, des Parlamentarismus und der Klassengegensätze haben die Brüder, die nach Jakob Hutter benannt werden, 400 Jahre lang niemals teilgenommen, wie sie auch kein persönliches Eigentum kennen und keine Waffen gebrauchen." Von den hutterischen Gemeinschaften werde „wahre Volksgemeinschaft auf dem Boden der Glaubensgemeinschaft verwirklicht" (im Klartext: *nur* auf diesem Boden). Am Ende „wünscht und erbittet unsere gesamte Bruderschaft dem deutschen Reichsbischof die Gnade Jesu Christi und die Erleuchtung des Heiligen Geistes zum Tun des Willens Gottes, der seine Liebe und Einheit allen Menschen offenbar machen will". So elegant und zugleich deutlich ist Müller, ein willfähriger Handlanger des NS-Regimes, wohl nur selten ermahnt worden.

33 Müller, wie Eberhard Arnold 1883 geboren, wurde 1933 Landesbischof von Preußen und „Reichsbischof" der inzwischen nach dem Führerprinzip zentralisierten Deutschen Evangelischen Kirche. Er war Vertreter der NS-nahen Kirchenpartei der „Deutschen Christen". Gegen die Einflussnahme der „DC" auf die Kirchen formierte sich die „Bekennende Kirche".

Dem Brief lag ein Exemplar von „Licht und Feuer" bei. – Die gleichgeschaltete Deutsche Evangelische Kirche meldete sich kein zweites Mal beim Bruderhof. Offenbar hat Eberhard Arnolds Brief dem „Reichsbischof" alles gesagt, was er wissen wollte.

Ein Brief an Hitler

Am liebsten wäre Eberhard Arnold Adolf Hitler direkt gegenübergetreten. „Ich glaube, dass diese Regierung ein tiefes und klares Wort gern hören wird. Ich hätte große Zuversicht, wenn ich mit Adolf Hitler sprechen könnte. Ich freue mich auf den Tag", hatte er in der erwähnten Bruderschaftssitzung am Karfreitag 1933 gesagt. Und er hat tatsächlich nichts unversucht gelassen, um zu Hitler durchzudringen.

Am 9. November, im Vorfeld der Volksabstimmung vom 12. November über Hitlers Regierungskurs, schrieb Eberhard Arnold im Namen der Bruderschaft einen Brief „An Adolf Hitler, den Kanzler des Deutschen Reichs, Berlin". – Das Schreiben begann mit den Zeilen: „Unserem geliebten Reichskanzler Adolf Hitler senden wir zum 12. November den Gruß unserer Treue für seine ihm von Gott aufgetragene Regierung." Allein schon die Grußformel zwingt zu einer gründlicheren Betrachtung. Sonst muss man Eberhard Arnolds Haltung unweigerlich missverstehen, so wie Leonhard Ragaz, der sich noch Jahre später empörte, diese Liebeserklärung an Hitler verrate eine „Reservatio mentali, die von den Jesuiten wohl selten erreicht worden ist". Ragaz war allerdings auch nicht existentiell herausgefordert, hat nie so wie die Christen in Deutschland sein theologisches Verständnis von Obrigkeit an einem Diktator wie Hitler überprüfen müssen. Im sicheren Zürich in der Gartenhofstraße ließ sich wahrlich leicht urteilen.

Deshalb also: Wie konnte Eberhard Arnold nur von seinen „geliebten Regenten Hindenburg und Adolf Hitler" sprechen? Wie konnte er Hitler seinen „geliebten Reichskanzler" nennen? Er nannte ihn lieb, sagte, wofür er ihn liebte: weil er selbst Hitlers Kanzlerschaft im Sinne von Römer 13,2 als „von Gott aufgetragen" ansah. Er erklärte, was er von Hitler erwartete und unter welchen Voraussetzungen Hitler Liebe verdient hätte: Hitler solle „Frieden und Gerechtigkeit erwirken". Er hat jede Willkür und jede Anmaßung, die darüber hinaus ging, abgelehnt. Er hat Hitler seine Liebe erklärt und ihm im nächsten Atemzug die Leviten gelesen!

Er erklärte dem „geliebten Reichskanzler" in verbindlichen Worten, dass die Brüder aus Bekenntnisgründen keinen Waffendienst auf sich nehmen könnten. Er versuchte Hitler auf die Gewissens- und Religionsfreiheit zu verpflichten, die die Preußenkönige Friedrich Wilhelm I. und Friedrich II. einst den Mennoniten gewährt hatten. Er legte dem Brief „zur näheren Kenntnisnahme" das Innenland-Kapitel „Licht und Feuer" bei. Und schließlich ließ er Hitler wissen, die Gemeinschaft bitte Gott von Herzen, dass er – Hitler – „zu Gottes gegebener Stunde zu einem Gesandten des erniedrigten Christus werde."

Anders als manche Freunde im Ausland haben die nationalsozialistischen Behörden den Brief genau verstanden (Hitler selbst hat das Schreiben wahrscheinlich nie in die Hand bekommen). Ihre Antwort ließ nicht lange auf sich warten.

Bleibt festzuhalten: Monate, bevor sich in den evangelischen Kirchen die Bekenntnissynoden formierten, ein halbes Jahr vor der Barmer theologischen Erklärung, hat Eberhard Arnold bereits die Haltung des Bruderhofs zum nationalsozialistischen Staat offen dargelegt. Seine Überzeugung von 1918, Christen müssten „Korrektiv des Normativen" sein und schuldeten Gott grundsätzlich mehr Gehorsam als den Menschen, hatte auch 1933 noch Geltung. Kein Bruderhöfer hat je die Hand zum „Deutschen Gruß" erhoben. Kein Bruderhöfer hat je „Heil Hitler" gerufen. Kein Bruderhöfer hat sich in die SA einreihen lassen. Auch Feinheiten verdienen Aufmerksamkeit. Eberhard Arnold hat Hitler niemals „Führer" und schon gar nicht „geliebter Führer" genannt, immer nur „Reichskanzler" oder „Kanzler". Er sprach sehr wohl und ständig von einem Führer, auch im bewussten Brief an Hitler: er sprach nämlich von der Nachfolge „unseres Führers und Befreiers Jesus Christus".

XV.

Eine Gemeinde oder Die Gemeinde?

Etwa zeitgleich mit der Herausforderung durch Hitler und den neuen Staat und durch die damit verbundenen Fragen musste sich die Bruderhof-Gemeinschaft eine Frage ganz anderer Qualität gefallen lassen. Am 22. Februar 1933 schrieb Leonhard Ragaz in ehrlich besorgtem Tonfall einen Brief „an Eberhard Arnold, Hans Boller und ihre nächsten Freunde". Ragaz fragte darin unverblümt: „Seid ihr nicht bloß eine Gemeinde, sondern Die Gemeinde? Glaubt Ihr, dass die Hutterbrüder als Gesamtheit heute *die* Gemeinde bilden?" – Im selben Atemzug mahnte er zu „Heiliger Nüchternheit" und warnte eindringlich vor „Schwärmerei."

Was war passiert? Der äußere Anlass war offensichtlich der Zerfall des „Werkhofs", einer christlichen Gemeinschaftssiedlung im hinteren Längimoos bei Rüschlikon. Der Werkhof war beileibe nicht das erste derartige Siedlungsexperiment in der Schweiz, schon vorher hatte es in Herrliberg am Zürichsee eine religiös-soziale Lebensgemeinschaft gegeben. Ragaz hat sich sehr stark mit diesen Siedlungen identifiziert, und das umso mehr, als er selbst aus Rücksicht auf seine Frau nie den Schritt ins Gemeinschaftsleben getan hat. – Der Werkhof war 1930 von drei jungen Ehepaaren gegründet worden. Max und Eva Lezzi kannten den Rhönbruderhof durch einen längeren Aufenthalt und brachten von dort viele wertvolle Erfahrungen für das gemeinsame Leben mit. Mit dem Kyburger Pfarrer Hans Boller und seiner Frau Else wollte sich 1931 ein weiteres Ehepaar dem Werkhof anschließen. Die Lezzis rieten ihnen, zunächst einige Zeit auf dem Bruderhof zu verbringen. Gesagt, getan. Die Bollers zogen in die Rhön und entschlossen sich nach wenigen Wochen, dort zu bleiben. Damit hat zugleich Leonhard Ragaz einen eifrigen Schüler und Freund an den Bruderhof abgegeben, jedenfalls empfand er es so.

Nach einer Zeit innerer Spannungen, die bei christlichen Gemeinschaftssiedlungen offenbar unvermeidlich sind, verließen im Spätsommer 1932 Peter und Anni Mathis, zwei der Gründungsmitglieder, den Werkhof in Richtung Rhön. Und schließlich zogen mit Hans und Margrit Meier zwei weitere Gründer des Werkhofs auf den Rhönbruderhof um. Die Vereinigung der beiden Höfe, mehrmals ernsthaft ins Auge gefasst, scheiterte an zweitrangigen Einzelheiten.

Angesichts dieser Entwicklung konnte man Ragaz' Frage durchaus verstehen. Und die Vermutung, die dahinter steht, war auch gar nicht so abwegig. In der Wortwahl und Ausdrucksweise der Althutterer kann man auch ohne bösen Willen manches finden, was zumindest sehr exklusiv *klingt*. Ob es exklusiv *gemeint* ist, steht auf einem anderen Blatt. Auch Eberhard Arnold hat sich in seiner Begeisterung aus althutterischen Schriften manche kraftvolle Wendung angeeignet, die ohne weitere Erklärung geradezu missverstanden werden *muss*. So sprach er zum Beispiel nach der Amerikareise gerne von der „Gmain als Arche der letzten Zeit". Was Ragaz später nach einer Serie weiterer Missverständnisse mit dem Kommentar quittierte, diese Arche habe ihm zu viele Löcher. Erst einmal aber wartete er auf Antwort aus der Rhön. Und die kam mit zwei Briefen vom 9. und 11. März 1933. Darin stellte Eberhard Arnold klar: „Wenn jemand fragt, ob wir die Gemeinde Gottes sind, so müssen wir antworten: Nein, das sind wir nicht. Wir sind ein Gegenstand der Liebe Gottes mit allen anderen Menschen und wir sind unwürdig und unfähig und ungeeignet für die Anrichtung des Heiligen Geistes, für den Aufbau der Gemeinde und für die Aussendung in alle Welt. Aber wenn man uns fragt: Ist die Gemeinde Gottes bei euch? Kommt die Gemeinde Gottes dort, wo ihr seid, zu den Menschen; ist dort die Gemeinde Gottes im Sinne des Heiligen Geistes, der allein die Gemeinde Gottes zu bringen vermag? Dann müssen wir antworten: Ja, das ist so. Überall, wo glaubende Menschen versammelt sind, die keinen anderen Willen mehr haben als den einen einzigen Willen, dass das Reich Gottes komme und dass die Gemeinde Christi offenbar wird als die völlige Einheit seines Geistes, überall dort ist Gemeinde, weil dort Heiliger Geist ist." – Ragaz war fürs erste beruhigt, wenn auch die Sache mit dem Werkhof – die ja im Grunde gar nicht seine Sache war – weiter an ihm nagte. Und Eberhard Arnold? Er hat in den folgenden Jahren innerhalb der Bruderschaft jeden Anflug von Hochmut und elitärem Denken aufs schärfste bekämpft. Er hat weiterhin mit Christen verschiedenster Bekenntnisse Freundschaft und Gemeinschaft gepflegt. Er hat bei späterer Gelegenheit noch einmal unmissverständlich klargestellt: „Das Zeugnis des gemeinsamen Lebens ist *ein* entscheidendes Zeugnis in der heutigen

Gegenwart, was aber nicht bedeutet, dass keine anderen Zeugnisse existieren.“ Er hat auch weiterhin den Ernst der inneren Berufung so deutlich ausgesprochen wie kaum ein anderer. Er hat um einzelne Menschen regelrecht gerungen. Und manchmal hat er in diesem Ringen verloren.

Wollt ihr auch weggehen?

Am 15. Juli 1933 verließ einer der Novizen den Bruderhof. Er ließ seine Frau und seine Kinder zurück. Eberhard Arnold war, wie alle anderen Mitglieder der Bruderschaft, tief betroffen. Es war nicht so sehr die Tatsache an sich – auch früher haben ja schon einzelne Weggefährten aus den verschiedensten verständlichen Gründen die Gemeinschaft wieder verlassen. Es waren die Umstände, die ihn erschütterten: Der Mann hatte die Entscheidung alleine getroffen und war ohne ein Wort der Erklärung verschwunden. Das empfand Eberhard Arnold als Vertrauensbruch. „Wir können durchaus nicht wünschen, dass alles bei uns bleibt“, sagte er vor der versammelten Gemeinschaft. „Es können nur die hier bleiben, die der sammelnden vereinigenden Kraft Jesu Christi bedingungslos ganz und für immer hingegeben sind. Weiter nichts. Wir sind traurig im Blick auf die einzelnen Menschen, wenn sie von uns gehen, und doch dankbar im Blick auf die Sache, wenn die von uns gehen, die nicht zu uns gehören, nämlich in dem Sinne nicht, dass sie nicht eine vereinigende Kraft hervorgebracht haben. Das ist die Frage an den letzten Willen.“

Es fallen einem tausend Entschuldigungen und Argumente zugunsten dieses Novizen ein, der die Gemeinschaft verlassen hat. Die materielle Not. Die geistige Anspannung, der spürbare politische Druck durch die Nationalsozialisten, die Aussicht, zwischen die Mühlsteine zu geraten. Die Pflichten des Gemeinschaftslebens. Die strengen, notwendigerweise strengen Spielregeln des Zusammenlebens. Verständlich, dass das nicht jeder aushält. Aber Eberhard Arnold wählte diesen Augenblick, um die Prinzipienfrage zu stellen: „Wir müssen heute morgen die Frage erneuern: Sind wir bereit? Wollt ihr auch weggehen? Wer will weggehen? Der melde sich, der habe den Mut, für sein Weggehen einzustehen. Wir bitten den, der weggehen will, aufzustehen und das zu sagen. Es kann nur hier bleiben, wer den Willen der Sammlung Jesu, den Geist der Versöhnung, der Vereinigung mit dem völligen Opfer Jesu, die Einheit des Leibes Christi, den Frieden und die Einheit seines Reiches ganz und für immer gewählt hat und dafür leben und sterben will. Alle anderen sollten weggehen.“ – Betroffenes Schweigen.

Es ging hier um nichts weniger als um den Sinn und den Ernst eines Gelübdes – für uns heute, mit mehreren Generationen Abstand, vielleicht der mächtigste Stolperstein im Denken Eberhard Arnolds. Aus heutigem Blickwinkel wirkt seine Haltung im wörtlichen Sinn anachronistisch – zeitwidrig. Einem Menschen lebenslang Treue geloben, ohne Ehevertrag in der Hinterhand: selbst das gilt ja mitunter schon als ungewöhnlich. Aber hier ist davon die Rede, dass man sich einer *Sache* lebenslang verschreibt. Einer hohen Sache, fraglos.

Nur zwei Monate später verließ auch die verlassene Ehefrau mit ihren Kindern den Bruderhof, zusammen mit einem weiteren Novizen. Für Eberhard Arnold ein weiterer Anlass, über den heiligen Ernst der Entscheidung für das Leben in Gemeinschaft zu sprechen: „Ein Wort, das Gott und seiner Gemeinde gegeben ist, das ist bindend und das muss bestimmend sein für das ganze künftige Leben. Ein solches Wort kann nicht zurückgenommen, nicht aufgelöst werden, denn es handelt sich hier nicht um ein Wort, das Menschen gegeben wird. Niemand soll mit menschlich gutem Willen die Sache Gottes ergreifen, ohne vorher die Kosten überschlagen zu haben, ohne sich klar zu sein, um was es geht und um welche Treue, welches Beharren bis ans Ende von dieser Nachfolge verlangt wird, wiederum nicht von Menschen verlangt wird, sondern von dem, der uns zu diesem Wege berufen hat.“ – Eberhard Arnold wusste, wie belastbar oder vielmehr wie zerbrechlich menschliche Entschlüsse sind. Das Geheimnis eines geistlichen Gelübdes ist ihm zufolge das Vertrauen auf Gott. *Der* soll es machen. *Der* soll es richten. Gott muss die Kraft zum Durchhalten geben. Gott beruft zum Leben in Gemeinschaft, kein Mensch kann sich selbst dazu berufen. Gott gibt die Kraft zum Leben in Gemeinschaft. Nur im Vertrauen auf ihn kann und darf man den Schritt in dieses Leben wagen.

Viele Menschen sind mit den Jahren zur Gemeinschaft gestoßen – erst in Sannerz, später in der Rhön. Mit vielen hat Eberhard Arnold Monate und Jahre seines Lebens geteilt. 80 Männer und Frauen haben in dieser Zeit lebenslange Treue versprochen und sind Mitglieder der

Bruderschaft geworden. Neun sind später ihrem Versprechen untreu geworden. Zu Eberhard Arnolds Lebzeiten nur eine: Suse Hungar verließ den Bruderhof 1930, während er in Amerika die Hutterischen Brüder besuchte. Einige mehr haben das Noviziat wirklich als Prüfungszeit genutzt, sind zur Erkenntnis gelangt, dass sie nicht mit letzter Konsequenz Treue versprechen können, und haben den Bruderhof verlassen.

Um einzelne hat sich Eberhard Arnold jahrelang vergeblich bemüht. Er drängte nur, wenn er den festen Eindruck hatte, dass ein Mensch auch wirklich zum Gemeinschaftsleben berufen war. Er warb einfallsreich und mit großer Ausdauer. Marianne Hilbert zum Beispiel kam 1932 als Lehrerin probeweise auf den Bruderhof. Er merkte ihr an, wie sie mit sich um eine Entscheidung rang. Ihre Mutter war eine strenge Lutheranerin und hielt Eberhard Arnold für einen Schwärmer und Sektierer. Sie fühlte sich hin- und hergerissen zwischen der Liebe zur Mutter und ihrer Berufung zum Gemeinschaftsleben. Als sie Eberhard Arnold von den Vorbehalten ihrer Mutter erzählte, da riet er ihr, dann solle sie sich eben erst einmal mit Luther beschäftigen, der Mutter zuliebe. „Er hätte nie einen Menschen gegen seine innere Überzeugung gedrängt", erinnerte sie sich später. – Andere, wie einen Erich Mohr, einen Hermann Buddensieg hat er immer nur freundlich eingeladen in der stillen Hoffnung, eines Tages werde Gottes Ruf sie erreichen.

Ein einziger Fall ist überliefert, da schob und zog und drängte Eberhard Arnold mit allen Mitteln und hat dabei möglicherweise auch einen großen Fehler gemacht: und zwar ging es um Robert Friedmann, den Täuferforscher aus Wien. Friedmann war ein intimer Kenner der hutterischen Geschichte. Von Geburt Jude, später durch Tolstoi beeinflusst, hat ihn die Lebensform der Hutterer ungemein beeindruckt. Im April 1929 hat er erstmals den Bruderhof besucht. Friedmann war von Eberhard Arnold fasziniert, nannte ihn „eine ganz ausgezeichnete und kraftvolle, liebeserfüllte und geistvermittelnde Führerpersöhnlichkeit" und bekannte: „Wir wurden gute Freunde, ja Brüder des Geistes." Eberhard Arnold wusste, dass Friedmanns Frau aktive Theosophin war und die Neigung ihres Mannes zum Christentum nicht teilte. Und trotzdem hat er sich in einem intensiven Briefwechsel über Jahre hinweg um Friedmann bemüht. „Verlasst Euer bürgerliches

Leben, verlasst auch das vergebliche Bemühen in der Sozialdemokratie und in der allzu individualistischen Zersplitterung der Gelehrtenarbeit, die nicht tut, was sie drucken lässt", schrieb er im Juni 1929. Und noch einmal gesteigert im Februar 1934: „Verlass alle nichtigen Anstrengungen großpolitischer Menschenarbeit. Beschneide Dich, ein schlichtes Glied der kleinen erniedrigten Einheit zu sein." In der Zwischenzeit hatte ihm Friedmann nämlich zu verstehen gegeben, er fühle sich noch mehr mit der religiös-sozialen Arbeit Leonhard Ragaz' verbunden als mit dem Ansatz des Bruderhofs. Darauf antwortete Eberhard Arnold ungewöhnlich scharf, Ragaz scheine „noch viel zu optimistisch die Entwicklungsfähigkeit der Völkerbünde und ihrer Regierungen vorauszusetzen. Friede und Gerechtigkeit, Reich Gottes? Auf diesem Wege? Nun endlich sollte man erkannt haben, dass dieser Evolutionismus in Trümmern liegt". Friedmann hat Ragaz in einem unbedachten Moment von diesem Brief erzählt, und damit war Eberhard Arnold bei dem allzeit misstrauischen Schweizer Professor endgültig unten durch.

Umgekehrt hat freilich auch Ragaz Robert Friedmann nicht nur Freundlichkeiten über Eberhard Arnold erzählt. Er hat Friedmann schon 1929 seine Einwände gegen das Bruderhof-Konzept mitgeteilt und Zweifel gesät, sodass Friedmann am Ende auch nicht mehr wusste, was er denn nun glauben sollte. Auf einen Nenner gebracht: Eberhard Arnold und Leonhard Ragaz haben zur selben Zeit um Robert Friedmann geworben. Der wollte beiden Freund sein und keinem weh tun und wurde unfreiwillig zum Prellbock. Er bekam von beiden Seiten Vorwürfe über den jeweils anderen zu hören. Er hat nicht zwischen Ragaz und Eberhard Arnold vermitteln können, spielte vielmehr eine unglückliche Rolle in der ohnehin rätselhaften und widersprüchlichen Beziehung zwischen diesen beiden Männern. – Robert Friedmann schloss sich später den Mennoniten an; ab 1937 lehrte er am mennonitischen Goshen College im US-Bundesstaat Indiana. Dem Bruderhof blieb er über viele Jahre verbunden.

Klug wie die Schlangen

Eberhard Arnold hat von seinen Weggefährten in der Bruderschaft letzte Konsequenz und Hingabe gefordert, auch und gerade in Erwartung einer ungewissen Zukunft. Das ist freilich nur eine Seite der

Medaille. Denn umgekehrt stand auch die Gemeinschaft für jeden Einzelnen und jede Einzelne ein. Und das war nötig. Nach einer Schonzeit von etwa einem halben Jahr begannen die neuen Machthaber den Bruderhof zu drangsalieren. Die Gemeinschaft musste nacheinander an drei Fronten kämpfen: sie führte einen Kampf um die Unabhängigkeit der Gemeinschaft; sie musste um die Kinder kämpfen, und es wurde ein langer Kampf gegen den wirtschaftlichen Erstickungstod. Eberhard Arnold hat diesen Kampf mehr als zwei Jahre lang angeführt.

Die Ouvertüre lieferte das nationalsozialistische Erntedankfest am 1. Oktober 1933. Vorher waren Drohungen gegen den Bruderhof laut geworden („Es gibt was, wenn ihr nicht mitmacht"). Der Bruderhof schickte einen Erntewagen mit einer Ladung Gemüse für die Winterhilfe und zog sich damit geschickt aus der Affäre. Wenige Tage später, am 25. Oktober, brach sich Eberhard Arnold das linke Bein derart ungeschickt, dass er erst einmal für einige Tage ins Krankenhaus in Fulda musste. Nur ein Malheur, nur eine Randnotiz, sollte man meinen. Der Unfall hatte allerdings auf längere Sicht tragische Folgen. – Derweil führte die Bruderschaft im Briefverkehr Decknamen ein. Freunde und Briefpartner sollten geschützt werden. Das Prinzip war: Offenheit über die Absichten – Vertraulichkeit über Personen.

Für die Volksbefragung am 12. November über Hitlers Regierungskurs hatte die Bruderschaft einen kleinen Zusatztext ausgearbeitet und auf gummiertem Papier gedruckt. Der Text lautete: „Meine Auffassung und mein Wille steht für das Evangelium und die Nachfolge Jesu Christi, für das zukünftige Reich Gottes und für die Liebe und Einheit seiner Gemeinde ein. Das ist der *eine* Beruf, den Gott mir als den *meinen* verliehen hat. Von diesem Glauben aus trete ich vor Gott und vor allen Menschen für mein Volk und dessen Heimat und vor allem für seine Reichsregierung als für den *andern*, nicht mir, sondern meinen geliebten Regenten Hindenburg und Adolf Hitler von Gott gegebenen Beruf ein." Das war im Grunde ein Auszug aus Eberhard Arnolds sehr viel ausführlicherem Brief an Hitler. Alle Bruderschaftsmitglieder klebten diesen Abschnitt auf ihre Stimmzettel.

Die Reaktion ließ nicht lange auf sich warten. Am 16. November wurde der Bruderhof von etwa 150 schwerbewaffneten Polizisten, SA- und SS-Angehörigen umstellt. Unter Anleitung eines Gestapo-Beamten durchwühlten sie jeden Raum und rissen selbst die Dielenböden auf. Aus der Bibliothek nahmen sie alle Bücher mit rotem Umschlag mit, außerdem interessierten sie sich für stenografische Protokolle und für internationale Post. Eberhard Arnold lag transportunfähig im Bett und versuchte vergeblich, die Beamten in ein längeres Gespräch zu verwickeln.

Nun wurde den Bruderhöfern auf einmal bewusst, was sie an ihren ausländischen Mitgliedern hatten: Walter Hüssy und die Ehepaare Meier, Boller und Mathis aus der Schweiz und die Schweden Nils Wingard und Dora Saef, die Eberhard Arnold im Oktober 1932 auf dem Bruderhof getraut hatte. Mit Ausnahme von Walter Hüssy waren sie allesamt erst in den beiden Jahren vor Hitlers Machtergreifung zur Gemeinschaft gestoßen. Solange sie auf dem Bruderhof waren, mussten Hitlers Fußtruppen wenigstens die Form wahren. Wenn es in der Folgezeit Behörden zu besuchen gab, dann schickte Eberhard Arnold niemals einen Deutschen allein; grundsätzlich ging zumindest ein Ausländer mit. Nur er selbst hat sich allein zu den Behörden vorgewagt. Dann aber mit Briefen und Dokumenten der hutterischen Brüder aus Nordamerika im Gepäck. Das Prinzip war auch hier klar und hat sich bewährt: Die Welt sollte es wissen und würde es wissen. Diese Botschaft wurde verstanden. Im Oktober 1934 fand er damit sogar im Außenministerium in Berlin offene Türen und offene Ohren. Die Kirchengemeinschaft mit den hutterischen Gemeinden und die internationalen Verbindungen wurden zur Lebensversicherung für den ganzen Bruderhof.

Den Kampf gegen die Rasseideologie nahm Eberhard Arnold kurzzeitig alleine auf. Lange vor Verkündung der „Nürnberger Rassegesetze" wurde allen Bewohnern des Deutschen Reiches nahegelegt, ihre arische Herkunft nachzuweisen. Nun war das beim Bruderhof etwas schwierig. In der Bruderschaft gab es nicht nur Leute mit einer verwinkelten Biografie, sondern auch solche aus jüdischer Familie oder mit jüdischen Vorfahren. Was tun? Eberhard Arnold entschloss sich zu einem Husarenstück. Er verfasste im Lauf des Jahres 1934 eine Stammbaumerklärung der Familien Arnold/Hollander und eröffnete sie mit den Worten: „Die rein arische, außergewöhnlich germanische Herkunft und Familiengeschichte der Bruderschaft des Neuwerk-Bruderhof e.V., insbesondere ihrer Vorsteher". Im Klartext: *nur* der Vorsteher. – Und dann schwelgte er wie in einer Operette, nannte jeden Hochwohlgeborenen, jeden Prinzen, jeden Fürstenhof, jeden prominenten Namen, der jemals in der Familiengeschichte der Arnolds und der Hollanders eine noch so unbedeutende Rolle gespielt hatte. Doktortitel, DCSV, Reichskanzler Excellenz Michaelis, Artikel in Nachschlagewerken wie „Kürschner's Deutschem Gelehrten-Kalender", „Die Religion in Geschichte und Gegenwart" und dem „Mennonitischen Lexikon", alles, was irgendwie Eindruck machen konnte, wurde angeführt. Es kam eine stattliche Versammlung von Geheimen Consistorialräten, Professoren, Dekanen, Superintendenten, herzöglichen Amtsräten usw. zusammen, nicht zu vergessen den letzten Bischof der deutschen evangelischen Kirche Livlands, Peter Poelchau. Und erst die Kreise, mit denen all diese Hollanders und Voigts und Arnolds und Drachenhauers zu tun hatten: Königin Amalie von Griechenland, das württembergisch-oldenburgische Königshaus, Johann Lavater, natürlich Heinrich Pestalozzi, jede Menge Deutschordensritter und deutschbaltischer Adel.

Das Schriftstück war ein verzweifelt-kühner Versuch, die zusammengewürfelte Gruppe von ehemaligen Bürgerlichen und Landfahrern, Juden und Anarchisten auf dem Bruderhof zu schützen. Pars pro toto – ein kleiner Teil sollte fürs Ganze gelten. Ob der Glanz all der adligen Namen auch nur eine Viertelstunde lang gewirkt hätte, wenn es darauf angekommen wäre, darf bezweifelt werden, ist aber nebensächlich. Allein das Prinzip zählt: Eberhard Arnold wollte die Rasseideologen blenden, wollte die gefährdeten Glieder der Gemeinschaft decken, ohne unwahrhaftig zu werden. Die „Ahnenforschung" hat ihm unverkennbar Spaß gemacht, auch wenn der Anlass überaus ernst war. Als dann 1935 die Nürnberger Rassegesetze erlassen wurden, hatte der Bruderhof gefährdete Mitglieder wie den damals 32-jährigen Friedel Sondheimer schon anderweitig in Sicherheit gebracht.

Alles in allem hat der Bruderhof den Kampf um die Integrität der Gemeinschaft gewonnen. Es ist den Nationalsozialisten in fünf Jahren nicht gelungen, den Bruderhof einzuschüchtern oder zu spalten, einzelne Mitglieder abspenstig zu machen oder der Bruderschaft Zugeständnisse an die braune Ideologie abzuringen. Es wurde allerdings einsamer um den Bruderhof. Gute Freunde wie Friedrich Siegmund-Schultze gingen ins Exil. Der Dahlemer Pfarrer Martin Niemöller, Mitbegründer des „Pfarrernotbundes", lehnte Mitte Dezember 1933 den Schulterschluss mit den Bruderhöfern wegen ihrer Haltung zum Kriegsdienst ab (Niemöller selbst war im Weltkrieg U-Boot-Kommandant gewesen). Die „Bekennende Kirche“ war noch jahrelang mit sich selbst und ihrem Obrigkeitsverständnis beschäftigt. Verhältnismäßig wenige haben Mut bewiesen und sich zu ihrer Freundschaft mit dem Bruderhof bekannt. Karl Heim gehörte zu den Wenigen: Die Arnolds standen all die Jahre in regem Briefkontakt mit ihm und seiner Frau. Heim hat sich mit Gutachten und Briefen zugunsten der Gemeinschaft eingesetzt.

Kampf um die Kinder

Wenige Tage nach der Razzia auf dem Bruderhof, am 22. November 1933, sah sich Eberhard Arnold genötigt, in einem Brief an die Schulaufsichtsbehörde in Kassel einen jungen Volksschullehrer für die Grund- und Mittelschule des Bruderhofs anzufordern, „welcher zum Unterricht die staatliche Anerkennung besitzt und sich zum Nationalsozialismus bekennt“. Offensichtlich haben die örtlichen Behörden dem Bruderhof die Schließung der Schule angedroht, weil keine Erziehung im nationalsozialistischen Sinn gewährleistet war. Für den Wortlaut des Briefes sind im Grunde nur vier Erklärungen möglich:

– Die Bruderschaft hätte sich tatsächlich damit abgefunden, wenn ein linientreuer Lehrer die Erziehung der Kinder in die Hand genommen hätte: aber das wäre Verrat an den eigenen Überzeugungen gewesen und ist nach allem, was wir über diese Gemeinschaft wissen, undenkbar.
– Die Bruderschaft hoffte, einen Teil der Verantwortung für die Schule zu behalten und sowohl auf die Kinder als auch auf den „jungen Lehrer“ Einfluss nehmen zu können: das wäre ein unberechenbares Lotteriespiel gewesen und hätte sich kaum mit der Klarheit vertragen, die Eberhard Arnold sonst stets gefordert hat.
– Die Bruderschaft wollte den Behörden durch Verhandeln einen erträglichen Kompromiss abtrotzen: das wäre immerhin denkbar.
– Die Bruderschaft wollte Zeit gewinnen und strebte unterdessen eine ganz andere Lösung an: dafür spricht neben dem weiteren Verlauf der Geschichte ein Bericht des ehemaligen Werkhöfers Hans Meier. Dieser nämlich wurde schon Ende November von der Bruderschaft

auf die Reise geschickt mit einer Menge von Stenogrammblöcken im Gepäck (Niederschriften zahlreicher öffentlicher und vertraulicher Bruderschaftssitzungen) – und mit dem Auftrag, einen sicheren Platz für die Schulkinder zu suchen.

Am 5. Dezember kam der Fuldaer Schulrat Dr. Hammacher auf den Bruderhof, inspizierte die Schule, war äußerst unzufrieden, dass die Kinder keine NSDAP-Lieder kannten, und drohte offen, dass die Pflegekinder nicht bleiben könnten (das war derselbe Schulrat, der sich im Dezember 1930 zusammen mit 50 Junglehrern aus Fulda überaus beeindruckt von der Bruderhof-Erziehung gezeigt hatte).

Inmitten der Auseinandersetzungen um die Schule gab es aber auch Alltag auf dem Bruderhof, ging es menschlich zu, brach Freude aus. Am 20. Dezember, dem 24. Hochzeitstag von Eberhard und Emmy Arnold, brachte Emy-Margret ihr zweites Kind zur Welt, ein Söhnchen mit Namen Hans Benedikt („Ben").

Als zweifacher Großvater schrieb Eberhard Arnold am 28. Dezember an Zacharias Waldner in James Valley, Manitoba, und elf weitere hutterische Prediger. Der Brief ist bemerkenswert, weil hier erstmals Pläne für einen zweiten Bruderhof außerhalb Deutschlands angedeutet werden. Eberhard Arnold spielte in diesen Zeilen offen an auf den Rat des verstorbenen Lehrerleut-Ältesten David Hofer: „Bleibt in Deutschland, solange ihr die Schule in den Händen der Gemeinde halten könnt."

Am 29. Dezember traf ein Brief aus dem Regierungspräsidium in Kassel ein: Die Schulaufsichtsbehörde sehe sich veranlasst, die Erlaubnis zur Errichtung einer privaten Volksschule und Mittelschule zurückzuziehen.

Am 4. Januar teilte Eberhard Arnold dem Schulrat Dr. Hammacher freundlich mit, die Bruderhofschule sei aufgelöst, die schulpflichtigen Kinder an andere Orte abgereist, „sodass sich nunmehr keine schulpflichtigen Kinder deutscher Staatsangehörigkeit auf unserem Bruderhof befinden". Die Kinder waren derweilen längst in der Schweiz. Auf Einladung einer Frau Anna Schmidt wurden sie in einem Kinderferienheim in Trogen im Appenzeller Land einquartiert. Sie waren in Sicherheit – vorläufig. Die Schweizer Behörden wollten keine Aufenthaltsgenehmigung auf Dauer ausstellen.

Beim nächsten Schritt wurde Eberhard Arnold von einer Eingebung geleitet. Es muss bei einer Mahlzeit Ende Januar 1934 gewesen sein. Er ließ einen großen Atlas holen, schlug die Karte „Schweiz/Österreich" auf, deutete auf das unscheinbare Ländchen Liechtenstein (etwa 27 km lang, 12 km breit) und sagte: „Dies ist das Land, wohin wir ziehen werden."

Liechtenstein

Eberhard Arnold hatte keinen konkreten Anhaltspunkt, kein festes Ziel vor Augen, keine Empfehlung in der Tasche, als er zusammen mit Emmy am 26. Februar zu einer Reise in die Alpen aufbrach. Er hatte immer noch den Fuß in Gips; die Reise war eigentlich eine Zumutung. Zwei Wochen vorher hatte er in einem feierlichen Gottesdienst Hans Boller und seinen Schwiegersohn Hans Zumpe durch Handauflegung als „Diener am Wort" eingesetzt: er wusste nicht, wann er zurückkommen würde; der Bruderhof sollte in der Zwischenzeit nicht ohne geistliche Leitung dastehen.

Auf dem Almbruderhof in Liechtenstein, 1935

Nachdem die Arnolds einige Freunde in der Nordschweiz besucht hatten, reisten sie aufs Geratewohl ins Fürstentum Liechtenstein. Die Zeit drängte; Anna Schmidt erwartete die ersten Frühjahrsgäste in ihrem Kinderheim, die Bruderhofkinder konnten also nicht viel länger bleiben. An einem Tag Anfang März saßen Eberhard und Emmy Arnold in Schaan rechts des Rheins in einer Dorfgaststätte und hörten sich um, ob es vielleicht irgendwo ein geeignetes Haus zu mieten oder zu kaufen gäbe. Sie wurden auf ein leerstehendes Kurhaus auf der Alm Silum oberhalb von Triesenberg aufmerksam gemacht, knapp 1.500 Meter über dem Meeresspiegel, 1.000 Meter über dem Rheintal. Nach einer halsbrecherischen Schlittenfahrt, nach einigen 100 mühsamen Metern Fußweg durch knietiefen Schnee (Gipsbein!) waren sie am Ziel. Die Aussicht nach Westen entschädigte wenigstens teilweise für diese Mühen: Alviergruppe, Churfirsten, Säntis – die schönsten Gipfel der Nordschweiz direkt vor Augen, das Rheintal zu Füßen. Mit dem Eigentümer wurden sie rasch einig, nun fehlte nur noch das Geld für Pacht und Einrichtung.

Zurück in der Schweiz, besuchten sie unter anderem eine Freundin namens Julia Lerchy in Chur. Diese drückte ihnen zum Abschied einen Umschlag in die Hand – Inhalt: 6.500 Franken. Mehr als genug für den Anfang in Silum. Das war am 12. März. Am 19. zogen die Kinder und ihre Betreuerinnen von Trogen nach Silum um. Eberhard und Emmy Arnold waren ebenfalls zur Stelle. Emmy reiste im April in die Rhön zurück. Nach und nach kamen einige erfahrene Männer, einige junge Ehepaare auf die Alm. Eberhard Arnold blieb bis Mitte Mai und leitete den Aufbau an. Noch einmal in diesem Jahr, noch fünf weitere Male insgesamt nahm er den beschwerlichen Weg nach Silum auf sich.

Novizen aus England

Hardy Arnold hat das Sommersemester 1934 auf Einladung des Quäkers John Stephens und mit Hilfe eines Stipendiums der Boeke-Stiftung in England verbracht. Er knüpfte innerhalb kürzester Zeit jede Menge Kontakte, verstand es, Kommilitonen und engagierte englische Christen mit seinen Erzählungen vom Bruderhof zu fesseln, und wurde bald von einem Kreis zum nächsten empfohlen. Nur am Rand sei erwähnt, dass er in London Bekanntschaft mit dem damals 28-jährigen Dietrich Bonhoeffer machte. Bonhoeffer – seit Oktober 1933 Pfarrer in zwei deutschsprachigen Gemeinden im Süden Londons – interessierte sich sehr für das Gemeinschaftsleben, verfolgte selbst zusammen mit einigen Freunden Gedanken an eine Art evangelisches Mönchtum. Er hat im Sommer 1934 mehrmals seinen Besuch auf dem Bruderhof angekündigt, fand dann aber nie die Zeit dazu.

Aufregender war für die Bruderschaft in der Rhön und auf der Alm allemal Hardys Ankündigung, dass einige junge Briten den Bruderhof kennenlernen wollten. Da die deutschen Behörden in der Zwischenzeit die Aufenthaltsbestimmungen für Ausländer verschärft hatten, sollten sie direkt auf den Almbruderhof reisen. Sie kamen Anfang August nach Silum, wenige Tage nach Eberhard Arnolds 50. Geburtstag: Arnold und Gladys Mason aus Birmingham, beide 26, frisch verheiratet. Eine Freundin von Gladys, eine 27-jährige Schottin aus Edinburgh namens Kathleen Hamilton. Wenig später eine weitere junge Frau namens Winifred Bridgwater.

Auf der Alm ereignete sich eine Art Pfingstwunder. Die Engländer sprachen kein Deutsch; Eberhard Arnold sprach kein Englisch. Anfangs übersetzten Hardy Arnold oder Susi Gravenhorst, eine junge Lehrerin. Aber das ging den Engländern zu langsam. Sie wollten mehr verstehen. Nach wenigen Tagen verstanden sie, was sie verstehen wollten. Eberhard Arnold seinerseits registrierte sofort, wenn etwas nicht akkurat oder genau dem Sinn entsprechend übersetzt worden war, und fasste sofort nach. „Er war eine so warmherzige, liebevolle Persönlichkeit", erinnert sich Kathleen Hamilton, „man fühlte sich sofort zuhause."

Die vier Gäste von den britischen Inseln hatten eine Reihe schwerwiegender Fragen mitgebracht. Arnold und Gladys Mason waren sich unsicher über die Stellung von Mann und Frau in der Gemeinde. „Eberhard Arnold hat unsere Fragen restlos und überzeugend beantwortet", erinnert sich Arnold Mason. Kathleen Hamilton war Vegetarierin und fragte, wie man das Töten von Tieren rechtfertigen könne. Eberhard Arnold entwaffnete sie mit dem Argument: „Du kannst dann mit gutem Gewissen das Fleisch von Tieren essen, wenn du selbst bereit bist, dein Leben zu geben." Eines Abends stellte sie eine rein rhetorische Frage: „Wenn es keine Armut in der Welt gäbe – müssten wir dann trotzdem noch arm sein?" Ein Bruderschafter, der eine sehr ärmliche Kindheit gehabt hatte, wies sie scharf zurecht: „Wie kannst du so lieblos sein!“ Sie war tief erschüttert und beschämt. Am nächsten Morgen kam Eberhard Arnold zu ihr und fragte, wie sie denn geschlafen habe. – Sie habe kein Auge zugemacht, bekannte sie. „Ich auch nicht“, sagte er daraufhin; „ich habe es mit dir durchgefochten.“

Nach einigen Tagen bestand völlige innere Übereinstimmung zwischen den Neulingen und der Bruderschaft. Schon im Oktober 1934 wurden alle vier ganz formlos als Novizen behandelt. Kaum etwas hat Eberhard Arnold in den letzten Jahren seines Lebens so inspiriert, so sehr aufgebaut wie die Begegnung mit diesen jungen Leuten aus England und Schottland. Als eine weitere Engländerin, Edna Percival, für einige Tage zu Besuch kam, war er so begeistert über ihren Namen (Percival = Parzival), dass er in der nächsten Abendversammlung über den Heiligen Gral und die Kabbala referierte. Als die junge Dame wieder abreisen musste, sagte er ihr zum Abschied: „Du hast den Gral von weitem schimmern sehen; nun hör nicht auf zu suchen, bis du ihn gefunden hast.“ Und, an Arnold und Gladys Mason gewandt: „Ich glaube, wir werden das grüne Mädchen wiedersehen.“ Er sollte recht behalten.

Übrigens hatte Hardy Arnold die Briten auf die unvorstellbare Armut auf dem Bruderhof vorbereitet. „They live on prayer and potatoes“, hatte er ihnen erzählt: „Sie leben von Gebeten und Kartoffeln.“ Aber nun erlebten sie erst einmal, dass Eberhard Arnold ihnen gehaltvolleres Essen verschaffte als dem Rest der Bruderschaft. „Die Engländer sind unsere karge Kost nicht gewöhnt“, war sein Argument. Liebe ging auch hier durch den Magen.

XVI.

Keiner ist verhungert

In den Monaten und Jahren nach Hitlers Machtergreifung sah sich Eberhard Arnold für eine ständig wachsende Schar von großen und kleinen Menschen verantwortlich. Es scheint da einen geheimnisvollen Zusammenhang zu geben: Je knapper die Mittel, je trostloser der Küchenzettel, umso mehr Menschen zog es zum Gemeinschaftsleben hin. In den Jahren von 1933 bis 1935 hat Eberhard Arnold so viele Neulinge ins Noviziat eingeführt, so viele Leute in die Bruderschaft aufgenommen, so viel getauft wie nie zuvor: etwa 45 Menschen haben sich in dieser Zeit dem gemeinsamen Leben angeschlossen. Die Gemeinschaft musste zusammenrücken. Dasselbe Brot musste für mehr Menschen reichen. Just in dieser Zeit begannen die nationalsozialistischen Behörden, dem Bruderhof mit immer neuen Schikanen die Luft abzudrücken. Als erstes wurden Zuschüsse zum Schulbetrieb und zur Landwirtschaft gekappt. Mit spürbaren Folgen: Im Dezember 1933 war nicht einmal genug Geld da, um Kerzen zu kaufen. (Emmy erbettelte sich welche in der Verwandtschaft.) Im Februar 1934 gab es zeitweise nur noch Kartoffeln und Gemüse zu essen.

Um den Verlag unter Druck zu bringen, bedurfte es keiner besonderen Maßnahmen. Die Bücher des Verlags wurden zwar anfangs noch in Deutschland gedruckt, aber in der Atmosphäre der Angst traute sich kaum ein Buchhändler, Werke mit pazifistischem Gedankengut in die Auslagen oder auch nur ins Regal zu stellen. Auch fliegende Händler konnten sich unter den stets misstrauischen Augen der gleichgeschalteten Polizei nur noch vorsichtig bewegen. Blieb also noch ein stark eingeschränkter Buchversand und, als einziger nennenswerter Markt, die Schweiz. Die Bruderschaft beschloss, „Reisebrüder" auf Verkaufsreise in die Schweiz zu schicken. Und nun ist höchst bemerkenswert, wie Eberhard Arnold den Buchverkauf aus dem Handkoffer verstand: „Die Liebe drängt uns dazu. Wir tun es ja nicht aus wirtschaftlichen Gründen. Es ist nicht die Geldwerbung, die uns dazu treibt, sondern wir haben immer Gott darum gebeten, dass wir zu den Menschen gehen können. Das ist unser Auftrag. Ein Bienenfleiß der ganzen Gemeinde ist die Voraussetzung, ehe es zum

Verkauf kommen kann. Ihr nehmt den Schweiß der Brüder mit, die Lebenshingabe von Jahrzehnten!"

Buchverkauf und Spendenwerbung sollten strikt getrennt bleiben. Bücher verkaufen, Bücher verbreiten, das war für ihn Mission, das war ein Teil der „Aussendung", und deshalb wurden die „Reisebrüder" für ihre Aufgabe eingesegnet. Die Bücher sollten eine Mission erfüllen, und deshalb mussten sie bezahlbar bleiben, auch wenn der Verkauf dann für die Gemeinschaft weniger einbrachte. Die Bücher sollten ihrer Botschaft wegen gekauft werden und nicht aus Erbarmen mit den Hungerleidern in der Rhön und auf der Alm. Bettelreisen waren auch nötig, aber bitte sauber getrennt vom Buchverkauf.

Noch anders war es mit den Drechsel- und Schnitzarbeiten, den Schalen und Kerzenständern, die in den Werkstätten angefertigt wurden. Da überlegte sich Eberhard Arnold Verkaufsstrategien, da formulierte er sogar ehrgeizige kaufmännische Ziele: auf jeden Tisch und auf jedes Büffet gehöre eine Bruderhof-Schale! Besser Kunsthandwerk verkaufen als *nur* betteln (er sagte nicht „betteln", sondern eleganter: „auf franziskanische Art reisen").

Der Verkauf, das war ihm immer klar, würde alleine nie das Überleben des Bruderhofes sichern und *dürfte* es auch gar nicht. Bis zuletzt blieb er bei seiner Überzeugung: „Auch das wirtschaftliche Leben muss vom Geist geführt werden (...). – Bis heute sind wir mit diesem Glauben nicht zuschanden geworden und werden nie zuschanden werden, wenn wir treu bleiben." Und wirklich reichten die Mittel immer zum Überleben. Immer waren im rechten Moment Freunde und Gönner da, meist mit kleinen, manchmal mit großen Summen (zum Beispiel schickten die „Lehrerleut" zu Weihnachten 1934 unerwartet 3.000 Franken). Keiner ist auf dem Bruderhof verhungert. Apropos Hunger: „Nicht der schändlichste Tod ist die schwerste Gefahr mitteleuropäischen Christentums. Auch nicht die wirtschaftliche Vernichtung in oft buchstäblich erfolgender Aushungerung! Die größte Gefahr besteht allein in dem drohenden Kompromiss zwischen Gott und Teufel, Hass und Liebe, Menschenfurcht und Gottesfurcht!"[34]

---

34 „Die schwierige Lage der Christen in der Krisis Mitteleuropas", Rede in Edinburgh, 23. April 1935.

Ringen um Einheit

Kann man sich die Anspannung wirklich vorstellen, unter der die junge Gemeinschaft – Altersdurchschnitt fast gleichbleibend 30 Jahre – nach 1933 gelebt hat? Harte Arbeit, Druck von außen, Kampf ums tägliche Brot. Jede Menge Neulinge, die mit viel Idealismus und gutem Willen, aber wenig Erfahrung ins Gemeinschaftsleben gestartet sind. Zum Teil eigenwillige, kantige Typen. Grundverschiedene Persönlichkeiten. Musenkinder, Denker, zupackende Arbeiterinnen, hemdsärmelige Arbeiter, Grübler und Frohnaturen, alle auf engstem Raum. Und nun auch noch zerrissen in zwei Gruppen, kaum, dass sie sich in einer Gruppe gefunden hatten. Nur Briefkontakt mit den jeweils anderen, kein Telefon auf dem Almbruderhof. So musste Eberhard Arnold um die innere Einheit der Gemeinschaft genauso heftig ringen wie um die äußere Existenz.

Die erste Zerreißprobe dieser Art kam im Sommer 1934 auf dem Almbruderhof. Als hätte er es vorausgeahnt, hat Eberhard Arnold in einer Werbebroschüre für den Almbruderhof im Mai 1934 formuliert, das Leben in Gemeinschaft verlange von jeder und jedem Einzelnen Kampf gegen alles, was die Gemeinschaft vernichten und zerstören könnte. Als Ziel nannte er „Einigung im Kleinen und Allerkleinsten, Einheit im Großen und Größten". Das Ziel sei nur zu erreichen, wenn alle „eine letzte Hochachtung vor dem Wesen und vor der Tatsache des gemeinsamen Lebens" aufbrächten. So stand es auf dem Papier, für jeden, der es lesen wollte. Im Alltag stellte sich die Sache sehr schwierig dar. Hans Boller, der während Eberhard Arnolds Abwesenheit im Sommer 1934 den „Dienst am Wort" auf dem Almbruderhof versah, legte sein Amt schon nach drei Monaten auf Weisung der Bruderschaft nieder. Eberhard Arnold führte von der Rhön aus oder an Ort und Stelle einen ständigen Kampf gegen Gesetzlichkeit, allzu kleinliches Denken, lieblosen Umgang untereinander. Die Sommerkrise wurde erst im September 1934 endgültig beigelegt, auf dem Almbruderhof ein neuer „Bundesschluss" gefeiert. Am Ende des Jahres zog Eberhard Arnold eine nüchterne Bilanz: „Wir sind geistig stumpf geworden. Wir sind im Begriff, die geistige Bewegtheit zu verlieren. Solange wir mit Gott in Gemeinschaft stehen, müssen wir bewegt sein. Solange wir bewegt sind, können wir unmöglich einschlafen."

Er musste noch viele Male mahnen, anfeuern, aufmuntern. Manchmal, wenn auch seine Beredsamkeit nichts mehr nützte, halfen äußere Ereignisse, etwaige Schläfrigkeit und Trägheit zu vertreiben. Die Wiedereinführung der allgemeinen Wehrpflicht in Deutschland am 16. März 1935 war ein solches Ereignis. Sie wurde an einem Samstag bekanntgegeben. Eberhard Arnold auf dem abgelegenen Rhönbruderhof erfuhr durch einen Anruf zweier „Reisebrüder" aus Basel von der neuen Lage. Er schickte sofort zwei Gemeinschafter mit Fahrrädern ins nahe Fulda; sie sollten sich dort kundig machen. Als sich die Nachricht bestätigte, kam die Bruderschaft nach kurzer Beratung zu dem Entschluss, das Zeugnis und die Aufbauarbeit der wehrfähigen jungen Männer auf dem Almbruderhof sei eher geboten als der wehrlose Gang ins Konzentrationslager wegen Kriegsdienstverweigerung – das wäre die Alternative gewesen. Die Brüder haben den Rhönbruderhof noch in der selben Nacht verlassen und sind einzeln auf teils abenteuerlichen Wegen nach Liechtenstein gelangt.

Nur wenige Tage vorher, am 11. März, ist es in Zürich zur letzten persönlichen Begegnung zwischen Eberhard Arnold und Leonhard Ragaz gekommen. Mitglieder des Werkhofes waren ebenfalls anwesend, außerdem Hans Meier. Ragaz' jahrelang aufgestaute Vorbehalte (Brief an Hitler, Friedmann usw.) kamen auf den Tisch, gebündelt mit aufgewärmten (Gemeindeverständnis) und frischen Vorwürfen (über das Auftreten der „Reisebrüder" in der Schweiz und über angebliche Agitation gegen die religiös-soziale Bewegung). Andere legten noch dies und das drauf. Es war ein regelrechtes Tribunal. Eberhard Arnold warb um Verständnis für die wirtschaftlichen und politisch bedingten Zwänge und erklärte und stellte richtig und versuchte Ordnung in das Durcheinander von Fragen und Klagen zu bringen. Allein, seine Antworten fanden kaum Gehör, manche Fragen mussten der knappen Zeit wegen offen bleiben, Ragaz hatte seine Meinung und blieb dabei, und so reisten Eberhard Arnold und Hans Meier ohne Erfolg wieder ab.

Suche nach einem sicheren Platz

14 Tage nach dem Krisengespräch in der Schweiz, eine Woche nach der Flucht der jungen Männer aus Deutschland, finden wir Eberhard Arnold schon wieder auf großer Fahrt. Diesmal ging die Reise in die

Niederlande und auf die britischen Inseln, und das aus einem doppelten Anlass. Ursprünglich hatte sich der Wortführer der beiden Bruderhöfe nur die Aufgabe gestellt, 25.000 Reichsmark für den Ausbau des Almbruderhofs und als Abhilfe für die größte wirtschaftliche Not zu beschaffen. Ein zweiter Gesichtspunkt drängte sich von Tag zu Tag mehr in den Vordergrund: die Suche nach einer dauerhaften Bleibe für die Gemeinschaft. Silum war keine Lösung auf Dauer; der Almbruderhof war zu klein, um im Fall des Falles alle Mitglieder der Gemeinschaft aufzunehmen. Zwei Bruderhöfe waren einer zuviel für Leute, die sich zur völligen Einheit berufen fühlten („Es drängt uns zusammen", hat Eberhard Arnold verständnislosen Fragern auf der Englandreise erklärt). Wenn der Bruderhof schon aus Deutschland auswandern musste, dann sollte er wenigstens die äußere Einheit wiedergewinnen.

Zeitweise hat Eberhard Arnold offenbar nach einem anderen, größeren Haus in Liechtenstein gesucht. So ist in einer Telefonnotiz vom 9. Oktober 1934 zu lesen: „Wir kaufen Gutenberg-Balzers" – ein Schloss auf einem markanten Felsen im Hochrheintal – „oder pachten es für zehn Jahre mit Vorkaufsrecht." Aber ob Liechtenstein wirklich auf Dauer Sicherheit bieten konnte? Ein großer Teil der Bevölkerung sympathisierte mit dem neuen, starken Deutschland. Das hatten die Almbruderhöfer schon deutlich zu hören bekommen. – Deshalb nun also: Niederlande, England, Schottland.

Hardy Arnold hat seinen Vater auf dieser Reise begleitet, der englischen Kontakte und der Sprache wegen. In Amsterdam und Utrecht besuchten sie einige Vertreter der Mennonitengemeinden und stöberten im Mennonitischen Archiv. Das Ergebnis der Gespräche: einige Gulden und das Versprechen, man werde mehr für den Bruderhof tun. Eberhard Arnold kam später darauf zurück. Und ein bedenkenswerter Vorschlag: die niederländische Regierung suchte für das Landgewinnungsprojekt in der Zuidersee Siedler und war bereit, ihnen den Start zu finanzieren. Allerdings verlangte die Regierung Garantien, dass die Siedler später nicht der staatlichen Fürsorge zur Last fallen würden.

Dann gings nach London. Dort lernte Hardy Arnold seinen Vater von der hartnäckigen Seite kennen. Fünf Tage lang dieselbe Tour: Jeden Morgen ins Büro der Quäker, einige Treppen hinaufgehumpelt, angeklopft, der Generalsekretärin Joan Mary Fry und den anderen

Quäkerfunktionären das Anliegen ein ums andere Mal vorgetragen. Das zahlte sich aus. Die Quäker sagten 600 Pfund Hilfe zu, zweckgebunden für den Bau von Gewächshäusern auf dem Almbruderhof. Nach einer Reihe von Treffen mit mehr oder weniger einflussreichen und mehr oder weniger interessierten Menschen, bei Sozialarbeitern, in akademischen Zirkeln und im Haus des Internationalen Versöhnungsbundes, reisten die beiden Arnolds nach Edinburgh weiter. Dort wurden sie durch Kathleen Hamiltons Mutter bei allen möglichen Gemeinden, in internationale Clubs, bei Künstlern, Politikern und Professoren eingeführt. Hier hielt Eberhard Arnold am 23. April 1935 eine bemerkenswerte Rede. Zur Lage in Deutschland: „Anstelle des Gottes-Geistes tritt das Menschenblut, anstelle des Gottesatems der materialistische Glaube an die Rasse, anstelle der Liebe der todkranke Hass, anstelle wahrhaft sozialer Gerechtigkeit die Herrschaft des Staats-Mammons und der blutigen Staatsgewalt, der Triumph des Eigentums; anstelle wahren Friedenswillens die nur scheinbar friedliche Herrschaft des Schwertes und der Kriegsvorbereitung und über das alles eine erbitterte Feindschaft gegen den Jesus der Bergpredigt – der Antichrist gegen Christus!“

Und zur Lage der Christen im nationalsozialistischen Deutschland: „Kein Zweifel, dass es überall Christen gibt, die diesen Abfall heidnischer Vermischung verabscheuen, die lieber sterben wollen, als dass sie in diese unsaubere Vermengung willigten. Auch in Mitteleuropa sind diese Christen sicherlich überall zu suchen. Aber nur schwer können sie gefunden werden; die Gewalt der öffentlichen Versklavung, die brutale Unterdrückung allen freien Geistes hat sie von allen öffentlichen Plätzen vertrieben.“ Er warb um bitter notwendige „äußere und innere Hilfe“, nicht nur für den Bruderhof, sondern für alle Christen in Deutschland.

Auch in Großbritannien bekamen Eberhard und Hardy Arnold allerlei gut gemeinte, aber widersprüchliche Ratschläge zu hören:

– John Fletcher, eine Art lebende Legende, Kriegsdienstverweigerer im Weltkrieg, meinte, die jungen Männer hätten unbedingt in Deutschland bleiben müssen. Lieber sterben als weichen. Das wäre ein Zeugnis für die Sache! Eberhard Arnold gefiel an dieser Haltung, dass man „das Letzte hergeben und bis zum Äußersten wach und rege“ sein solle, und überlegte einen Moment lang ernsthaft, einige Almbruderhöfer nach Deutschland zurückzuschicken, „um dort in der Wehrfrage die Charakterprobe zu bestehen, ob sie ihrem gegebenen Glaubenswort treu sind". – Von diesem Gedanken hat er glücklicherweise wieder Abstand genommen.

– Leyton Richards, eine charismatische Persönlichkeit, Pfarrer in Birmingham, hatte begründete Zweifel, ob sich der Almbruderhof wirtschaftlich würde halten können. Er schlug vor, die Gemeinschaft solle nach Kanada auswandern, und wollte dafür auch Geld locker machen.

– Joan Mary Fry riet eher zu England, aber dort sei es zur Zeit fast unmöglich, Land zu erwerben. Also doch lieber die Niederlande.

All diese Überlegungen hatten ihren Sinn. Viele der hier geknüpften oder aufgefrischten Kontakte haben sich kurze Zeit später als belastbar erwiesen. Im Oktober 1935 hat Eberhard Arnold die Masons und Winifred Bridgwater noch persönlich darauf vorbereitet, nach England zurückzukehren und dort einen geeigneten Platz für die Gemeinschaft zu suchen. Ein weiteres Jahr später gab es diesen Platz tatsächlich.[35] Auch ein Brief, den Eberhard Arnold einige Wochen nach der Reise an das „Emigranten-Bureau der Holländischen Taufgesinnten" schickte, tat seinen Dienst. Die Werbereise durch alle Mennonitengemeinden der Niederlande, für die er um Erlaubnis bat, hat Eberhard Arnold zwar nicht mehr machen können. Aber seine Bitte um großzügige Hilfe und Fürsorge wurde wohlwollend aufgenommen und trug zwei Jahre später Früchte.[36]

Im Dienst verzehrt

„Für die innere und äußere Sicherung der nächsten 50 bis 100 Jahre unseres Bruderhofes meine Augen und mehr hinzugeben, wäre mir nicht zu schwer", hat Eberhard Arnold zu Weihnachten 1930 aus Kanada nach Hause geschrieben. Er *hat* mehr einsetzen müssen, hat für das Überleben der Gemeinschaft mehr geopfert als das Auge. Als

---

35 Der spätere Cotswold-Bruderhof in Ashton Keynes, Wiltshire, etwa auf halber Strecke zwischen Southampton und Oxford.

36 Die niederländischen Mennoniten haben der Gemeinschaft nach der Auflösung des Rhönbruderhofs 1937 durch die Nationalsozialisten rasch und großzügig geholfen.

er sich im Oktober 1933 das Bein brach, da ließ ihm der gewalttätige NS-Staat keine Zeit zur Genesung, und er ließ sie sich auch nicht. Im Januar 1934 fühlte er sich schwach, kämpfte mit Herzbeschwerden. Im Februar humpelte er schon wieder durch die Alpen, mit Gehgips, auf zwei Stöcke gestützt. „Der Ruf der Freiheit ist der Ruf zu einem Geistes-Feldzug, der keine Pausen kennt, zu einem Geistes-Krieg, der niemandem Erholung gönnt", schrieb er im Mai 1934 – wie wahr. Und die Geschwister in der Bruderschaft, vor allem die jungen, waren auch nicht immer sonderlich rücksichtsvoll. So sind viele Aufgaben an ihm hängenblieben, so musste er sich bis zuletzt um alltäglichen Kleinkram kümmern.

Eberhard Arnold, ca. 1934 (das letzte erhaltene Foto)

Andere Wege konnte ihm keiner abnehmen. Als mehrfacher Großvater jenseits der 50, behindert und geschwächt, kam er noch einmal ebenso weit herum wie in den zwei Jahrzehnten vorher als Reiseevangelist und Vortragsredner. Diesmal aber waren es Bettelreisen nach Brandenburg, nach Breslau und in die Schweiz. Es waren Feuerwehreinsätze und Katastrophenkommandos. Vermitteln, kitten, flicken, Missverständnisse ausräumen. Behörden bearbeiten, gegen Wände reden. Er lernte Amtsstuben in Fulda und Kassel kennen und in Berlin. Im Oktober 1934 besuchte er ein halbes Dutzend Reichsministerien, versuchte durchzusetzen, dass der Bruderhof als mildtätige und gemeinnützige Stiftung anerkannt würde, versuchte die Besteuerung der Landwirtschaft abzuwenden, versuchte direkt in der Höhle des Löwen, im NS-Regierungsapparat, Verbündete zu finden, und fand sie auch (nämlich im Außenministerium, das von Amts wegen um Deutschlands Ruf in der Welt besorgt war). Ungleich länger war aber die Liste der Gleichgültigen und der Gegner jeder Art von urchristlich-kommunistischen Gemeinschaftsexperimenten. „Ich bin rumgehoppelt bis abends 9–10 Uhr", meldete er nach diesem Marathon durch die Verwaltungsflure nach Hause. – Tausende von Kilometern hat er in diesen Monaten abgewickelt. Zu Bahn, per Droschke und, weil das Reisegeld allzu oft allzu knapp war, eben auch auf den drei Beinen, dem einen gesunden, dem anderen morschen und dem hölzernen Helfer, mit dem er zuletzt schier verwachsen war. Auch wenn er saß, wenn er nachdachte oder sprach, stützte er sich gern schwer auf den Stock, wog ihn hin und her. So ist er vielen Bruderhöfern in Erinnerung geblieben.

Die Gesundheit, oder was davon übrig war, machte ihm wenig Kopfzerbrechen. Viel mehr schmerzte es ihn, dass die Bruderschaft oft so nachlässig war. Er konnte es kaum ertragen, wenn er auf seinen Reisen mehrere Tage ohne Nachricht von der Gemeinschaft blieb. „Verstehe bitte meine fast trostlose Trauer über das so lange fortgesetzte Ausbleiben deiner ausführlichen Schreiben …" – „Grüße die Bruderschaft und bitte sie alle, dass jeder von ihnen mich mit dem Zuspruch ihres Glaubens erfreuen möchte." – „Ich hätte es nicht erwartet, dass ich auf einer so unendlich schweren Aussendung so im Leeren gehalten würde" – solche Zeilen lassen ahnen, wie einsam und auf sich allein gestellt Eberhard Arnold in den letzten Monaten seines Lebens manchmal war. „Einheit!", überschrieb er einen seiner Briefe aus Edinburgh, *„Einheit!"*.

Und doch hat er auch in solchen Zeiten größter Anspannung immer noch Mut und Zuversicht um sich herum verbreitet. Hat niemals resigniert, hat zum Beispiel unverdrossen Pläne ausgeheckt, wie man der wirtschaftlichen Not beikommen könnte, mehr Kunsterzeugnisse verkaufen, neue Freunde, neue Unterstützer, neue Kunden gewinnen. Krank, wie er war, mit Schmerzen im Bein und all den Sorgen im Nacken, konnte er noch Humor versprühen und schaffte es, die ganze Bruderschaft aufzumuntern. Es kam vor, dass er eine halbe Stunde lang einen Scherz nach dem anderen machte. Er nahm sich alle Zeit der Welt für die Männer und Frauen in der Bruderschaft. Er teilte ihre Begeisterung und hörte sich ihre Sorgen an. Außerdem hatte er eine diebische Freude daran, die jungen, hitzigen Idealisten zu beobachten. Einmal traf er August Dyroff und einen Gast, einen Kommunisten, in einen heftigen Wortwechsel vertieft an. Er näherte sich den beiden Streithähnen unbemerkt, drückte jedem eine Hand auf die Schulter und donnerte los: „Es ist so schön, wenn zwei Streichhölzer sich gegenseitig entzünden!"

Paradox: Eberhard Arnold hatte in diesen Monaten hellwache Sinne für das pulsierende Leben um ihn herum und trug selber eine Menge dazu bei, dass es pulsierte. Und gleichzeitig scheint es, als habe er sich auf einen nahen Tod vorbereitet. Er hat den Einsatz aller Kräfte immer gefordert, er hat selber alle Kräfte eingesetzt. Er hat gewusst, dass seine Kräfte nicht ewig reichen.

Verstellte Lichter

Im Sommer und Herbst 1935 pendelten Eberhard und Emmy Arnold mehrmals für einige Wochen zum Almbruderhof und wieder zurück in die Rhön. Auf dem Almbruderhof rangen sie Ende Juni im Gebet um das Leben ihrer Schwiegertochter Edith, Hardys junger Frau, die nach der Geburt ihres ersten Kindes in höchster Gefahr schwebte. Da bekannte sich Eberhard Arnold fast schon trotzig zu dem Glauben, „dass das Leben Gottes und seine völlige Liebe und sein lebendig machender Geist zuletzt über alles andere siegt". Auf dem Rhönbruderhof machte sich derweilen eine zähe, schläfrige Stimmung breit, die monatelang einfach nicht weichen wollte. Es bildeten sich Grüppchen und Cliquen, die Gemeinschaft war gelähmt, „der Geist war gebunden", wie Gertrud Hüssy es später ausdrückte.

In diesen Wochen hatte Eberhard Arnold einen Alptraum. Er träumte von einem siebenarmigen Leuchter mit brennenden Kerzen und erkannte darin das Bild der Gemeinde. Die mittlere Kerze identifizierte er mit Jesus Christus, dem Herrn der Gemeinde. Die übrigen Kerzen verkörperten Eigenschaften wie Liebe, Einheit, Gemeinschaft. Dann sah er, wie eine dunkle Hand die Kerzen vertauschte. Die Christuskerze wurde an den Rand gerückt. In der Mitte befand sich mit einem Mal die Gemeinschaft. Eberhard Arnold schrie auf – und das Bild war verschwunden. Er erzählte den Traum der Bruderschaft und flehte sie regelrecht an: „Lasst es nicht geschehen!“ – Auf dem Almbruderhof fand er damit Gehör. Dort waren zwar auch wochenlang klärende Aussprachen nötig; aber dann war die Luft rein. Als Eberhard Arnold am 5. Oktober von seinem sechsten Aufenthalt in Silum abreiste, ließ er dort eine geordnete, stabile und wache Bruderschaft zurück mit 44 meist bewährten, zum Teil langjährigen Mitgliedern, vielen Novizen, Gästen und Kindern. In der Rhön dagegen war die Lage immer noch nicht bereinigt. Im Gegenteil; Mitte Oktober brach die Krise erneut aus. Nach außen hin bot die Gemeinschaft ein Bild tiefster Harmonie: „Fast alle fleißig in der Arbeit und beharrlich in gegenseitiger Freundlichkeit“, so schildert es Eberhard Arnold, aber genau das war das Problem: „fast ängstlich gutmütig, milde und gutherzig gegen sich selbst und gegen alle Anwesenden. Der geistige Horizont verkleinerte sich immer mehr, ihr Gott und ihr Christus schrumpfte zu einem sehr kleinen Gott und zu einem kleinlichen Christus“. Dazu die Abstumpfung: „Sie sagen nichts – sie tun nichts – nicht einmal mit dem Kopf nicken sie – kein Zuruf, keine Zustimmung kommt, und wenn das Furchtbarste erwähnt wird – kein Kopf schüttelt sich, kein Schrei des Entsetzens bricht aus.“ Eberhard Arnold diagnostizierte übelste Selbstzufriedenheit. Er ging erst mit beherrschten und dann auch mit lauten Worten dagegen an – vergebens. Den Geschwistern wurde die Sache schließlich selbst so unheimlich, dass sie eine „unvergessliche Zucht“ erbaten. Und so setzte Eberhard Arnold am 7. November die Gemeindedienste vorläufig aus. Niemand sollte in dieser Zeit auf dem Rhönbruderhof den Friedensgruß gebrauchen, denn wo keine innere Bereitschaft zum Frieden war, wäre es seiner Ansicht nach der schiere Missbrauch gewesen, Frieden und Heil zu wünschen. Keine Aussprachen, keine Bruderschaftsbeschlüsse, kein fröhliches Wettsingen, stattdessen eine Zeit des persönlichen Gebets, der Buße und der Läuterung, die bis zum 1. Advent dauern sollte. Nur noch drei Mal berief er eine Versammlung ein: am 9., 10. und 12. November. Vor einer schweigenden Runde referierte er am 12. November ausführlich über Thomas Müntzer und die Bauernkriege. Am 10. hielt er einen sechsstündigen Vortrag über die Geschichte der Täuferbewegung im Reformationszeitalter. Die Ansprache vom 9. November dagegen war leidenschaftlich und kurz; sie kann nicht viel länger als fünf Minuten gedauert haben. Die letzten Sätze, der bleibende Eindruck:

„Wenn wir ganz fertig sind mit allem, was wir selbst getan haben und tun können, dann fängt Gott an. Die alten Täuferbrüder haben gesagt: ‚Das Erdreich gehört dem Herrn, wir lassen uns kein Erdreich verreden, denn Gottes Tag ist nahe, da die Erde geordnet wird, und wir als seine Boten lassen uns kein Stück Erde verbieten.‘ So gefasst ist unser Leben wert, gelebt zu werden als ein vorgeschobener Posten des Reiches Gottes. Wir selbst entleert und wehrlos, aber in der Hoffnung, dass Gott vollkommen herrschen wird. Was haben demgegenüber Gefühlchen unserer Seelchen zu sagen? Ganz und gar nichts. Wir gehen wieder an die große Sache, da die Erde Gott gehört und da er sie wieder erobern wird und da dieses umso näher gerückt ist, je mehr die satanischen Mächte sich auf der Erde und in unseren Herzen breit gemacht haben. Umso näher ist Gott!“ – Dann ließ er den Choral „Brich an, du schönes Morgenlicht“ anstimmen.

Drei Tage später hat er sich ohne großes Zeremoniell von der Gemeinschaft verabschiedet, ließ sich zum Bahnhof fahren und reiste von dort aus nach Darmstadt ins Elisabethenhospital.

Letzte Reise

Der Krankenhaustermin stand schon länger fest. Professor Paul Zander, Freund der Arnolds aus den ersten Hallenser Jahren, wollte sich einmal gründlich des kranken Beins annehmen. Es war in den zwei Jahren seit dem Bruch nie wieder richtig zusammengewachsen. An der Bruchstelle hatte sich eine Wucherung gebildet, die nicht belastbar war und obendrein schmerzte; jeden Moment hätte das Bein wieder brechen können. Zander schlug vor, das kranke Stück Knochen herauszunehmen. Eberhard Arnold gab das Ergebnis der Untersuchung telefonisch auf den Rhönbruderhof durch. An Emmy schrieb er: „Es tut mir für Dich in der Seele leid, dass Du Deinen einst schwarzen Mann nun als alten Graubart und nun gar noch mit einem verkürzten Bein zurückbekommen sollst. Umso weniger will ich Dir ein Griesbart sein und auch als Krüppel im Geist fröhlich springen, sooft Du fröhlich singen wirst."

Tags darauf, am 14. November, schickte er einen langen Brief nach Liechtenstein an seinen Schwiegersohn Hans Zumpe. Es sind teils nüchterne, teils bewegende Zeilen. Der Brief klingt wie ein Testament. Der Brief ist ein Testament. Eberhard Arnold hat sich nichts vorgemacht. Er rechnete nicht unbedingt mit einem Erfolg der Operation. Er hat sich aufs Sterben eingerichtet. Er verfügte, was mit seinen Schriften geschehen sollte. Er legte der Bruderschaft „die innerste und äußerste Vereinigung *echten Althuttertums* mit der Glaubenshaltung beider *Blumhardt* und mit der Lebenshaltung wahrhafter *Jugendbewegung*" ans Herz. Er warnte vor einer „Verschmelzung des Huttertums mit modernem Pietismus" (und meinte damit den Pietismus, der Quietismus ist, der „den Grundwillen Jesu überhört, dass die Sammlung zur Kraftquelle der *Tat* werden soll. Willenlos in schweigender Stille versinken heisst dem *Leben* verlorengehen, zu dem Jesus aufgerufen hat"[37]). Er mahnte, die Bruderschaft müsse missionarischer werden: „Zu einer *rechten* Aussendung sind wir noch nicht gelangt. Sie zu erbitten, wird immer dringender." Er nannte Schwerpunkte für die Arbeit der kommenden Jahre. Im Fall seines Todes sollte Hans Zumpe in enger Abstimmung mit Georg Barth, Hardy, Heini und anderen geistlich tief gegründeten Geschwistern die Verantwortung für die beiden Bruderhöfe übernehmen. „Dir und Euch wünsche ich nur Eines: *Den Weg*, die Richtung!"

Emmy kam am 15. November nach Darmstadt. Die Operation fand am 16. statt und dauerte viel länger als geplant. Eberhard Arnold erlebte sie bei vollem Bewusstsein mit; aus Rücksicht auf sein Herz war er nur örtlich betäubt worden. „Zersägt, zerhackt und zugenäht haben sie mich", erzählte er seiner Frau hinterher. Eine zweite Operation wurde für den 22. November angesetzt. Aber Eberhard Arnold klammerte sich nicht mehr an sein Leben.

In den wenigen wachen Stunden sprach er Gäste und Mitpatienten laut und direkt auf ihr Verhältnis zu Gott an. Wenn Emmy ihn beruhigen wollte, dann sagte er bestimmt: „Ich muss doch Zeugnis geben bis

37 *Innenland*, S. 274.

zum letzten Moment!“ Nachts phantasierte er im Fieber von der Sonne und der Sternenwelt (die er stets geliebt hat, die ihn begeistert und zu überwältigenden Gedanken über das Wesen Gottes inspiriert haben). Am 20. November, es war der Buß- und Bettag des Jahres 1935, rief er wiederholt durchs Krankenzimmer, ob Hitler und Goebbels Buße getan hätten. Zu einem anderen Zeitpunkt sah er eine weißgekleidete Gestalt an seinem Bett sitzen und sprach Emmy darauf an – sie hatte nichts dergleichen wahrgenommen.

Am 21. November abends musste ihm Emmy das erste Kapitel des Johannesevangeliums lesen. Er sprach viel von der Rhön, sagte, dass er den Rhönbruderhof nie vergessen werde, wollte unbedingt noch einmal mit seinem Schwiegersohn und mit Emy-Margret sprechen. Die Nacht verbrachte er allein. Am nächsten Morgen hat er noch einen Scheck der hutterischen Gemeinde aus Milford, Alberta, gegengezeichnet. Um zehn Uhr erklärte ihm Prof. Zander, das Bein müsse amputiert werden. Eberhard Arnold sagte nur: „Der Chirurg muss wissen, und Gottes Wille geschehe.“ Das waren seine letzten Worte.

Die Operation dauerte vier Stunden. Als Hans und Emy-Margret Zumpe nach langer Fahrt vom Almbruderhof eintrafen, war der Wortführer und Vater der Bruderhöfe – ihr Vater – noch am Leben, aber er nahm sie nicht mehr wahr. Nur mit einigen seiner liebsten Lieder konnten sie sein Bewusstsein noch streifen; Tränen rannen ihm übers Gesicht. Am Nachmittag des 22. November 1935 gegen 16.00 Uhr löste sich auch diese letzte Verbindung, er wurde ganz still und schlief ruhig ein.

Zu früh gestorben?

Eberhard Arnold war auf der Höhe seiner geistigen Kräfte, seiner Autorität, seines Schaffens, als er im Alter von 52 Jahren starb. Nach menschlichem Ermessen hätte er 20, 30 oder noch mehr Jahre länger leben und wirken können, wenn – ja, wenn was anders oder besser gelaufen wäre? Lief es denn nicht gut? War dieser Kelch nicht randvoll gefüllt? Hat nicht Eberhard Arnold selbst nach gut althutterischer Theologie die Einheit der „Oberen Gemeinde“ mit der leibhaftigen, sichtbaren Gemeinde der Gläubigen auf Erden geglaubt und gelehrt? Er wusste sich umgeben von einer Wolke von Glaubenszeugen aller Jahrhunderte. Für ihn war das Leben mit dem Tod nicht zu Ende.

Und die Bruderschaft des Rhön- und Almbruderhofs? Sie war nicht verwaist. Sie raufte sich unter der Erschütterung des Todes ihres Gründers und unter dem Druck der äußeren Ereignisse zusammen. Sie wurde aufgefangen von den althutterischen Geschwistern in Amerika und vielen anderen Freunden. Sie war für die Herausforderungen der Zeit gerüstet. Dem hat Eberhard Arnolds letzter Einsatz gegolten. Winifred Bridgwater-Dyroff, eine der letzten, die noch aus eigenem Erleben über Eberhard Arnold Auskunft geben konnten, war überzeugt: „Er hat diese junge Bruderschaft bewusst und gezielt und in jeder nur erdenklichen Weise auf die Zukunft vorbereitet."

Wenige Monate vor seinem Tod hörte ein Besucher auf dem Rhönbruderhof Eberhard Arnold sagen: „Wenn ich einmal gestorben bin, so möchte ich, dass mein Name vergessen wird, die Wahrheit aber, für die ich eingestanden bin durch Gottes großen Geist, soll lebendig bleiben." Zwei Jahre später ist sein Name, sind die Spuren seiner jahrzehntelangen Arbeit in Deutschland fast spurlos ausgelöscht worden. Die Wahrheit, für die er eingestanden ist – diese Wahrheit ließ und lässt sich nicht unterdrücken.

XVII.

Nach Eberhard Arnolds Tod blieben 150 Weggefährten zurück, Männer, Frauen, Kinder aus fünf Nationen auf zwei Bruderhöfen, der eine in der hessischen Rhön, der andere in Liechtenstein. Ein versprengtes, mittelloses Häuflein Menschen. Aber mit einer angesichts der Weltlage geradezu trotzigen Vision.

Die Bruderschaft des Rhön- und Almbruderhofs wurde 1937 von den Nationalsozialisten aus Deutschland vertrieben und fand kurze Zeit Zuflucht in England. Nach Kriegsausbruch drohte den deutschen Mitgliedern die Internierung, und so bemühte sich die Gemeinschaft um Asyl in einem anderen Land – und fand es auch, nämlich in Paraguay. Ein sicherer, aber auch isolierter Platz. Schwere Krisen und Richtungskämpfe in den 40er und 50er Jahren waren die Folge. Die Gemeinschaft hat überlebt, wenn auch um den Preis schmerzhafter Trennungsprozesse, die zum Teil bis heute nachwirken. Auch die Kirchengemeinschaft mit den Hutterern hat sich als nur begrenzt belastbar erwiesen und ist mittlerweile vollends zerbrochen. Als letzte haben in den 90er Jahren die Schmiedeleut die Verbindung aufgekündigt, wohl auch als Konsequenz eigener innerer Konflikte. Umso bewusster ist man sich auf den Bruderhöfen, dass der einigende Geist Jesu Christi nicht konserviert werden kann. Er weht, wo er will – aber er weht immer noch oder immer wieder. Auch auf den Bruderhöfen.

Eine Vision nimmt Gestalt an

Als Vorposten des Reiches Gottes, als Keimzelle einer größeren Bewegung mit später vielleicht einmal Tausenden von Mitgliedern hat Eberhard Arnold die Gemeinschaft gesehen. Einiges davon ist tatsächlich wahr geworden.

Die Gemeinschaft wächst. Nicht stürmisch, aber sie bekommt immer noch Zuwachs, von außen und von innen. Sie hat stets neue Impulse aufgenommen: so z. B. in den Fünfzigerjahren aus der zionistischen Siedlungsbewegung, in den Sechzigern aus der amerikanischen Bürgerrechtsbewegung. Sie ist jung und jugendlich geblieben. Sie nimmt die Herausforderungen der Gegenwart an und reformiert sich. Gegenwärtig zählt die Bruderhof-Gemeinschaft etwa 2.000 getaufte Mitglieder, insgesamt an die 3.000 Menschen. Die meisten leben in einer regelrechten Gemeinschafts*siedlung* – zur Zeit gibt es davon ein gutes Dutzend auf drei Kontinenten (Europa, Nordamerika, Australien). Seit einigen Jahren unterhält die Gemeinschaft auch kleinere Außenposten, zum Beispiel in Paraguays Hauptstadt Asunción.

Dort und auf den Bruderhöfen wächst mittlerweile schon die vierte und fünfte Generation von Bruderhofkindern heran. Keiner der Jugendlichen kann eigene Erinnerungen an die Ursprünge der Bewegung im Deutschland der 20er und frühen 30er Jahre haben. Die Anfänge des Gemeinschaftslebens kennen sie nur aus Büchern und schriftlichen Dokumenten und aus Erzählungen. Was heißt „nur": In den Bruderhof-Schulen gehört die Beschäftigung mit der eigenen Geschichte zum Stundenplan. Und so befassen sich im Grunde alle Bruderhof-Kinder mit Dokumenten aus der Anfangszeit der Bewegung unmittelbar nach dem ersten Weltkrieg. Die Artikel, Vorträge und Schriften Eberhard Arnolds aus jener Zeit sind eine schier unerschöpfliche Fundgrube und Inspirationsquelle für Jugendliche und junge Erwachsene, die heute auf den Bruderhöfen leben.

Frank M. zum Beispiel: Ihn beeindruckt an Eberhard Arnold besonders „sein weiter Horizont. Der reicht in jeden Lebensbereich hinein". Marie-Johanna B. dagegen hat ihren Zugang zu den Gedanken des Gründers über seine bildhafte Sprache gefunden. „Zum Beispiel das Feuer: Er vergleicht die Gemeinschaft mit einem Feuer, das auflodert und sich ausbreitet. Das ist so einfach – schon ein Kind kann es verstehen. Er hat tiefe philosophische Überlegungen angestellt, aber er hat sie oft in ganz einfachen Worten ausgedrückt." Jordan M. bescheinigt Eberhard Arnold: „Er war zweifellos ein Visionär und hatte einen erstaunlichen Weitblick." Und Janice R. ist besonders Eberhard Arnolds Ehrfurcht vor dem Heiligen Geist wichtig („Dabei war er sehr schlicht, überhaupt nicht abgehoben. Hat kein religiöses System vertreten, war nicht gesetzlich. Das habe ich an Eberhard Arnolds Leben gelernt.")

Nick F. war auf dem besten Weg, sich zu einem Weltverbesserer zu entwickeln. Er hat sich mit der Globalisierung beschäftigt „und mit der Benachteiligung vieler Menschen auf der Welt durch große Konzerne, und ich wollte etwas gegen diese Art von Unterdrückung und Ausbeutung unternehmen. Offensichtlich musste ich bei mir selbst anfangen, damit ich nicht selbst den Kapitalismus unterstütze. Aber dann ist mir durch Eberhard Arnolds Schriften klar geworden: Der einzige Weg, um diesen Geist der Unterdrückung und wirtschaftlichen Benachteiligung wirkungsvoll zu bekämpfen, ist ein lebenslanger Einsatz für die Menschen in meiner Umgebung. Nur wenn ich in der nächsten Nachbarschaft anfange und die Menschen dort liebe, werde ich etwas verändern."

Gott hat keine Enkel

Schon Eberhard Arnold war bewusst, dass die jeweils nächste Generation nicht automatisch in der Gemeinschaft aufgehen würde. Die Kirchengeschichte kennt zahllose Beispiele, angefangen bei den Pilgervätern des 17. Jahrhunderts und ihrem „Heiligen Experiment" in Neuengland: Dort hat der Transfer auch nicht geklappt. Der Geist Gottes lässt sich nicht einfach weitervererben. Auf den Bruderhöfen ist die Sache noch komplizierter. Wer sich der Gemeinschaft anschließt, bindet sich lebenslänglich, geht eine weitreichende Verpflichtung ein. Deshalb werden alle Bruderhofkinder nach dem Schulabschluss erst einmal in die große weite Welt hinausgeschickt. Sie bekommen eine Ausbildung oder ein Studium außerhalb der Gemeinschaft, arbeiten einige Monate oder Jahre in einem Sozialprojekt oder an einer ähnlichen Stelle. Sie sollen schon eine wirkliche Wahl haben.

Jordan M. hat sich mittlerweile für das Leben in Gemeinschaft entschieden. Die Schriften Eberhard Arnolds haben ihm die Entscheidung erleichtert: „Was mich besonders staunen lässt, das ist der Mut, den Gott ihm verliehen hat, um die größten nur denkbaren Herausforderungen anzunehmen. Und ich frage mich, nun als Mitglied der Gemeinschaft: Haben wir dieses Feuer, habe ich es? Einfach nur über sein Leben nachzudenken und zu reden, reicht nicht. Sind wir wie er bereit, unser ganzes Leben für Jesus und sein Reich einzusetzen und beizutragen, dass diese Welt anders wird?"

Peter M. ist ein Urenkel Eberhard Arnolds. Sein Großvater Heini Arnold und sein Onkel Christoph Arnold haben jeweils viele Jahre lang das Ältestenamt auf den Bruderhöfen wahrgenommen. Entsprechend hohen Erwartungen fühlte sich Peter M. als Jugendlicher ausgesetzt, und das behagte ihm gar nicht. „Ich wollte andere Dinge machen, hatte andere Pläne und Vorstellungen, wie mein Leben sich entfalten sollte. Nach der Uni dann endlich habe ich auch etwas davon erlebt, was eine Bekehrung ist. Und ich denke, um meine Urgroßeltern und Großeltern zu verstehen, muss man das selbst erleben. Das war das Ziel ihres Lebens: Nicht wichtige Leute zu sein, erfolgreiche Leute zu sein, bekannte Leute zu sein, sondern Leute, die Jesus dienen wollten."

Alltag

Bruderhofalltag: mehr als 70 Jahre nach dem Tod Eberhard Arnolds hat sich manches verändert, das Wesentliche ist geblieben. Computer haben Einzug gehalten, die Bruderhöfe leisten sich ein hochmodernes Telekommunikationsnetz. Sie können im Bedarfsfall blitzschnell eine Standleitung zu allen oder zwischen allen Gemeinschaften und Außenstellen schalten. Lange Kommunikationswege können gefährlich, ja tödlich sein für den Gemeinschaftsgeist, das ist eine Lehre aus den Krisen der 50er Jahre. Verständigung, teilnehmen am Leben der Geschwister, ganz gleich, wo sie sich gerade aufhalten – das ist überlebenswichtig. Bei Tisch werden Nachrichten von anderen Höfen weitergegeben. Hier ist jemand getauft worden, dort sind einem Ehepaar Leitungsaufgaben übertragen worden. Die Namen sind bekannt, obwohl die Bruderhofgemeinschaften mittlerweile rund 3.000 Seelen zählen, vom Säugling bis zum Greis.

Bis vor wenigen Jahren galt als ungeschriebenes Gesetz: Nur eine ausgewachsene Gemeinschaft mit 150, 200, 250 Mitgliedern ist ein richtiger Bruderhof. Inzwischen gilt die Losung: Große Gemeinschaften plus kleinere Bruderhofhäuser plus winzige Zellen. Zu Pfingsten 2005 haben sich auf Anregung der Jugendlichen ein paar Dutzend Bruderhöfer in Zweiergrüppchen aussenden lassen, ohne Zehrgeld, ohne großes Gepäck, frei nach Matthäus 10. Abenteuer Jüngerschaft, Aufbruchstimmung wie in den ersten Jahren der Bewegung.

Natürlich gibt es auch Enttäuschungen, aber alles in allem weht im englischen Robertsbridge und im australischen Inverell, im amerikanischen Woodcrest und in Bad Klosterlausnitz ein fröhlicher und frischer Wind. Nicht zu vergessen: Sannerz, das Dörfchen bei Schlüchtern, wo die Bewegung 1920 Jahren ihren Ausgang nahm. Die Bruderhöfe haben 2002 die Paulsche Villa erwerben können, die seinerzeit nur gemietet war. Ein kleines Wunder für sich, dass das ehrwürdige, in den letzten Jahrzehnten aber stark vernachlässigte

Gebäude überhaupt noch steht. Für Nick F. ist es „schon wichtig, dass unsere Bewegung wieder zurück ist am Ausgangspunkt. Dass uns nun dieses Haus in Sannerz gehört, in dem Eberhard Arnold das gemeinsame Leben begonnen hat. Wichtig ist auch, dass wir das als eine Wirkung des Geistes Gottes begreifen. Es ist ein Geschenk von Gott und alles andere als selbstverständlich".

Peter M. beschreibt die Situation der Bruderhof-Gemeinschaft zu Beginn des 21. Jahrhunderts so: „Wir entdecken wieder, was es heißt, wirklich auf Gott zu vertrauen. Nicht auf unsere Gemeinschaft als Lebensform, nicht auf unsere Geschichte oder auf Eberhard und Emmy Arnold. Vielmehr haben wir jetzt eine Möglichkeit, auch in diesen kleinen Bruderhof-Häusern einfach das Evangelium auszuleben, auch wirtschaftlich auf Gott zu vertrauen und jeden Tag zu bitten: ‚Gott, gib uns unser tägliches Brot'."

Die bleibende Botschaft

Die vierte, fünfte Generation von Bruderhöfern geht mittlerweile ihren Weg. Was aber ist die bleibende Botschaft Eberhard Arnolds an *alle* Menschen und speziell an alle *Christen*? Seine Lebenshaltung, seine Schriften, sein Handeln zwingen zur Stellungnahme und können Anlass sein, Ziele unseres Lebens, Mittel unseres Handelns zu überprüfen:

Wenn wir nicht ein Leben in Tischgemeinschaft, Gütergemeinschaft, Arbeitsgemeinschaft führen wollen, wie er es tat – was für ein Leben führen wir dann?

Wenn wir nicht an die normative Kraft des Reiches Gottes glauben, wie er es tat – woran glauben wir dann?

Wenn wir nicht Wehrlosigkeit und bedingungslose Feindesliebe vertreten, wie er es tat – was vertreten wir dann?

Wenn wir die Forderungen der Bergpredigt und die Nachfolge Jesu völlig anders verstehen, als er sie verstanden hat – wie verstehen wir sie dann?

Als bleibende Herausforderung dringt durch das Leben und Wirken Eberhard Arnolds hindurch der unmissverständliche Ruf Jesu (Joh 21,22): „Folge *du* mir nach!"

Bibliografie

Veröffentlichungen von Eberhard Arnold

Am Anfang war die Liebe. Dokumente, Briefe und Texte der Urchristen, Wiesbaden: Coprint, 1986 (Überarbeitete Neuausgabe von *Die ersten Christen nach dem Tode der Apostel*)

Das inwendige Leben, Moers: Brendow, 1994

Der Kampf des Gewissens, Moers: Brendow, 1994

Der Krieg, ein Aufruf zur Innerlichkeit, Gotha: Ott, 1914

Die drei Bücher im Felde, Gotha: Ott, 1915

Die Revolution Gottes, Vorwort von Franz Alt, Stuttgart: Radius, 1984

Gemeinsames Leben und Kindererziehung, Rifton, NY: Plough, 1977

Innenland, Berlin: Furche, 1918

Innenland, veränderte und erweiterte Neufassung, Triesenberg: Buchverlag des Almbruderhofs, 1936

Lebensbeweise lebendiger Gemeinden, Rifton, NY: Plough, 1973

Liebesleben und Liebe, Sannerz: Gemeinschaftsverlag E. Arnold, 1921

Salz und Licht. Über die Bergpredigt, Moers: Brendow, 1982

Sendbrief vom Almbruderhof zum Rhönbruderhof 1934, Birnbach: Pflug-Verlag der Hutterischen Bruderhof-Gemeinschaft, 1992

Urchristliches und Antichristliches im Werdegang Friedrich Nietzsches, Eilenburg: Becker, 1910

Zu Gottes Reich. Worte gebundener Rede, Rifton, NY: Plough, 1969

Weitere Veröffentlichungen

Arnold, Eberhard/**Körber**, Normann (Hg.), *Junge Saat: Lebensbuch einer Jugendbewegung*, Schlüchtern: Neuwerk, 1921

Arnold, Emmy: *Gegen den Strom. Das Werden der Bruderhöfe*, Moers: Brendow, 1983

dies. (Hg.), *Sonnenlieder: Lieder für Naturfreunde, Menschheitsfriede und Gottesgemeinschaft*, Sannerz/Leipzig: Arnold-Verlag, 1924

dies. (Hg.), *Sonnenlieder 2: Lieder der Lebensgemeinden*, Fulda/Leipzig: Arnold-Verlag, 1933

Arnold, Emmy u. a.: *Eberhard Arnold. Aus seinem Leben und Schrifttum. Ein Zeugnis für völlige Gemeinschaft*, Bromdon, Bridgnorth, Shropshire/England: Plough, 1953

Balders, Gunter (Hg.): *Ein Herr, ein Glaube, eine Taufe: 150 Jahre Baptistengemeinden in Deutschland*, Wuppertal: Oncken, 1984

Barth, Karl: *Der Christ in der Gesellschaft: eine Tambacher Rede*, Würzburg: Patmos, 1920

Berber, Friedrich: *Zwischen Macht und Gewissen: Lebenserinnerungen,* München: Beck, 1986

Beyer, Werner/Dreßler, Johannes: *Ein Leib sind wir in Christus : 100 Jahre Evangelisches. Allianzwerk Bad Blankenburg 1886–1986*, Berlin: Union, 1986

Beyreuther, Erich: *Der Weg der Evangelischen Allianz in Deutschland*, Wuppertal: R. Brockhaus, 1969

Brandenburg, Hans: *Die Brücke zu Köngen,* Stuttgart: Steinkopf, 1969

Dehn, Günther: *Die alte Zeit, die vorigen Jahre: Lebenserinnerungen,* München: Ch. Kaiser, 1962

Finney, Charles G.: *Lebenserinnerungen*, Gießen/Basel: Brunnen, 1965

Foerster, F. W.: *Jugendseele, Jugendbewegung, Jugendziel,* Erlenbach-Roth/München: Rotapfel, 1923

Furche-Verlag: *Denken, Glauben, Handeln: Almanach auf das 50. Jahr des Furche-Verlags*, Hamburg: Furche, 1966

Gerdtell, Ludwig von: *Die Revolutionierung der Kirchen,* Eilenburg: Becker, 1921

ders.: *Rudolf Euckens Christentum,* Eilenburg: Becker, 1909

Giese, Ernst: *Und flickten die Netze. Dokumente zur Erweckungsgeschichte des 20. Jahrhunderts*, Metzingen: Franz, 1988

Harder, Johannes: *Aufbruch ohne Ende: Geschichten meines Lebens*, Wuppertal: R. Brockhaus, 1992

Heim, Karl: *Tolstoi und Jesus. Konferenzvortrag der 28. allgemeinen deutschen christlichen Studentenkonferenz*, Berlin: Furche, 1921

Herpel, Otto: *Zinzendorf – Über Glauben und Leben*, Schlüchtern: Neuwerk, 1920

Holzach, Michael: *Das vergessene Volk*, Hamburg: Hoffmann und Campe, 1980

Jordy, Gerhard: *Die Brüderbewegung in Deutschland, Bd. 2: 1900 – 1937*, Wuppertal: R. Brockhaus, 1981

Kempen, Thomas von: *Von der Nachfolge Christi*, Stuttgart: Steinkopf, 1965

Kindt, Werner (Hg.): *Hermann Schafft : Ein Lebenswerk,* Kassel: Johannes Stauda-Verlag, 1960

Kupisch, Karl: *Studenten entdecken die Bibel. Die Geschichte der DCSV,* Hamburg: Furche, 1964

Kutter, Hermann: *Sie müssen! Ein offenes Wort an die christliche Gesellschaft,* Zürich: H. Walther, 1904

Landauer, Gustav: *Aufruf zum Sozialismus*, Berlin: Cassirer, 1919

ders.: *Rechenschaft*, Berlin: Cassirer, 1919

Loserth, Johann: *Der Anabaptismus in Tirol von seinen Anfängen bis zum Tode Jakob Huters*, Wien: Gerold, 1892

ders.: *Der Anabaptismus in Tirol vom Jahre 1536 bis zum seinem Erlöschen*, Wien: Gerold, 1892

Meier, Hans: *Solange das Licht brennt,* Birnbach: Pflug-Verlag der Hutterischen Bruderhof-Gemeinschaft, 1990

Merz, Georg: *Wege und Wandlungen*, München: Ch. Kaiser, 1961

Müller, Alfred D. (Hg.): *Friedrich Wilhelm Foerster und die wirkliche Welt,* Zürich: Rotapfel, 1928

Pfeiffer, Arnold: *Religiöse Sozialisten,* Olten/Freiburg: Walter, 1976

Rathmann, August: *Ein Arbeiterleben. Erinnerungen an Weimar und danach,* Wuppertal: Hammer, 1983

Riedel, Heinrich: *Kampf um die Jugend: Evangelische Jugendarbeit 1933–1945,* München: Claudius, 1976

Schoeps, Hans Joachim: *Rückblicke. Die letzten dreißig Jahre*, Stuttgart: Klett, 1956

Siegmund-Schultze, Friedrich (Hg.): *Die soziale Botschaft des Christentums*, Halle/Saale: C. Ed. Müller, 1921

Siepmann, Heinzfried: *Brüder und Genossen*, Köln: Rheinland-Verlag, 1987

Spemann, Franz: *Landeskirche oder Religiöse Freiheit?* Berlin: Walther, 1907

Stählin, Wilhelm: *Fieber und Heil in der Jugendbewegung,* Hamburg: Hanseatische Verlagsanstalt 1921

Stieglitz, Thomas von: *Kirche als Bruderschaft. Das hutterische Kirchenbild bei Eberhard Arnold aus heutiger katholischer Sicht,* Univ. Diss., Paderborn, 1991

Strauch, Max: *Die Theologie Karl Barths,* München: Ch. Kaiser, 1927

Ströver, Ida C.: *Der Heliand. Darstellungen aus dem Leben Jesu im Lichte altgermanischer Anschauung,* mit Text von E. Arnold, Kassel: Furche, 1916

Vollmer, Antje: *Die Neuwerkbewegung 1919–1935*, Univ. Diss., Berlin, 1973

Wehowsky, Stefan: *Religiöse Interpretation politischer Erfahrung: Eberhard Arnold und die Neuwerkbewegung als Exponenten des religiösen Sozialismus zur Zeit der Weimarer Republik,* Göttingen: Vandenhoeck und Ruprecht, 1980

Zumpe, Hans: *Eberhard Arnold: Sein Leben für die Bruderhöfe,* Silum: Buchverlag des Almbruderhofs, 1936

*Der **Neufeld Verlag** ist ein unabhängiger, inhabergeführter Verlag mit einem ambitionierten Programm. Wir möchten bewegen, inspirieren und unterhalten. Und wir haben eine Leidenschaft für …*

… den Glauben. Wir glauben, dass es einen Gott gibt. Dass die Welt und jedes einzelne Leben kein Zufall ist. Es berührt uns, dass Gott diese Welt liebt. Und dass es möglich ist, dieser Liebe zu begegnen. Wir sind fasziniert von der Bibel, die uns motiviert, Gott zu vertrauen und Jesus Christus nachzufolgen.

… Persönlichkeiten. Dass die Bücher, die im Neufeld Verlag erscheinen, echt sind, dass sie etwas mitteilen vom wahren Leben, ist uns wichtiger als die Frage, wie prominent ein Autor ist. Wir lieben Bücher, die mit „Ich" anfangen. Geschichten und Biografien von authentischen Persönlichkeiten finden wir spannend. Wir sind fasziniert von Menschen, die etwas zu sagen haben. Und das sind meistens Menschen, die etwas erlebt haben.

… Menschen mit Behinderung. Dünne Beine, dicke Lippen, große Füße, kleine Ohren, lange Nase, kurze Arme – wir Menschen sind nun mal verschieden. Und was unser Leben wertvoll macht und reich, was uns glücklich macht und zufrieden, hat nichts damit zu tun, was andere „normal" finden. Von Menschen mit sichtbaren Behinderungen, mit Beeinträchtigungen oder einem besonderen Bedarf an Unterstützung können wir eine Menge lernen. Zum Beispiel, was Mensch sein wirklich heißt. Zu sehen, was wirklich wichtig ist. Und das Leben anzunehmen. Auch wenn es ganz anders kommt.

Folgen Sie uns auch in unserem Blog unter www.neufeld-verlag.de/blog und auf www.facebook.com/NeufeldVerlag!